蘇閣吾往來信札

蘇晨先生敬題

（上）

苏月笑 编

國家圖書館出版社

图书在版编目(CIP)数据

苏渊雷往来信札：全三册 / 苏月笑编. -- 北京：国家图书馆出版社，2015.10

ISBN 978-7-5013-5458-0

Ⅰ. ①苏… Ⅱ. ①苏… Ⅲ. ①苏渊雷（1908～1995）—书信集 Ⅳ. ①K825.6

中国版本图书馆CIP数据核字(2014)第211769号

书　　名　苏渊雷往来信札（全三册）
著　　者　苏月笑　编
责任编辑　南江涛　景晶
装帧设计　九雅工作室

出　　版　国家图书馆出版社（100034 北京市西城区文津街7号）
（原书目文献出版社　北京图书馆出版社）
发　　行　(010)66114536 66126153 66151313 66175620
66121706（传真） 66126156（门市部）
E-mail　btsfxb@nlc.cn（邮购）
Website　www.nlcpress.com→投稿中心
经　　销　新华书店
印　　装　北京信彩瑞禾印刷厂
版　　次　2015年10月第1版　2015年10月第1次印刷

开　　本　710×1000毫米　1/16
印　　张　61.5

书　　号　ISBN 978-7-5013-5458-0
定　　价　980.00元

苏渊雷（1908—1995）

苏渊雷写书法

苏渊雷与叶嘉莹、黄稚荃、刘君惠等友人

苏渊雷与顾廷龙

苏渊雷与程千帆、霍松林等友人

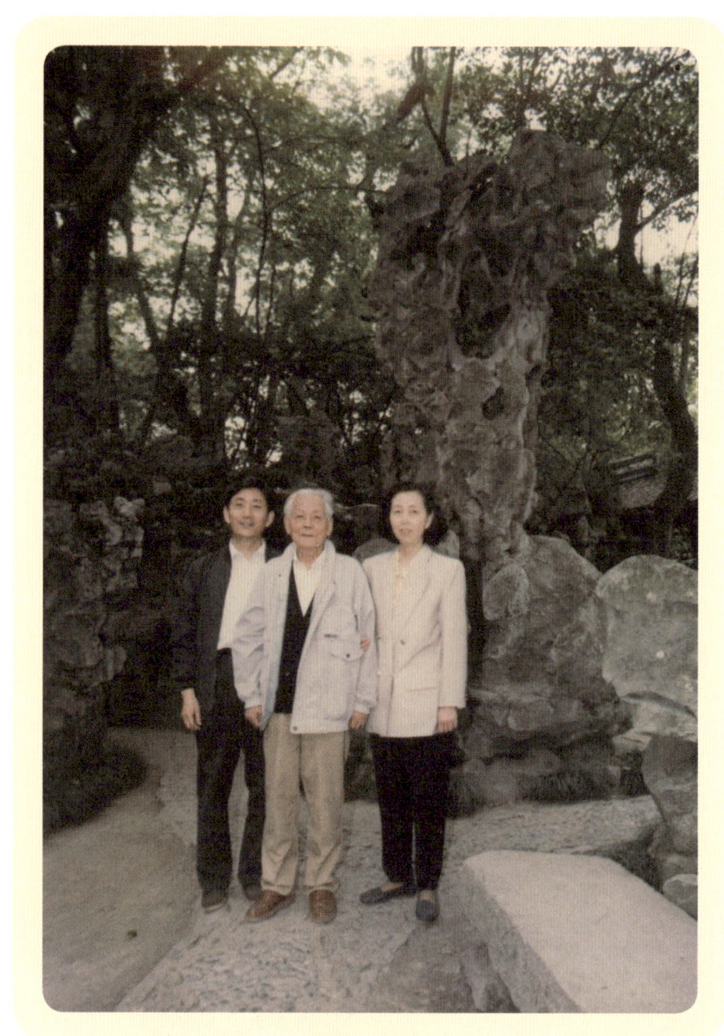

苏渊雷与长子苏智生、小女苏月笑

前 言

1995 年父亲苏渊雷先生去世后，我提前办理了退休回到上海，一方面可以专心照顾母亲，另一方面即开始着手整理父亲留下的各种文稿。经过各方的共同努力，四卷本《苏渊雷文集》和五卷本《苏渊雷全集》分别于 1996 年和 2008 年出版，也算完成了家人们的一些心愿。

前些年在整理资料时，我还意外发现了一叠用大张五线谱卡纸包裹的资料，打开一看，竟然是父亲保存的友人来信，各色精美的信笺上或是隽秀的小楷或是狂放的行草，令人爱不释手。这些信不少是上世纪四五十年代所写，信纸有的薄如蝉翼，有的则变黄发脆。我很奇怪父亲是怎样把这些东西保存下来的。他一生颠沛流离，青年时代参加大革命，坐过国民党监牢；抗战期间辗转西南多地；抗战胜利后迁居南京、上海；新中国成立后又在上海文管会工作；1958 年在华东师大历史系被错划为右派，全家被贬到哈尔滨；后来又经历了“文革”抄家，1970 年被下放到黑龙江五常农村“插队落户”，到了 1971 年退休回老家浙江平阳（现为苍南）县侍奉祖母；十一届三中全会后落实政策才又回到上海华东师大任教。这几十年中遗失、焚毁、抄没的东西不计其数，而这些信却能保存下来，确实非常不易，也足见这些信在父亲心目中的地位。由此，我萌生了整理出版《苏渊雷往来信札》的想法，希望藉此将这些珍贵的资料保存流传下去。它们反映的不仅是父亲个人的历史，也是当时学术界、文化界众多杰出人物的历史，更是当时真实的社会时代风貌。那个用毛笔写信、师友唱和诗词的时代永远不会再来了！中国士人诗书合璧的雅韵情怀值得后人铭记。

我是 1958 年 10 周岁时随父亲北上哈尔滨的，1971 年父亲退休回平阳老家，不久我也从东北建设兵团回到了老家。1978 年恢复高考后，我考上大学离开了平阳，此后便不在父亲身边生活了。虽然曾在父亲身边生活多年，但我对父亲的理想、情怀和人格等更多更深层的认识与理解还是通过整理父亲的文稿尤其是这些往来书信逐步加深的。整理此书，让我从另一个角度再一次回顾了父亲平凡又不平凡的一生，对父亲的精神生活有了更真切的体会，感触很多。

举几个例子可以看出这批书信的史料价值，和其中反映的父亲与他的师友们那代人的精神追求。

一、公案兰亭驳岂迟，高文一出万人知

父亲与高二适先生都是中国现代知名度很高的文化人，无论是在书画界还是诗坛，都曾同声相求。从上世纪 30 年代到 70 年代，他们之间四十余年的书信诗文之交，留下了许多佳话。

1965 年高二适先生参与“兰亭”学术论辩，发表了《兰亭序的真伪驳议》和《兰亭序真伪之再驳议》等文，在国内影响极大。由于辩论的另一方是很有影响力的郭沫若先生，一时间，“论辩”成了国内学术界的焦点。当时这场争论还惊动了最高领袖。

那时父亲被贬哈尔滨，政治上正受挫，但他还是致函海上师友，大力搜集关于《兰亭序》真伪的有关论据，以助高二适先生，并写诗称赞道：

公案兰亭驳岂迟，高文一出万人知。
黄庭恰好真同调，金谷相参别缀诗。
自是临摹存瘦硬，何曾癸丑补干支。
流沙坠简分明在，波磔蝉联尚有丝。

其中“公案兰亭驳岂迟，高文一出万人知”，成为国内学术界颂扬高二适先生的佳句。高二适纪念馆至今还珍藏着六封高二适先生给父亲的信，这些已经是珍贵的书法艺术品和难得的文史资料。

二、吾生已惯波三折，放眼乾坤日月长

1958 年后关外的十三年流放生活迭经忧患，诗歌成了父亲唯一的精神寄托。他与谢无量先生、马一浮先生、高二适先生、钱鍾书先生等师友们的往来信函、诗赋唱和，给他精神上极大的安慰。这段时间也是父亲诗歌创作的高峰期，许多佳作于此时诞生。

这些见证友谊和道义的友朋诗词唱和后来都收录在父亲的诗词集中，从他的自订年谱中也可见一斑。

1958年秋，父亲到哈尔滨后写诗给上海的师友，其中有两首可见其心境：

松花江畔晚眺

松江落日晚霞明，浴物澄心彻底清。

入画长桥天共远，迷花翠屿浪初平。

浮云上下古今意，流水东西南北情。

着我老生何处是，笑看辽鹤意身轻。

十月十八日举家自海上继至

依然骨肉天涯共，喜见妻儿万里来。

惟有越禽笼未得，南枝终恐费安排。

小住为佳寒食帖，得闲因病老坡方。

吾生已惯波三折，放眼乾坤日月长。

父亲老友周南陔先生来家中探望我母亲，父亲也写诗表示感谢：“一九五九年（己亥）五十二岁……北迁后，周南陔等寄诗函慰，读之感泣，次答一首。”这两首诗也都保存至今：

渊雷北迁哈尔滨师院教授，匆匆一别，秋后至尊寓视嫂夫人公子辈，归途赋此寄意

雷霆雨露意深微，旧苑松篁浸碧晖。

此去不嗟迁地远，别来方恨聚时稀。

室中瓶钵安长在，灯下妻儿盼早归。

萦我离怀空慰语，重言孤客待寒衣。

北迁后周南老迭过沪寓存问并寄诗远慰，读之感泣

未能知著那知微，负尽禅心与道晖。

落落长松风自远，霏霏寒雨客何稀。

平安书札谁传语，多丽江山浪说归。

一笑灯前妻子在，胜如京洛叹缁衣。

1960年父亲53岁，度过了三年困难时期最困难的一年。他在哈尔滨接到谢无量、瞿蜕园的书信和诗，“甚感快慰”。这些诗给父亲很大鼓励，他也回信寄去自己的诗表达感谢：

渊雷同志游行万里而归得诗百篇并寄示新论率赋请至

魏书自昔研三体，墨变于今识五行。

万里寻诗归北海，更承新论眼逾明。

赠渊雷

樊须好学研农稼，许子游谈尚铁耕。

天下尽知艰食贵，不教荷蓧笑书生。

侁海伦匝月复移海北出关逾远，亲故益疏，适无量丈诗柬继至感赋

积雪流光万里明，夜窥星斗势纵横。

一身系念天南朔，五处相思月缺盈。

皂帽藜床风自远，冰须华发气能平。

上林雁足惊天降，海北春回待岁更。

1962年，父亲将《五月卅一日邀宥儿辈出大石所贻佳酿为贺，因赋二首兼柬海内诸师友》诗寄给钱鍾书先生，不久钱先生就回信和诗：

得钵水书喜赋却寄

塞雪边尘积鬓斑，居然乐府唱刀环。

心游秋水无涯境，梦越春风不度关。

穷验能工诗笔健，狂知因醉酒杯闲。

五年逋欠江南睡，瓶钵行看得得还。

马一浮先生是父亲很尊敬的学者，“文革”后马先生书写的“钵水斋”匾额一直挂在父亲的书房里。父亲的文章中也写到过1963年“迨余获谴远适粟末。马（一浮）老不我遐弃，诗札慰勉益勤。尝寄诗云：道在交逾淡，心空境自安。书从元夜发，雪是普天寒。赖有诗篇富，常教径路宽。报君无别语，木佛已烧残”。

三、座上客常满，樽中酒不空

父亲为人旷达，交友情笃，平易近人，善以待人。往来书信的师友中，有近代大学者，如马一浮、章士钊、沈尹默等；有著名大学教授如王蘧常、潘伯鹰、林志钧、苏步青、夏承焘、钱鍾书、冒效鲁等；有藏书家如沈兆奎、丁瑗等；有大诗人大书画家如朱大可、陈兼与、高二适、陈运彰、周采泉、钱瘦铁、唐云、陆俨少等；还有佛教界人士如赵朴初、张纯一、吕瀓、根造法师等。除去那个时代的众多杰出人物之外，也有一些是中青年学生，还有一些是素昧平生的求书索画者。父亲都会不顾工作的繁忙，挤出时间来尽量满足，亲自回信，一一答复，并且将他们的来信保存下来。无论是年高德劭的宿学耆宿，还是质朴率真的青年后学，都愿与他交往。座上客常满，樽中酒不空，远近悦来，络绎不绝。难怪友人戏称他为“当代孟尝君”。这批信中还有部分是温州老家的书画家、诗人及地方学者来函，父亲都保存了下来，是他对故乡的一种思念。

父亲一生坎坷艰辛，数度起伏，但无论如何，他都十分热爱生命，做到了既然来到世上，就要有一种社会责任和学术热情，让自己的生命在各个时段都能发光发亮。在父亲的人生哲学里似乎没有消极、沮丧，更多的是乐观、旷达以及一颗永远年轻的心。在他的身上，我看到了中华民族优秀品格的传承和发扬，父亲的精神风貌和道德文章是我们子女后辈的宝贵遗产，值得继承与发扬。

《苏渊雷往来信札》共收录600多封往来书信，大部分是友人给父亲的信，而父亲寄出的信只征集到了极少一部分。在此，要对缪钺先生之孙缪元朗教授、吴忠匡先生之女吴满女士、高二适先生之女高可可女士及哈尔滨杨克炎先生的鼎力相助表示诚挚的感谢！因为暂时无法联系到一些友人的亲属，还有很多父亲的往来书信无法征集到，所以我真切希望此书出版后，保存有我父亲书信文章的友朋能与我们联系，帮助我来完善父亲的往来书信资料。如果这些书信作为史料能给研究者提供一些帮助，那就再好不过了。这些书信，我们分为要函、其他和公函三部分，要函按书信人姓氏笔画排序；其他和公函统一排在后面，不列细目。书后附录自传、年表和书信人简介。

《苏渊雷往来信札》能够顺利出版，首先感谢国家图书馆出版社的大力支持，他们为书稿的编排审阅费心尽力；其次要感谢姜堰高二适纪念馆郁胜天馆长的大力支持和帮助，感谢浙江苍南陈盛奖先生、东陶吕华江先生热心提供资料；还要感谢我的两位哥哥和姐姐，他们一直在关心与支持着本书的编纂。特别要感谢我的儿子张强和他的同窗好友孟刚先生，他们提议并积极促成《苏渊雷往来信札》的出版。张强从小在外公身边长大，和外公有着深厚的感情，这次他花费了很大精力，做了信件扫描、电脑编排、资料收集、联络出版等工作。《苏渊雷往来信札》的出版，完成了父亲生前的心愿，也希望能为文史工作者留下一些有价值的史料。我是理工科出身，从来没有做过文史类的文字工作，因此水平有限，收集整理工作中难免存在不足之处，还请各位读者海涵并指正。

最后，我想把本书献给我亲爱的母亲傅韻碧女士，作为她老人家百岁华诞的生日礼物。母亲陪伴父亲无怨无悔地走过跌宕起伏的一生，她老人家待人真诚、豁达大度、是非分明、乐天知命，父亲的成就很大程度上是因为有母亲这个贤内助。母亲现在上海安度晚年，她耳聪目明、思维敏捷、知足常乐、参透人生，是我们全家人的“宝”。祝愿母亲能继续健康快乐地生活，享受改革开放的成果，感受子女后辈的孝心和成长，乐见中国小康社会的实现和中华民族的伟大复兴。

苏月笑　谨记

2014 年 11 月 23 日晚于上海

上册

中册

下册

贈淵公并示石老

盆水初承郡獻遺六齋學派四靈詩鄉
言自具千年眼內典先明七佛師野戰玄黃
艱締造辭才緇素重權奇轉深加邃融
新舊卻與錦陵片石知

己丑初秋 蘧廬呈稿

次韻 淵公中秋傷足臥月　蘧庵
運會相需泯斷常宵深密意付醒長彌天未礙通神足
大月虛持有量光究爾三生環九地嗒然一嘿勝千場
平居金火爭行過略許肝脾得沁涼
鉢水齋九日小集 玲公詩先成謹次原韻
門無祖吏安稱豪平地樓臺且貢高羣獠飛頭憑落
帽六經注腳儘題糕舊風若有黃星見草露應隨
白日銷凝望衹疑秋氣肅猩紅一片染林皋

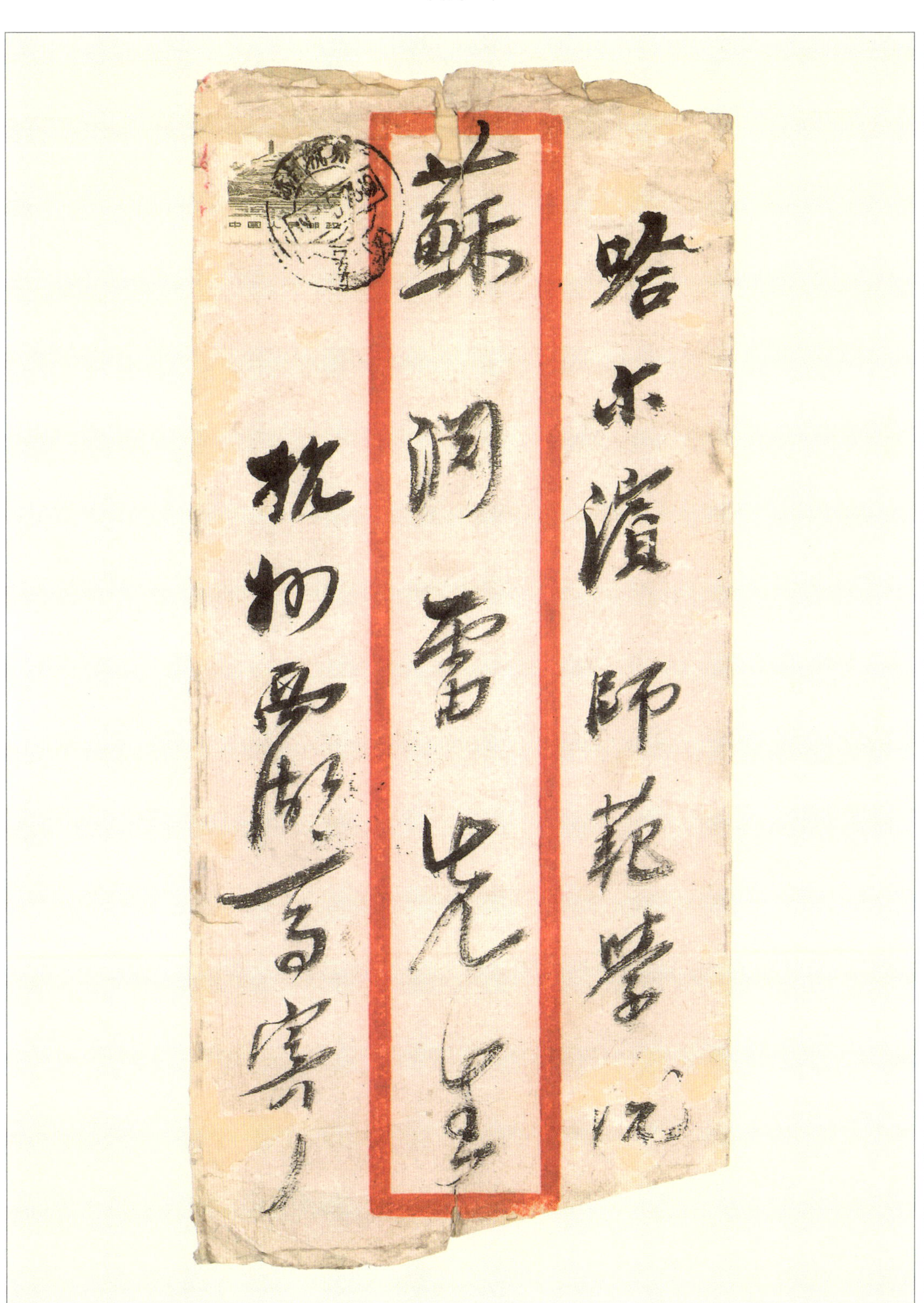

哈尔濱師範學院
蘇淵雷先生
杭州西湖馬寄

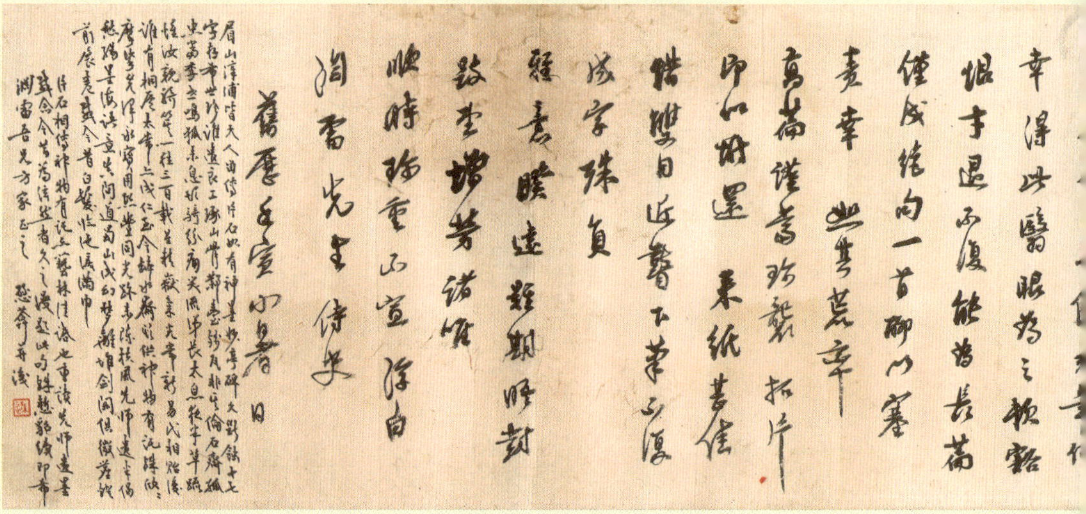

東坡墨妙亭詩殘刻
十七字斷碑硯黃石齋
遺物清古蒼森爽秋所
藏今歸錄水齋
淵雷先生賦長歌并以
拓本見示誦歎彌日衰
朽未能和率爾綴一絕
奉答即希 莞正
墨精蘊氣華光芒片
石留遺在雪堂知有
神靈依練葉好傾墨
海濯愁腸
壬寅季夏
蠲叟呈稿

承示題東坡斷碑硯
歌反復諷誦歎其精

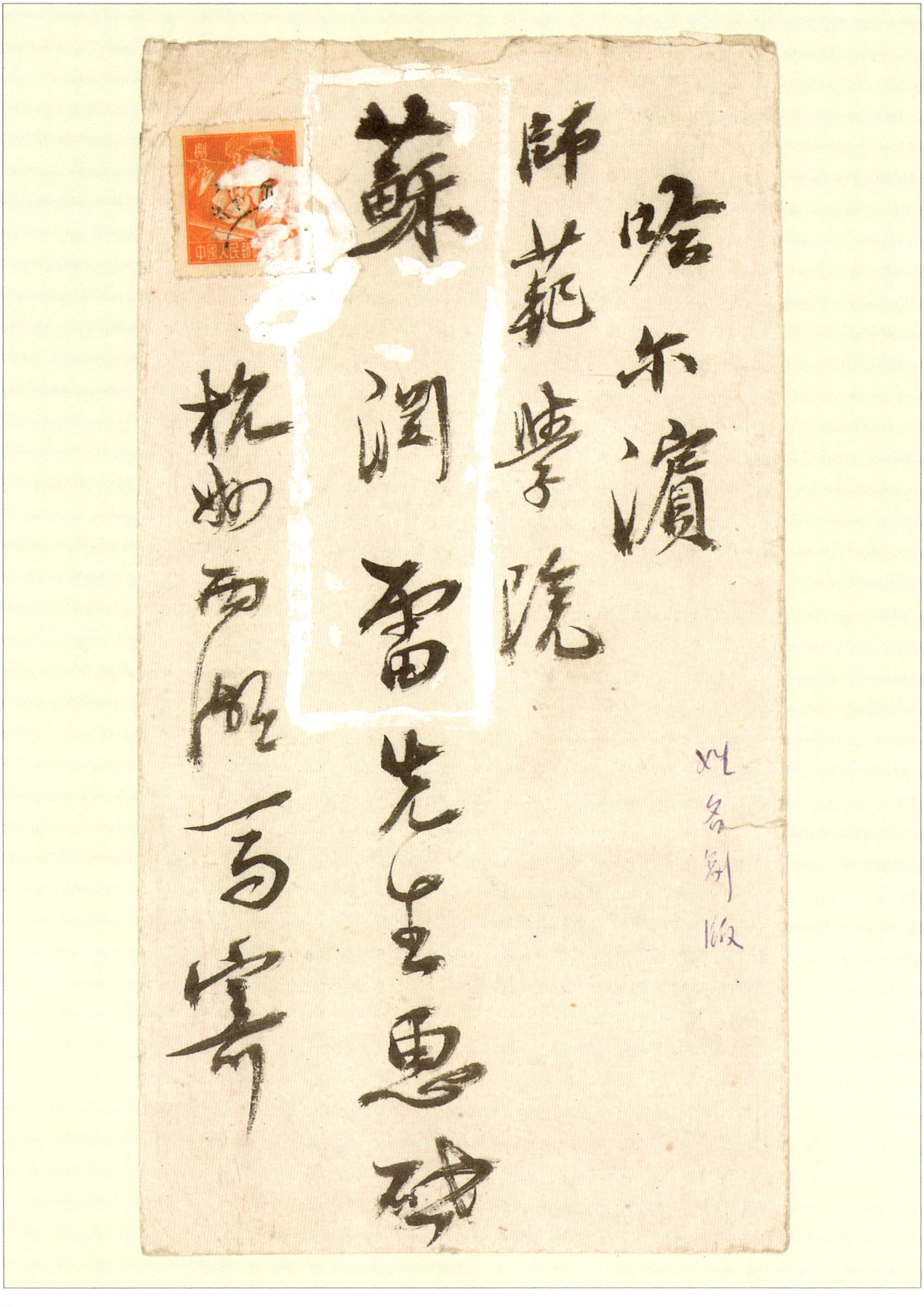

哈尔濱師範學院
蘇淵雷先生惠啓
杭州西湖馬寄

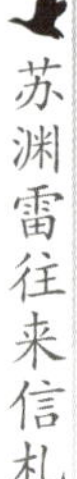

渊雷先生寄示雪窗诸咏率尔
口占奉答请正
道在文逾淡心空境自安耆
洛元投袂雪是普天寒积青
诗篇富常教路径宽报君冬
别语木佛已烧残　老来畏寒
方移寓舍就暖日疏近翰不能多作字
幸谅之
农历癸卯正月十九日　浮白

率成奉酬

鉢水居士人日見懷之作即

希 莞正

人日詩來雪下看 勞君書

札問衰殘寧知星斗羅胸

次況有龍蛇繞筆端醇酒

難逢庭共釀春風入笛不憂

寒江南塞北如庭下且喜

高吟興未闌

舊曆甲辰鐙夕 蠲叟呈

時年八十有二 雙目近瞽作字

不辨筆畫 幸諒之

仲翔山长先生座右：

今春草堂之会，有缘识荆，平生之幸也。返津后，已遵嘱向继之师面陈种切。朱师并谈及与先生数十年之交谊，以及先生之才学际遇，生之益增敬佩。尤望日后多有以教晚生也。

顷阅书法杂志，得诵大作，讽诵再三，实获我心，随而生一奢念：倘蒙惠赐挥毫，书以赐我，快慰何如！前在草堂，已获墨宝，此得陇望蜀，贪多无厌之想，幸先生谅之。时值盛暑，多祈珍摄。即颂

时绥

后学 王双启 上

八二年七月二日

仲翔教授吾兄文几：

得好。顷读吾兄惠赠大作"论诗绝句"一册，甚佩吾兄学识渊博，提要钩玄，上自风骚、汉魏、陈、沈，中及杜甫、李白、苏黄，顾崑山、黄梨洲之流都有吟咏和评论，大有高居崑崙之巅一览群山俱小之势。气魄文章均臻高峰，不胜敬佩。弟不文而才又粗犷，吐词含蓄抒情哀怨缠绵悱恻之作，吾不能也。拜读大作只有惭愧。我是北京大学毕业生，去年过红楼下，感慨万千，吟一打油诗：

重游故土草木亲，一度冥思一度吟；莺声燕语知道否，五十年前又来人。

去年底臧克家兄以五言诗一首见赠，我回答一绝。

宏伟目标二千年，白发神州亦徒然；但愿人老志常在，一枝粉笔画尧天。

我这诗既不合平仄又不押韵，充分所谓打油也。兹谨录之，以供一笑。

遥望沪江白云流动，春风送暖，百草发芽，吾辈亦应与时俱进，奔向四化。余不一一，肃此恭祝

春祺

并颂

俪竟

王先进上 84.2.10。

嫂夫人不另，即此致候。

（80.2.济盐十二厂）　　第　　页

装订线

海函敬誦，並賀至。內人又承目疾復
由於勞引起，所以以。蘇先生見諒，
則吾心安矣。弟與
閣下論年則友，論學則師，鵬老雖
弟見函諄諄定嘆而已，年來累去名甚
蘇青年來數者何限為寶也。此此
作函以謝，難證即賜
道祺，並候嫂夫人安。弟王建之頓
元月廿六

渊老閣下：承
惠示為之……閣下內人雖失明，向詢
之稱蘇先生、蘇師母，常屬道人
丁卯除夕送素菜來，一片好心，至今
尚銘感不敢忘。如弟生平偃蹇，
狷介敢肆，口不擇言，偶爾出之，輒
遭怨於人，而自問存心無他。又人言
可畏，務先媒孽予罪。今蒙

中山大学　地址：广州市

渊雷我兄：

惠书早收悉。沪上一别，旋应香港大学之邀，逗留三周。返穗后右手颤抖加剧，致稽奉复是歉。

在港时获读兄致叔节书，提及为兄《论诗绝句》写的跋语，不知此书已否出版？其中有二字须改，附上剪报，如未出书，望为转告出版社。

潘先生题吴靖画雪蝶倩影七绝八首写得很好，诗后注文可供治近代文学者参考。中山大学近拟出《近代文学丛刊》，拟为分续刊载，以光篇幅。便中烦为转告潘先生，并望能将雪蝶画象摄影寄下，一并刊出。（原诗第四首第三句颠倒，拟改为“莫作寻常好色看”）

兄和诗四绝亦好，尤其爱二、四两首。忆少时读《浣纱记》，偶题一绝云：“柳塘新涨浸芳芽，燕尾分来对浣纱。一种清愁谁会得，江城二月见残花。”自喜以为有晚唐之风味，今已不能重弹此调矣。

专复并颂

著祺

嫂夫人并此问好

弟季思手上

3.10.

第　页

僑聯航運貿易有限公司
OVERSEA UNITED SHIPPING & TRADING CO., LTD.
1405 CHIAO SHANG BUILDING
92-104, QUEEN'S ROAD, CENTRAL
HONG KONG
KOWLOON
10 SEP
1982
上海
華东師範大学
历史系
渊雷教授
BY AIR MAIL
PAR AVION

僑聯航運貿易有限公司

CABLE ADDRESS: "OSECOSHIP" HONG KONG

OVERSEA UNITED SHIPPING & TRADING CO., LTD.

1405, CHIAO SHANG BUILDING
92-104, QUEEN'S ROAD, CENTRAL
HONG KONG

TEL. 5-228784
5-235868

渊雷先生：九月三日惠书拜悉，就检起居胜常，至为欣慰。承赐允白诗选注，谢谢。尔来常读书，而将阅古籍，困难不少。选注中题解、言简意赅，解决不少阅读中问题。两图照片已代印七十张，另邮挂号寄奉。约于十月间返沪小住，届时当趋前面聆教益。馀请珍摄。匆此即祝

双安

弟 王国桢 上

九、九

春秋左传二册重印，已向台书肆，俟寄到奉上

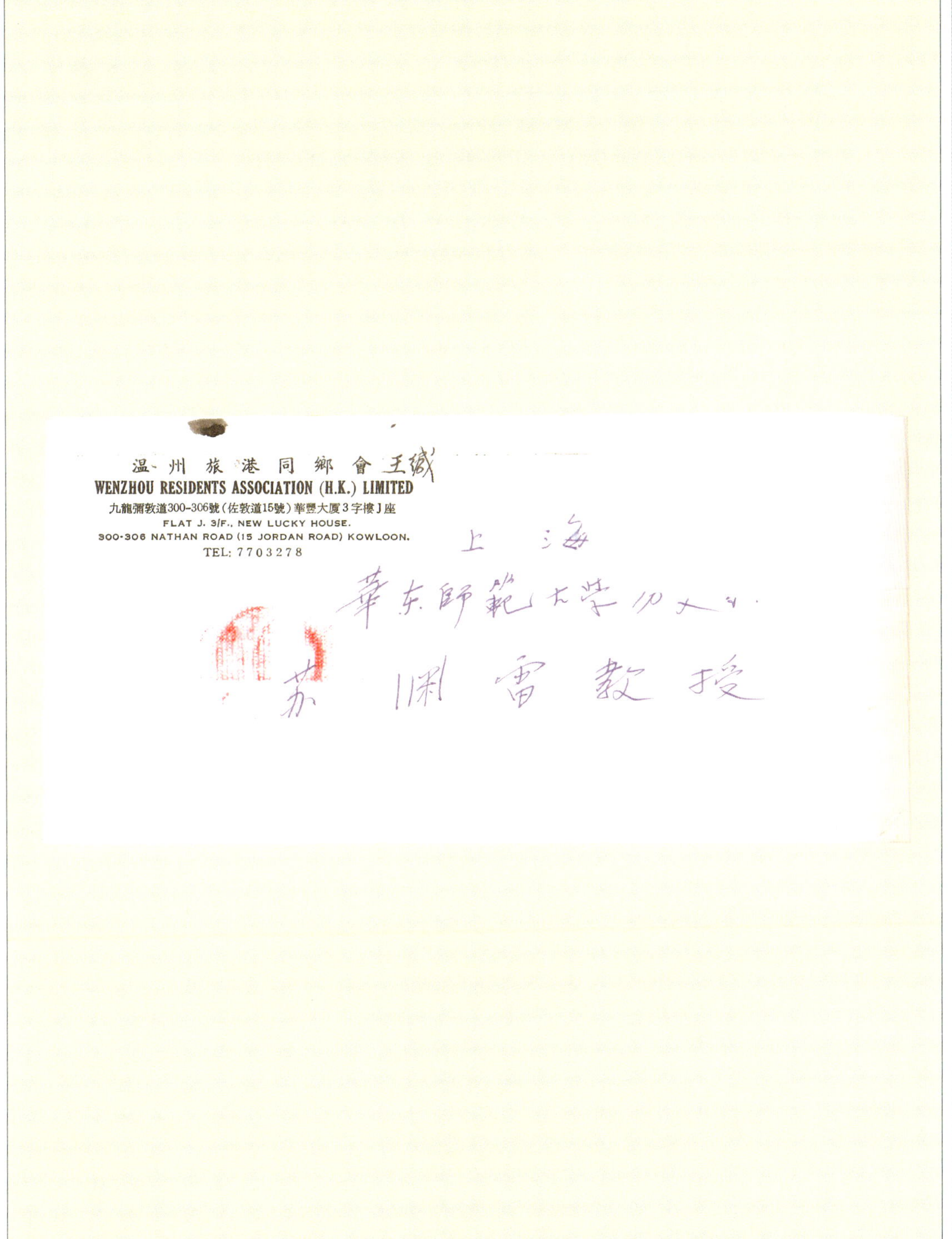
温州旅港同鄉會 王緘
WENZHOU RESIDENTS ASSOCIATION (H.K.) LIMITED
九龍彌敦道300-306號(佐敦道15號)華豐大厦3字樓J座
FLAT J. 3/F., NEW LUCKY HOUSE.
300-306 NATHAN ROAD (15 JORDAN ROAD) KOWLOON.
TEL: 7703278

上海
華东師範大学历史系
苏渊雷教授

CABLE ADDRESS:
"OSECOSHIP" HONG KONG

僑聯航運貿易有限公司
OVERSEA UNITED SHIPPING & TRADING CO., LTD.
1405, CHIAO SHANG BUILDING
92-104, QUEEN'S ROAD, CENTRAL
HONG KONG

TEL. 5-228784
5-235868

渊雷兄吟席：

温州旅港同乡会成立五周年，出版纪念特刊，敬乞惠赐题辞，以光篇幅，至深同感。

此致

撰安

弟 [illegible]拜启

4.12

温州旅港同鄉會
WENZHOU RESIDENTS ASSOCIATION (H.K.) LIMITED
九龍彌敦道300-306號（佐敦道15號）華豐大厦3字樓J座
FLAT J, 3/F., NEW LUCKY HOUSE,
300-306 NATHAN ROAD (15 JORDAN ROAD) KOWLOON.
TEL: 3-7703278

Date,

蘇渊雷乡长伟鉴：

时光如流，本会成立迄今，不觉已近五周年。五年来，承蒙诸乡贤前辈、各地同乡组织热心支持及本会历届理监事、旅港同乡团结努力，本会得以艰难创业、初具规模，会务日渐发展。

为志纪念，本会将于今年编辑出版《温州旅港同乡会成立五周年纪念特刊》。敬祈惠赐题词、[画]，籍光篇幅，至为企盼。[请于七月底前掷下，以便编排付印]

端此　　敬颂

祟安！

温州旅港同乡会敬启

一九九0年四月十日

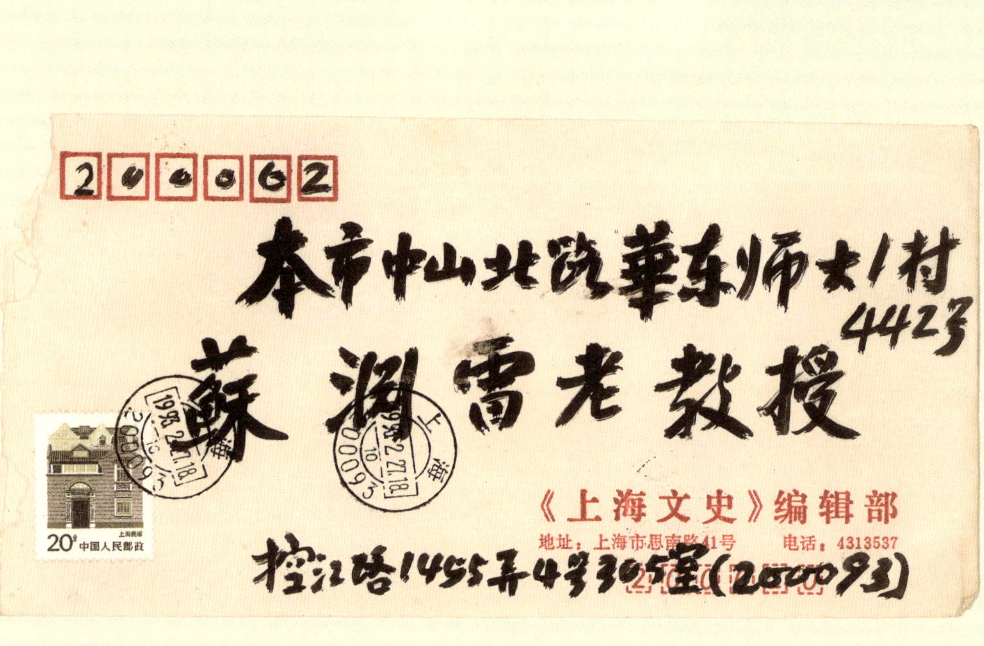
200062

本市中山北路華东师大1村
442号

蘇淵雷老教授

《上海文史》编辑部

地址：上海市思南路41号　电话：4313537

控江路1455弄4号305室(200093)

淵老教授吾丈左右久違
道範時切馳繫遥維
興居康吉為頌茲有懇者冬
往遊普陀山參觀文物館見有我
公所書草字一幀作遊山詩一幀陳列櫥
內該館負責人華明女法師不識草
為詳成楷書並予解釋伊聞是書與
作者相識第謂係老友並告以素善

丹青渠乃懸請代求　法繪一幀
以供游人欣賞，永為鎮山之寶，今爾
即許之，頃來書相詢，為此特函上湊此
乃不朽之盛事，承
公或當快於首肯也。倘蒙
吉便揮毫繪成後乞
賜寄本處轉去（另有拙繪同寄）為企。祗頌
道安

後學僧弟王退遁而上　九三年二月廿吉

渭园小集酬钵水兄将北行星槎有诗即用其韵

一樽谁唱大江东，又指龙华送长公。雨后晚晴春尚在，花前高谢喜逢同。鳊鲂入馔皆殊味，缟纻论交拟古风。是日初识王建之君，倾谈甚契为约重阳又相就，缘阶应有菊千丛。

戊午尝春遐斋未定艸

鉢水吾兄有道：
昨至揆兄處獲讀 手教，備厚
喻慰不勝。弟往內人與弟憂患相依，出處
與共者四十餘年，艱危憂患，阽窮勞瘁，未
嘗有怨懟之言，而弟時命偃蹇，負彼實
多。年來幸息重負，方冀稍能愉逸，乃遽
棄我而逝，此恨無極。惟願諸兒女相能，庶得稍
慰彼於泉下耳。弟比日神思昏惘，餐眠俱損，
曾作悼亡數章，辭拙不錄，俟
足下他日過郡時當面談一切也。專此道謝，
闊無奉余，後諒惟書復，請恕不盡所懷。即頌
暑安。
弟敬身拜 八月一日
府上諸人均此致候。 兒女輩同叩

北京
蘇教授淵雷先生
復旦大學

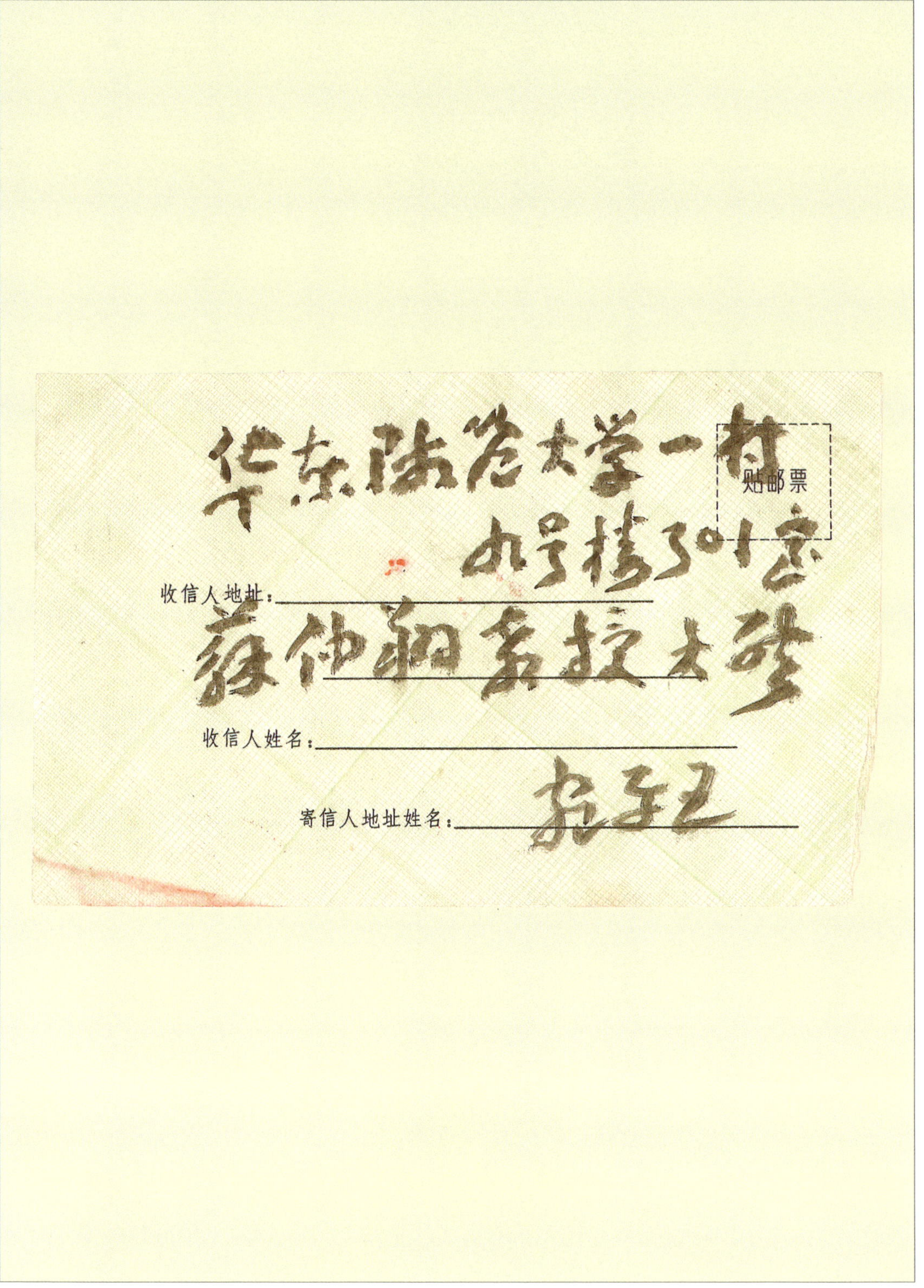

贴邮票

收信人地址：华东师范大学一村 九号楼301室

收信人姓名：

寄信人地址姓名：

敬烦 王運天弟带呈

蘇仲翔 教授 大啟

華东師大一村
九號樓301室

復旦大學王

仲翔吾兄先生惠鉴：久不晤，念念。
兹有魏君兰陵，极好学之士，
借阅国人一段语之抄摘，载於
兄为之主长处，可否 先生允其谈叶由
借阅负责人王金根同志趋
安排
嘉惠为问
大安
王蘧常学弟顿首 六月六日

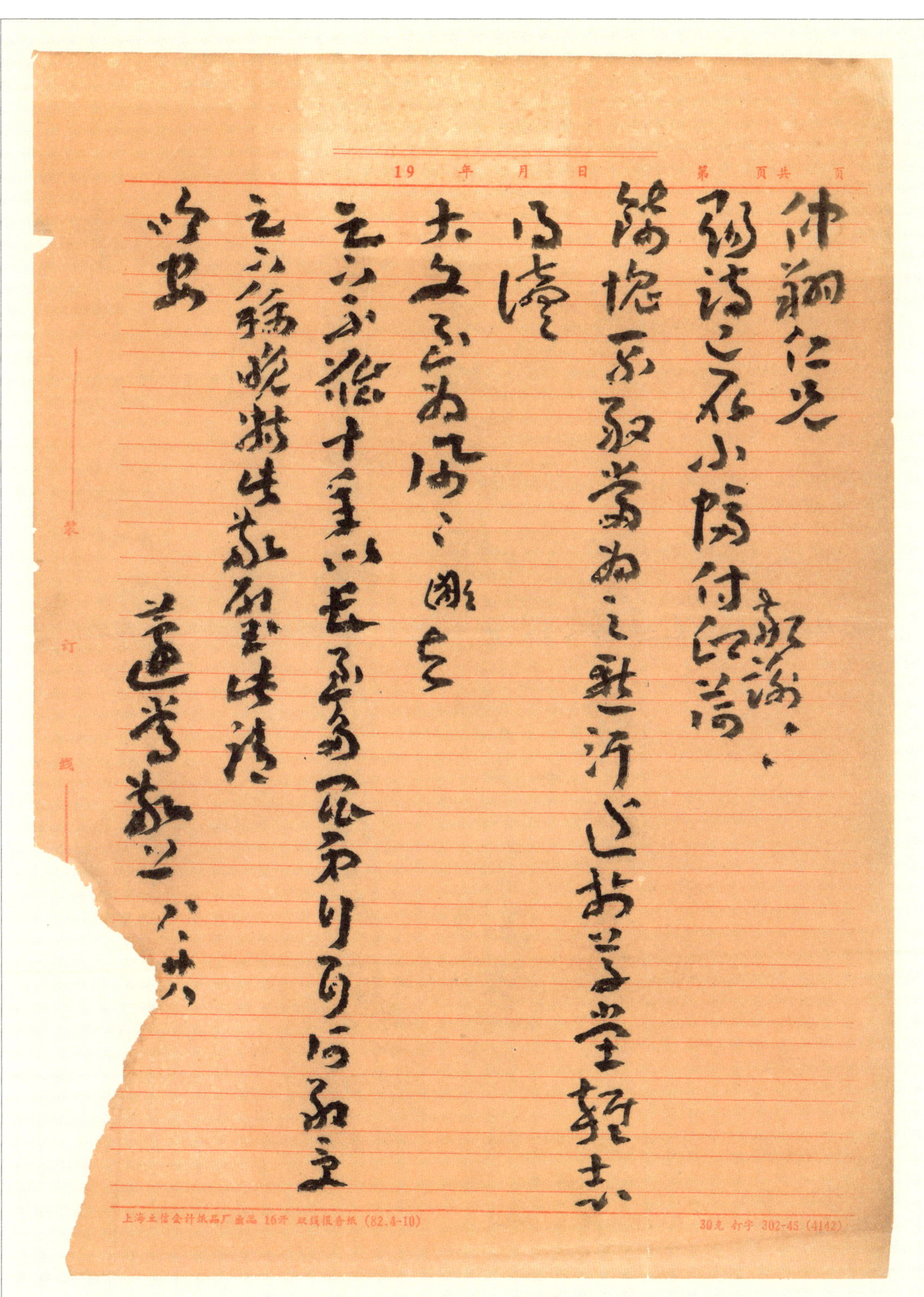

19 年 月 日 第 页共 页

仲翔仁兄

蘧常敬上 八、廿八

装订线

上海立信会计纸品厂出品 16开 双线横格纸（82.4-10）

30克 打字 302-45（4142）

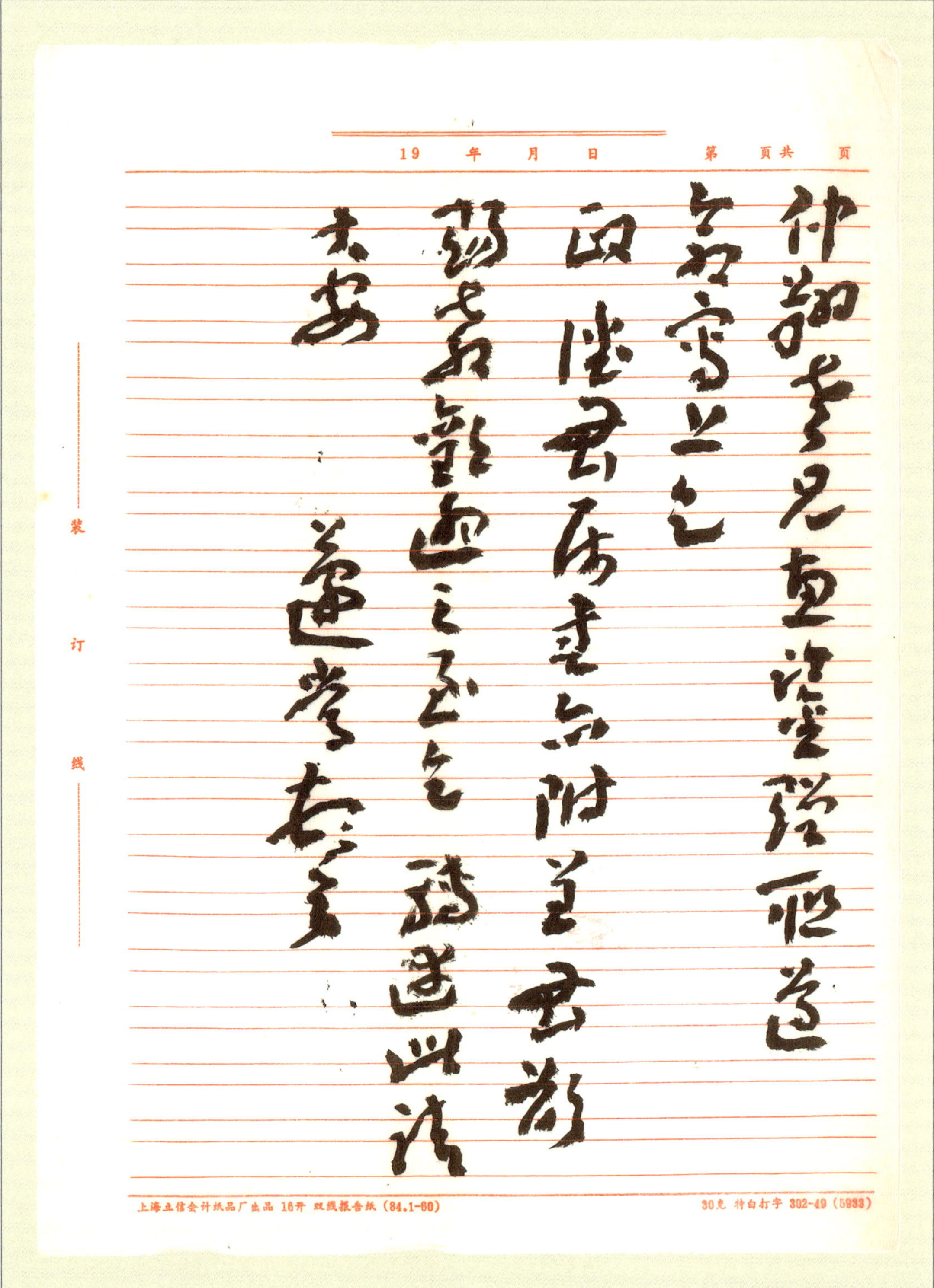

19　年　月　日　　第　页共　页

装　订　线

上海立信会计纸品厂出品 16开 双线报告纸（84.1-60）　　30克 特白打字 302-49（5993）

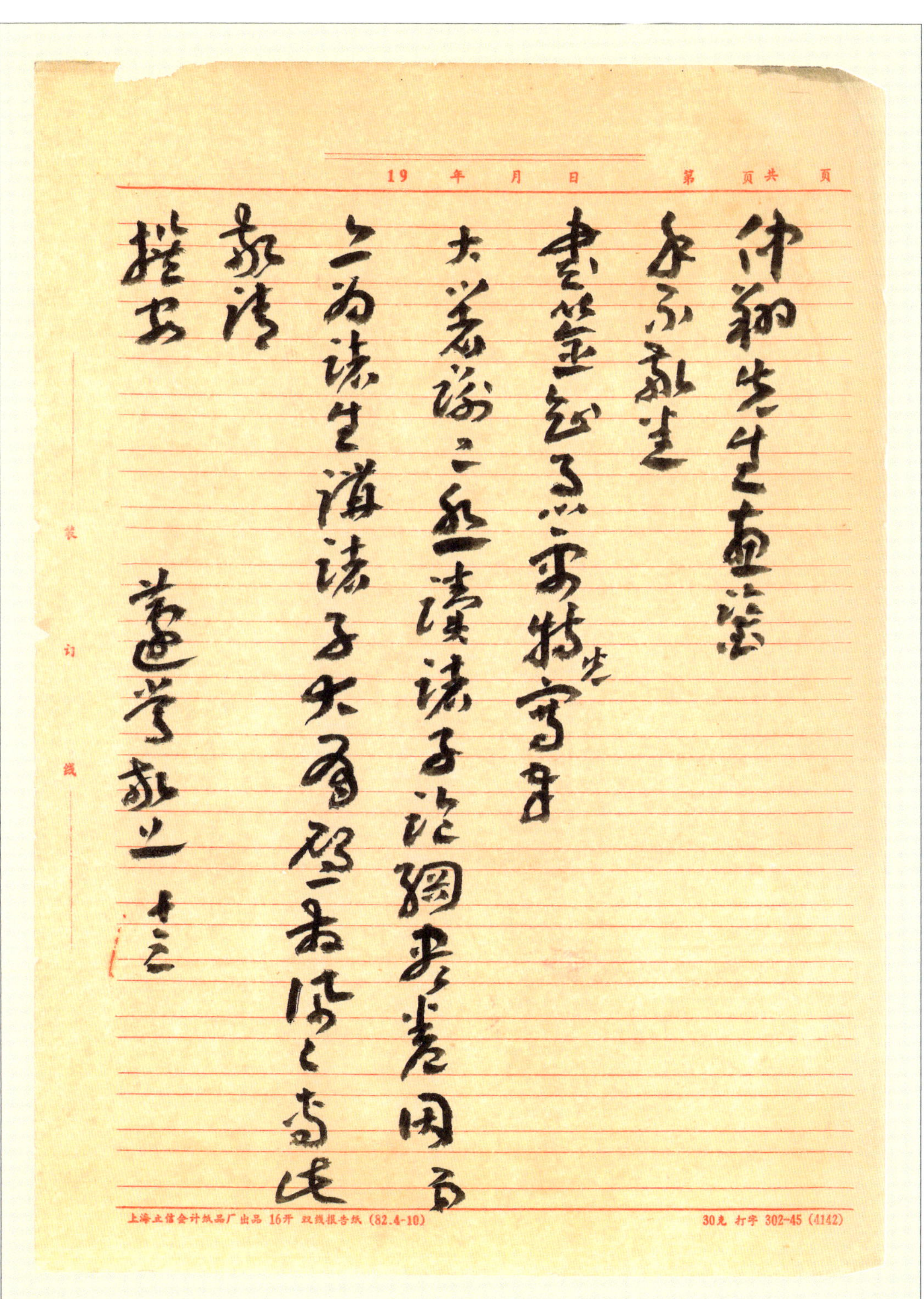

19　年　月　日　　第　页共　页

仲翔先生道席：
承示敬悉。
尊笺题已照要，特先写奉。
大著论之并一读讫，于论独要，尤著因百
之为读生潢读子大有启予者，偏偏高远。
敬请
撰安

蘧常敬上　十六

上海立信会计纸品厂出品　16开　双线报告纸（82.4-10）　　30克　打字　302-45（4142）

19 年 月 日 第 页共 页

先生曾為將吾題拙書千字文
未能求請
遲遲因上書畫社將印拙書急欲能
原寫千字文嘗讀敢以為請 王蘧

装 订 线

上海立信会计纸品厂出品 16开 双线报告纸 (82.4-10) 30克 打字 302-45 (4142)

復旦大學

仲翔先生左右：

手示並

大著年譜所載論之，

未能為何後得尤難，無如今何何，五十年

前事已難翻，聞靈鵲仲聯去云之翻

論詩絕句箋錄之，現之人民文學出版

社出版諸

先生賜正，不勝之至，為一揖也。此頌

著安

弟蘧常頓首 十七日

已出版，未知已經聯
系否？倘江同志已出國，請直接与第某候聯系，
否則。如果該社永雷要，當即掛號退還，迫切之至。
又，石年兄已交稀遷處同志未？吾念。如已
交去，請即示復。前已發函雅鄉之
並專輯記一紙（原擬交足帶去，因忘記了，仍留案頭），請其發印。須接
國板之來信，云不日由滬返滬，文酒遊飲之
一番樂趣，均已改掉，頗羨之。此致
蘇經 方介堪 十月卅日
你我之照片及對向好

渊雷兄道席：

别后念念。比奉来字从容，吟兴更浓，日与老友漫叙一处，喜可知矣，健羡健羡。弟病时发时愈，深以为累，日来整理「墨印文稿」旧稿，市文化局已配调林克桂来协助工作，既要校勘，又忙于艺事，公私终扰，终日碌碌耳。前托将条轴留作原稿及题泥画

之才华之茂便鲁只更深钦慕去来

属与阁下合作一画留念兹先作小仙

用其上请兄补红梅一枝未知可否

希请挥就早日寄下尤所祷盼

此致

敬礼　方介堪　七月六日

嫂夫人问安　内子洪英属笔请安

钵水老兄著席

别来念念，入夏多雨，近始放晴，谅维珍重多々。值此江山如画，风物澄明，欣逢阁下七十大庆，谨绘水仙竹石一图，以表同侪之忱，即乞哂纳，赐存为幸也。

敬友

鲁哲同志山东人，在浙江省委工作。

5孔小瑜老画家友善々书。孔兄来杭

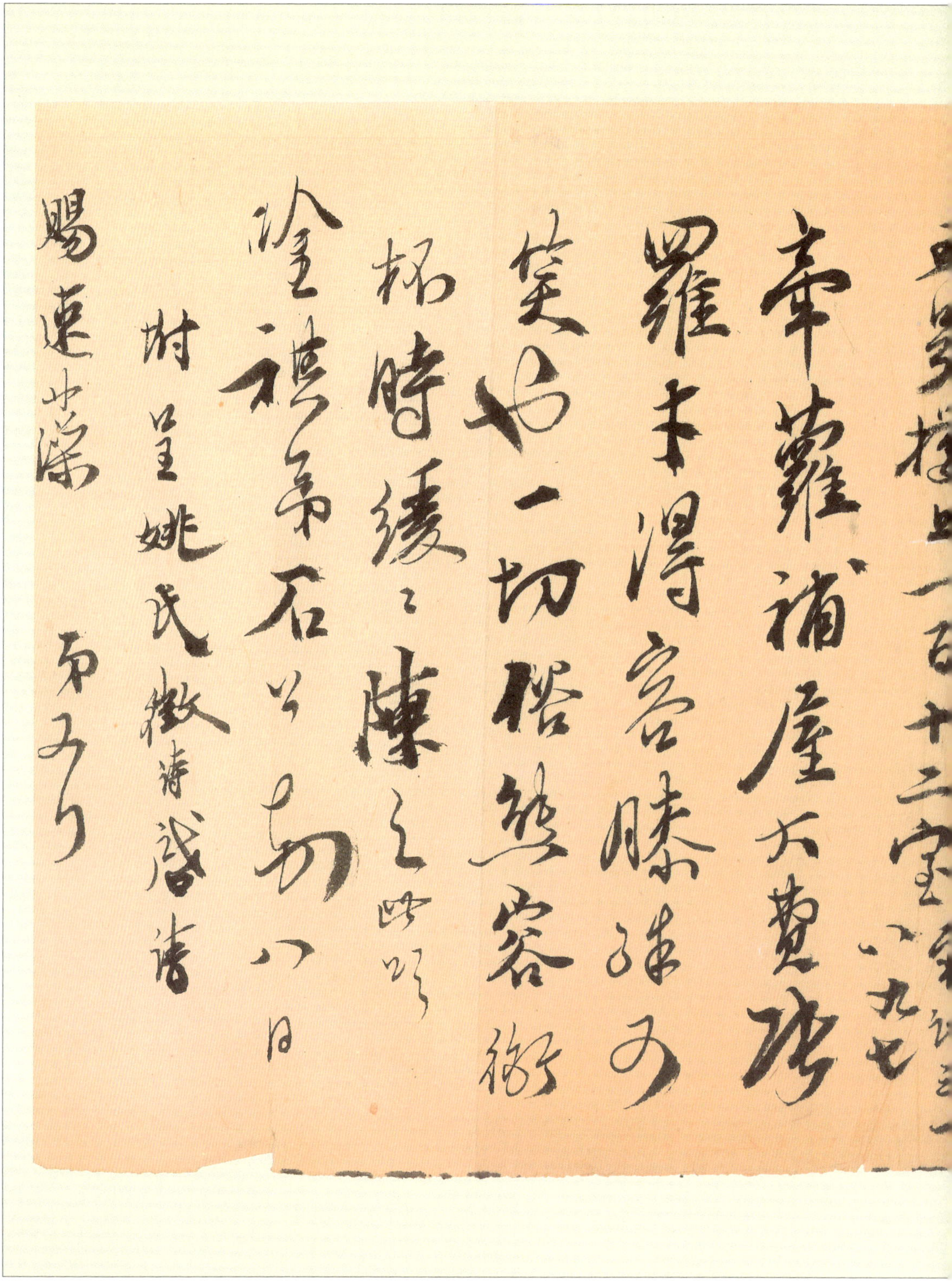

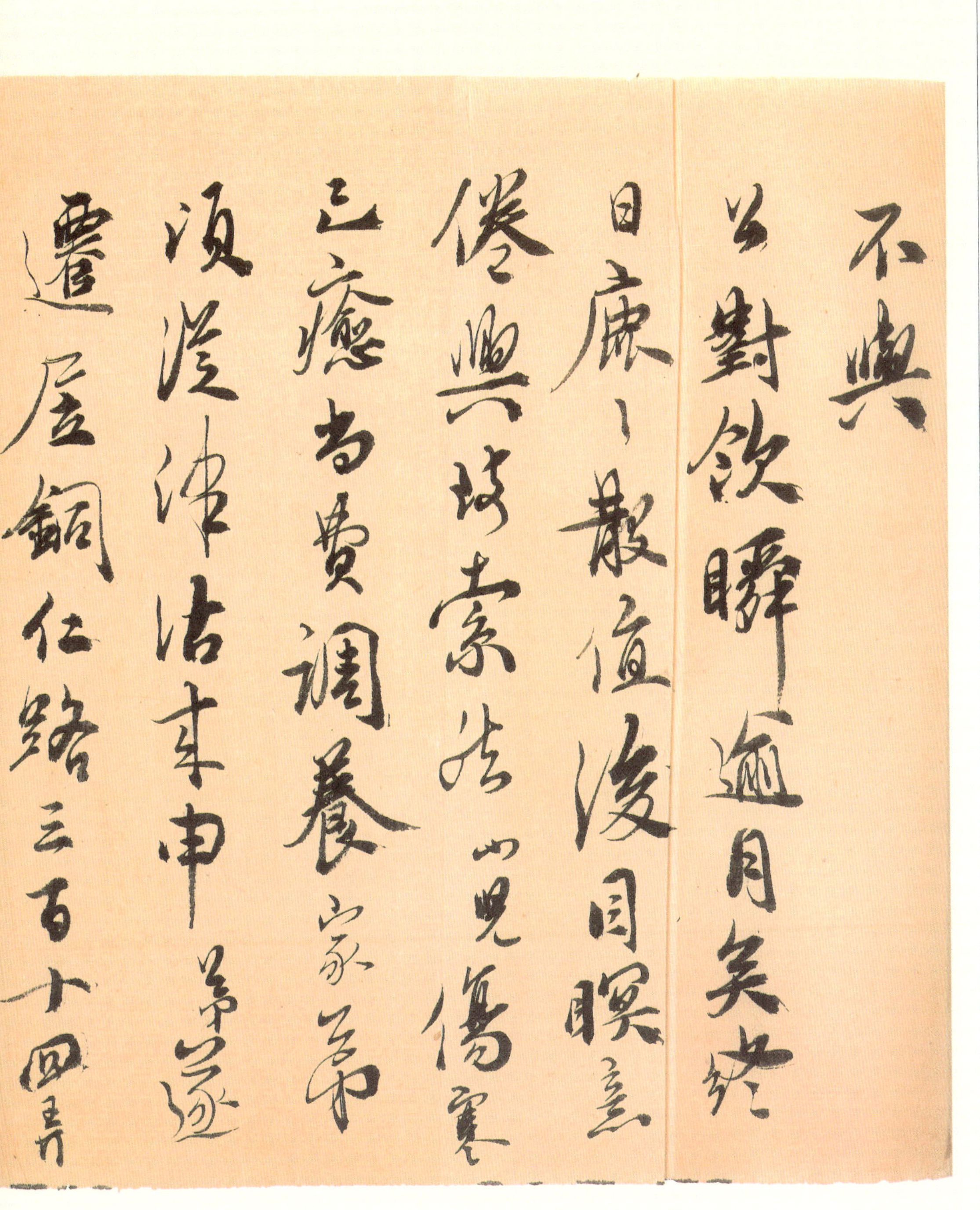

不與
公對飲，睽逾月矣。終
日康〻散值，復因瞑恙
倦興[illegible][illegible]告也，兒傳寒
已癒，尚費調養。家弟
須從沛沽來申。弟遂
遷居銅仁路三百十四弄

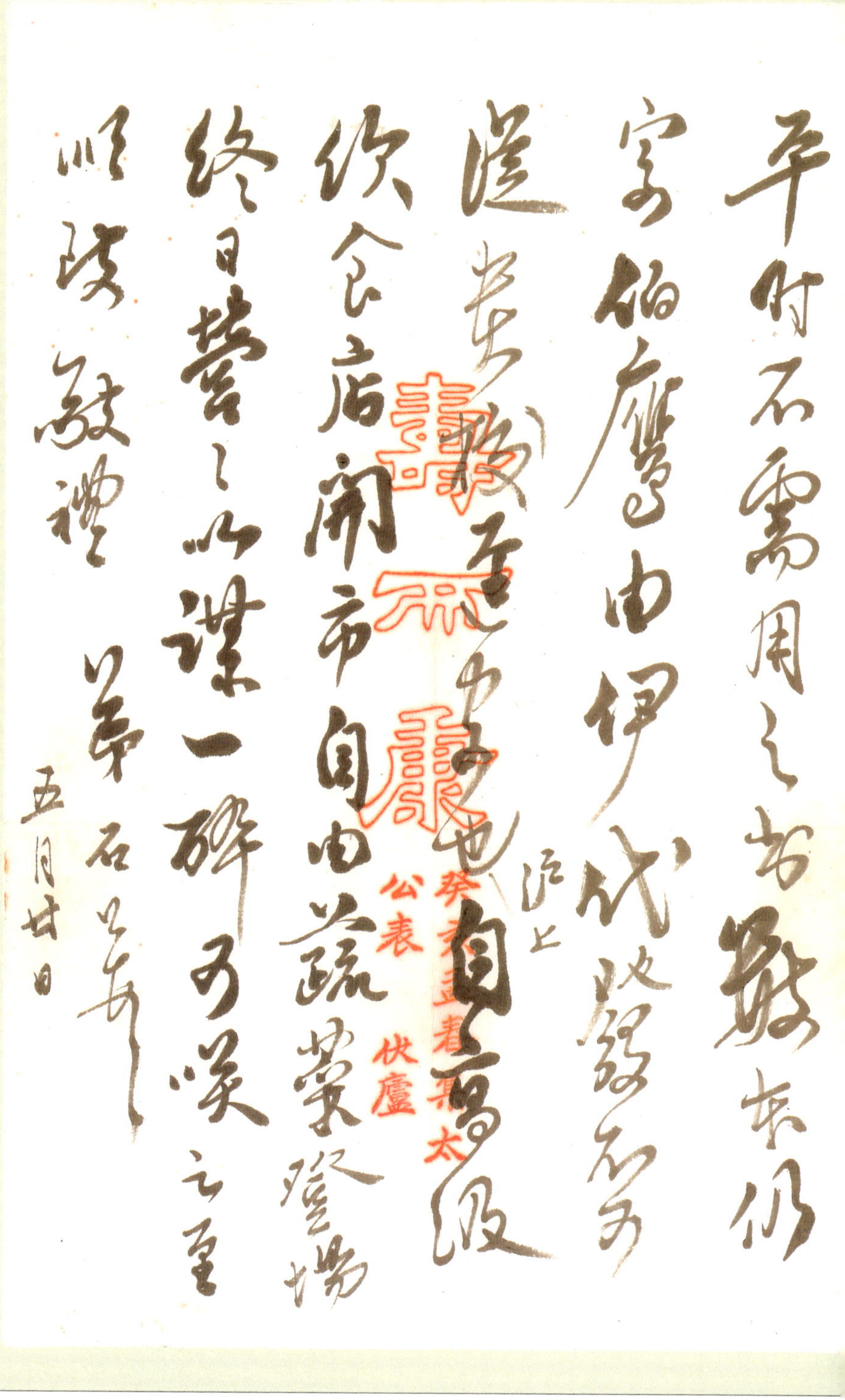

渊雷诗老吟席：苏字还
大稿一册，览之如饮醇醪，乞
寄入伯鹰了帐处，兹致候
吟禄少矣，吟一叶，敬请 浩安
收信后一周，夏衆中的
书石多不肯以献之，风最好检

寿康

癸亥孟春其太公表 伏盧

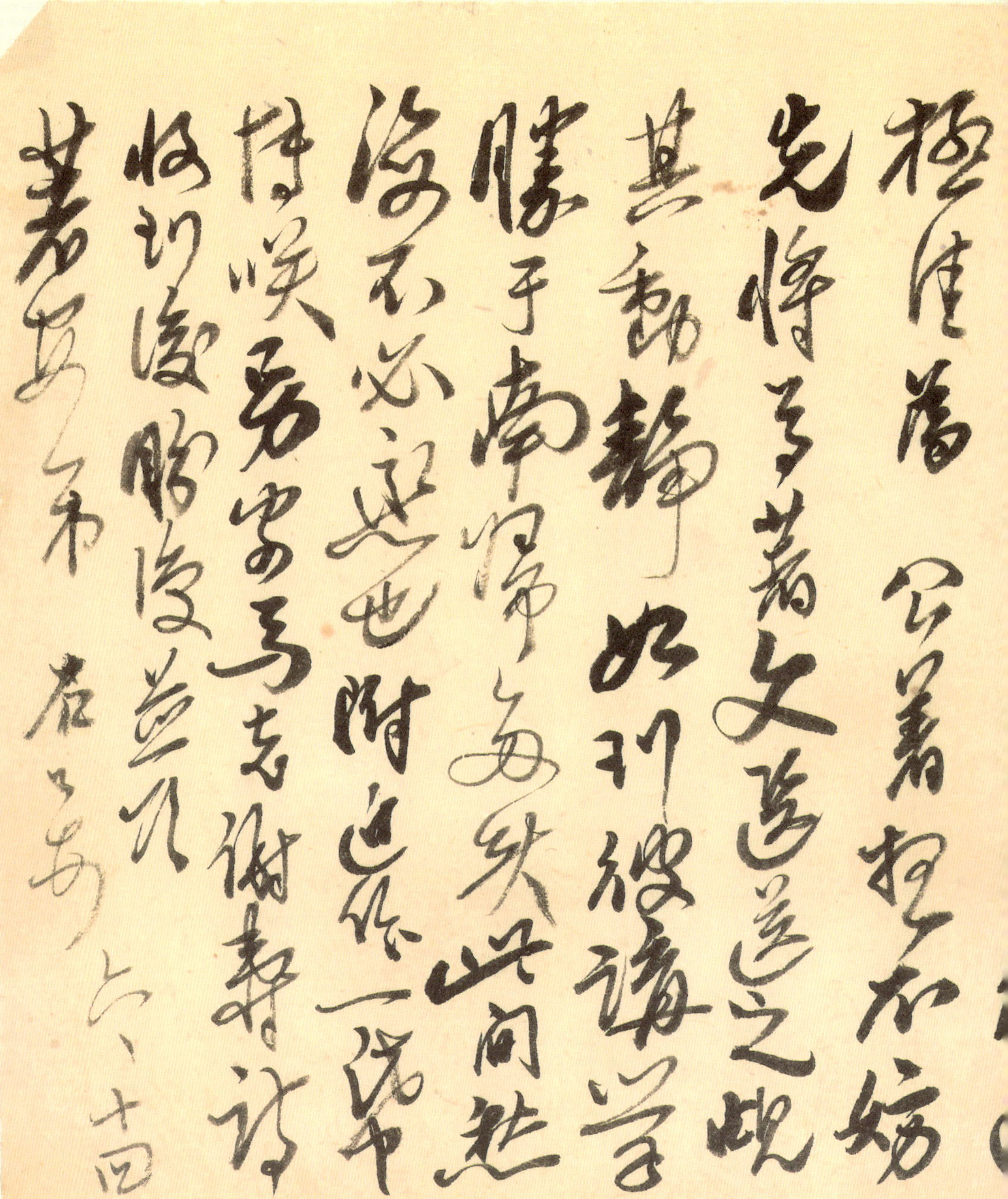

長春市立研究院中國文學
略仿德學民時代之萃
文書院主其事為修
金二萬元與焉志在淵源將
南來求教於鍾山諸駿
以開讀四書自任匹於
上月乘飛機南達[illegible]

郢政取互見私衷之所強乎
詩以值一咲學術文物者（當日士大夫亦足留史為掛始者）
（並士及石叟交附益之并郵奠六月初八）
如在集叢之列同志中陸續

有所增損他日當與
君繼二三之經世文（如石叟等）以見
我秋後過滬在言茂源
豐泰把盞面穀無若
從者來京則盈（排室）樓上可以
肆其狂言石公甚願
十九日燈下　石公上
李銳夫通訊地址見二千下

鉢水齋主慧照中秋節前

遂遐君來得之道來告以

郡構滄濱方欲作申江之

遊因循未作書久而不果

手帖下逮以此生計愈益皇

悚幣制改革人心彌不安

念亂夏主好怪頻盡無收

上荅輾來伸戒前日登高

勉來和詩一律錄奉

[illegible]
来此察之藏黄当而通俗亦
以所優為也以言詩與史之伯人
應相其吟賞森老辣腳
澤腫之意與不佳以言序當
氣閒白之似與石君不大接
近讀次去尝愛掛口容細論之
今月至杭与馬一老振影莊湖
一序納入書內猶見面也李
疏睦化去第撫以十字聲文頗一世龔璞畢修堂
手袁世已平復不次
弟石公[illegible]
六、十二

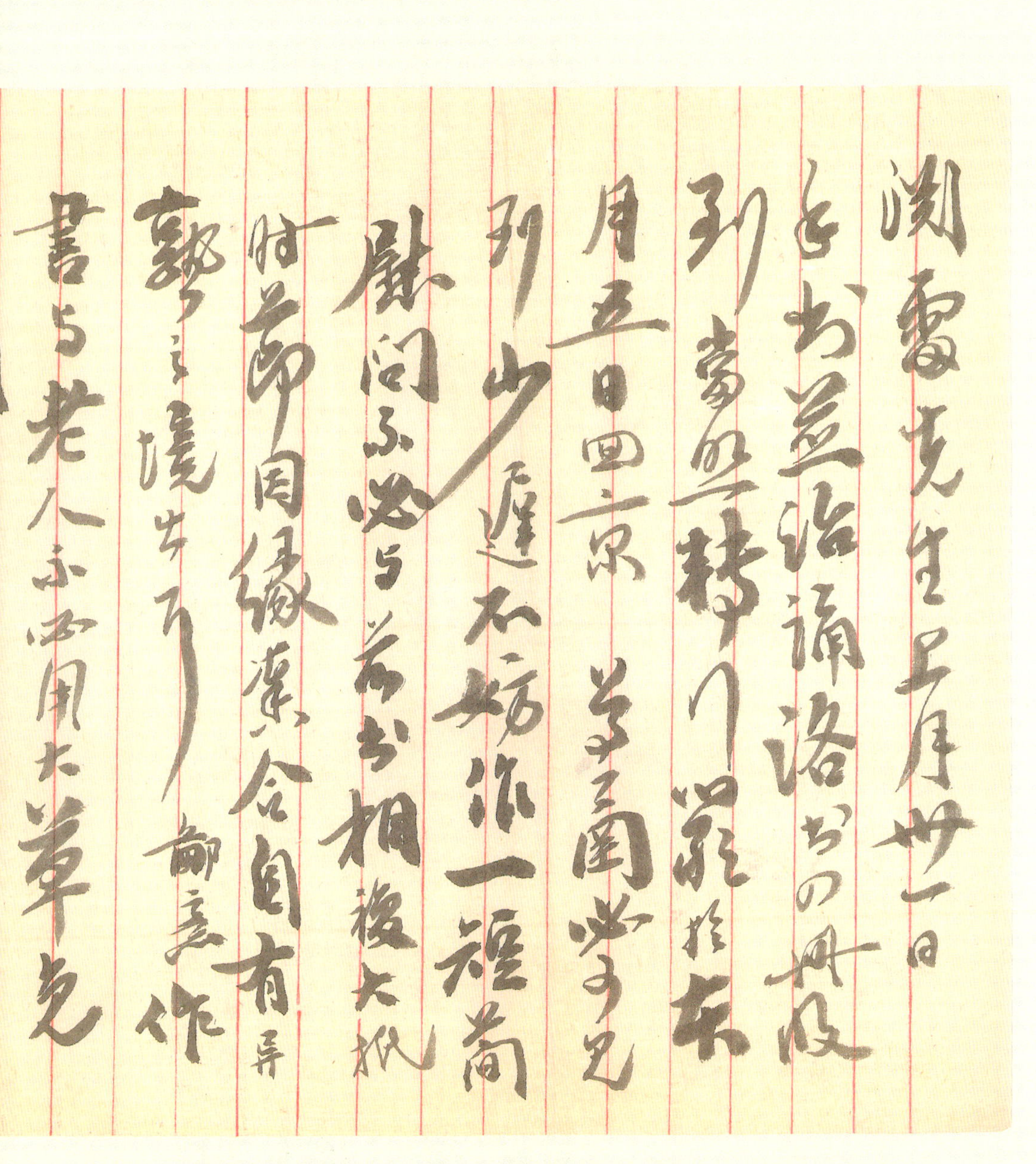

渊雷先生足下：廿一日
手书并[illegible]洛诰[illegible]册收
到，当[illegible]转[illegible]于东
月五日回京，[illegible]图[illegible]见
到山，[illegible]迟不妨作一[illegible]简
[illegible]问不必与前书相复，大抵
时节因缘凑合，自有异
[illegible]
书与老人亦必用大草见

玉佛寺莊嚴寺一在安遠路一在霞飛路，不知距永嘉路蓉園（此次到滬原欲覓其招要）遠近。見雖以之作計，一旦露面，無親友必紛來邀約，渠等多人雖是中人生意經內有之一套，我輩酸儒當之則苦矣，奈何奈何。

鉢水齋清座

蘇心佚 手

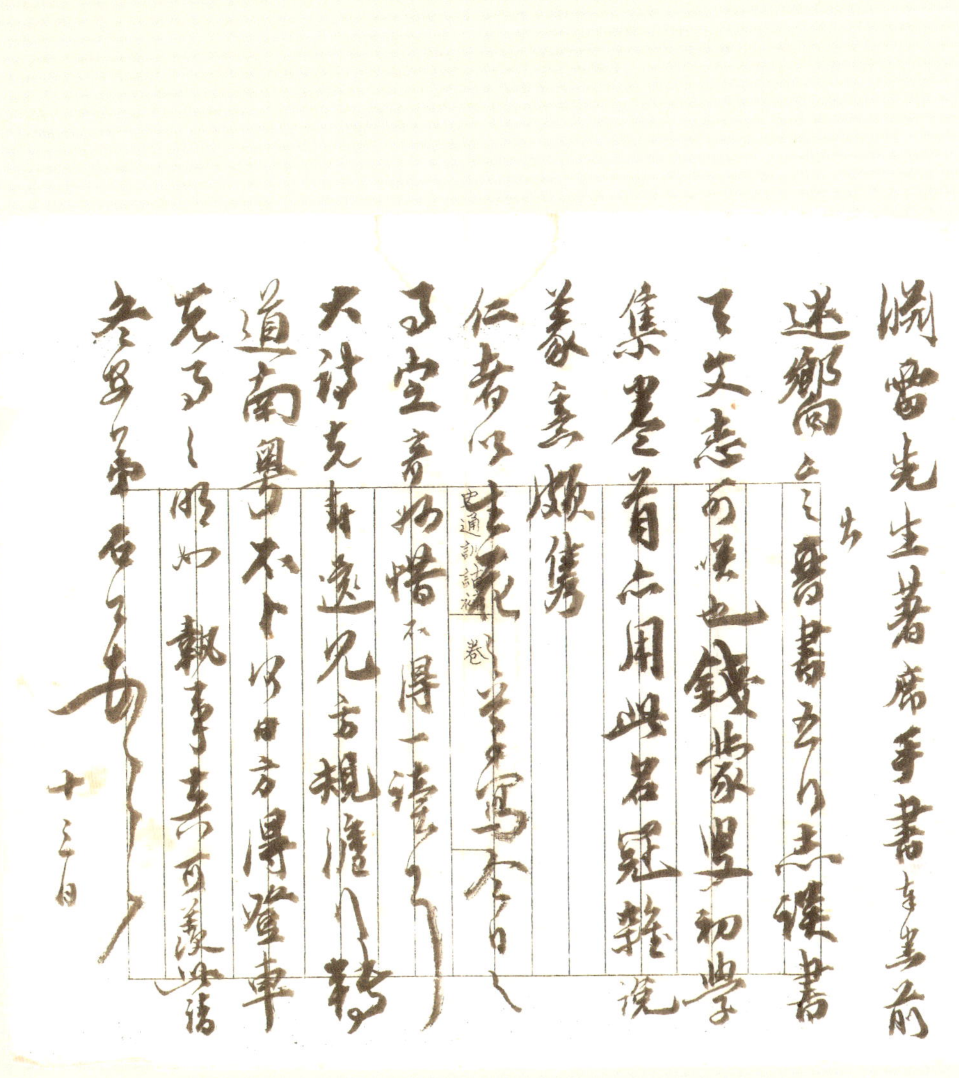

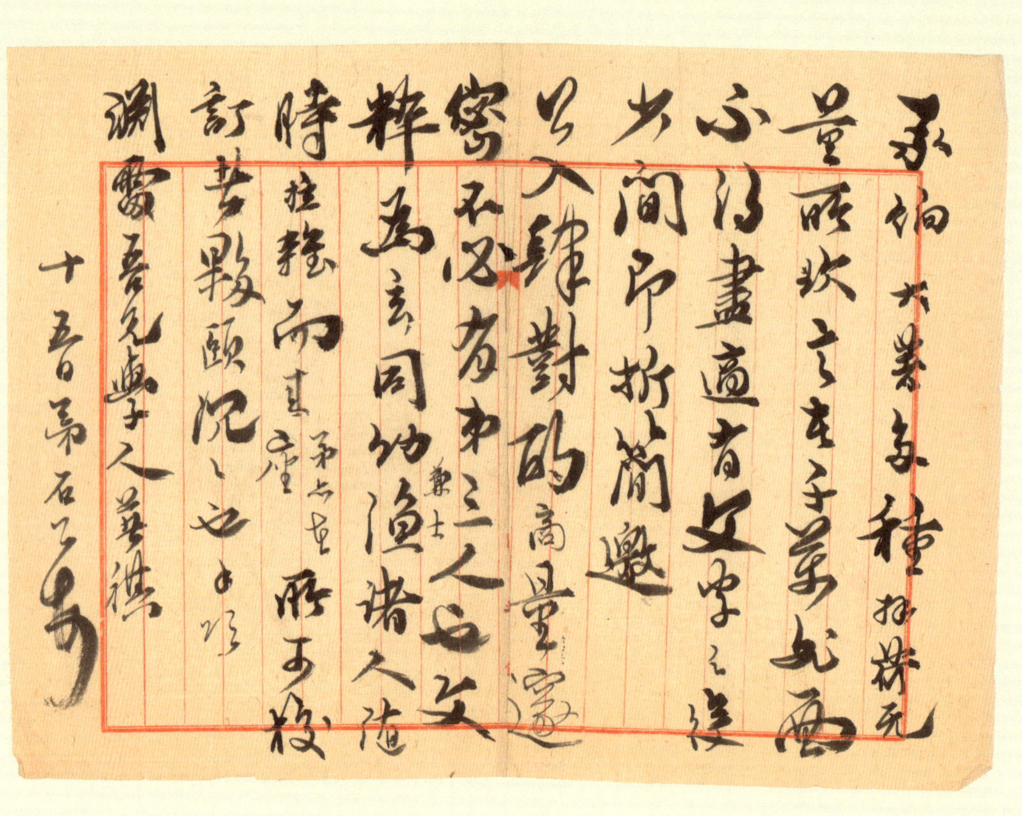

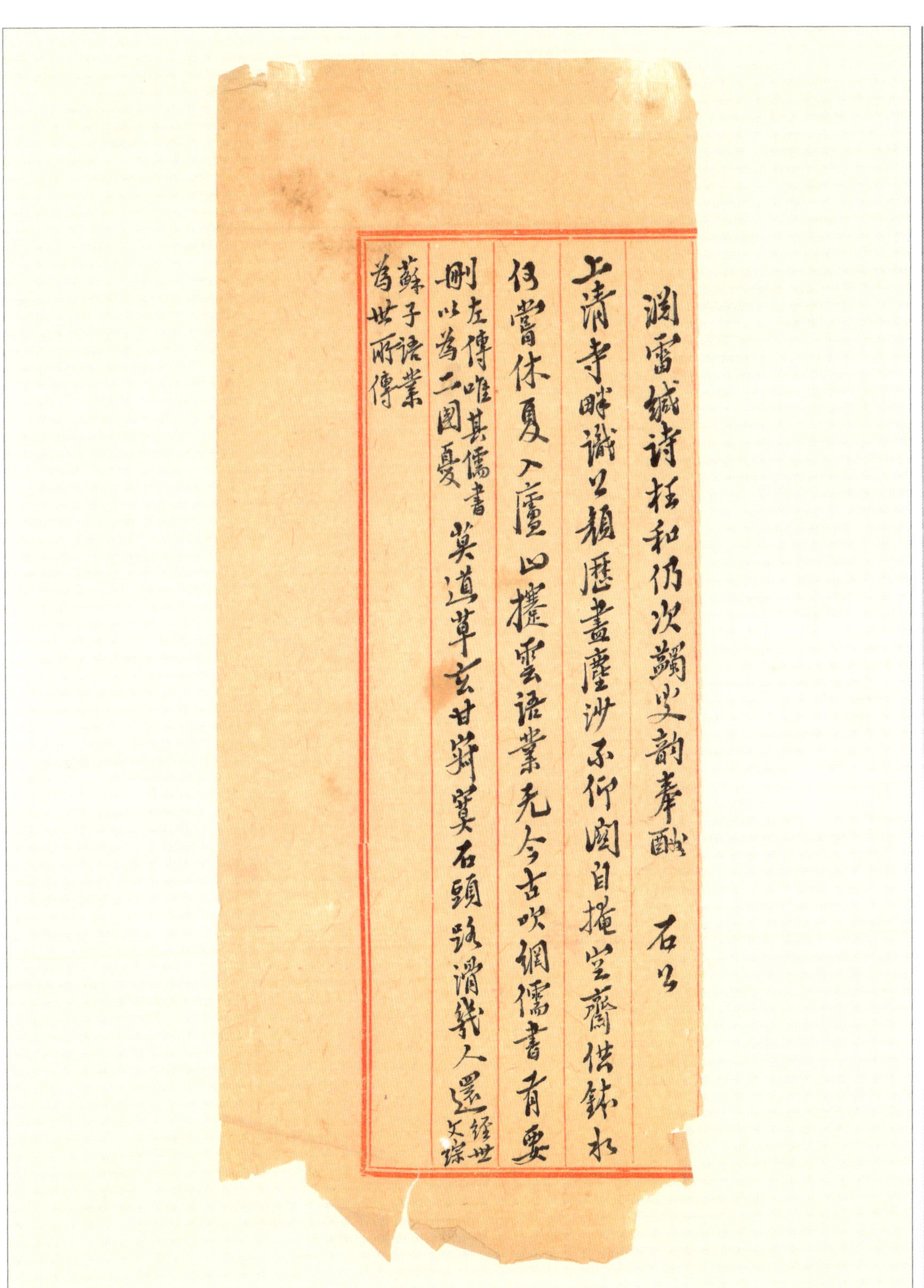

淵雷緘詩枉和仍次蠲叟韻奉酬　石公

上清寺畔識公顏歷盡塵沙不仰阿自掩空齋供鉢於

何當休夏入廬山攬雲語業无今古吹網儒書有要刪左傳唯其儒書以為二圓憂

莫道草玄甘寂寞石頭路滑誤人還選經世文綜

蘇子語業為世所傳

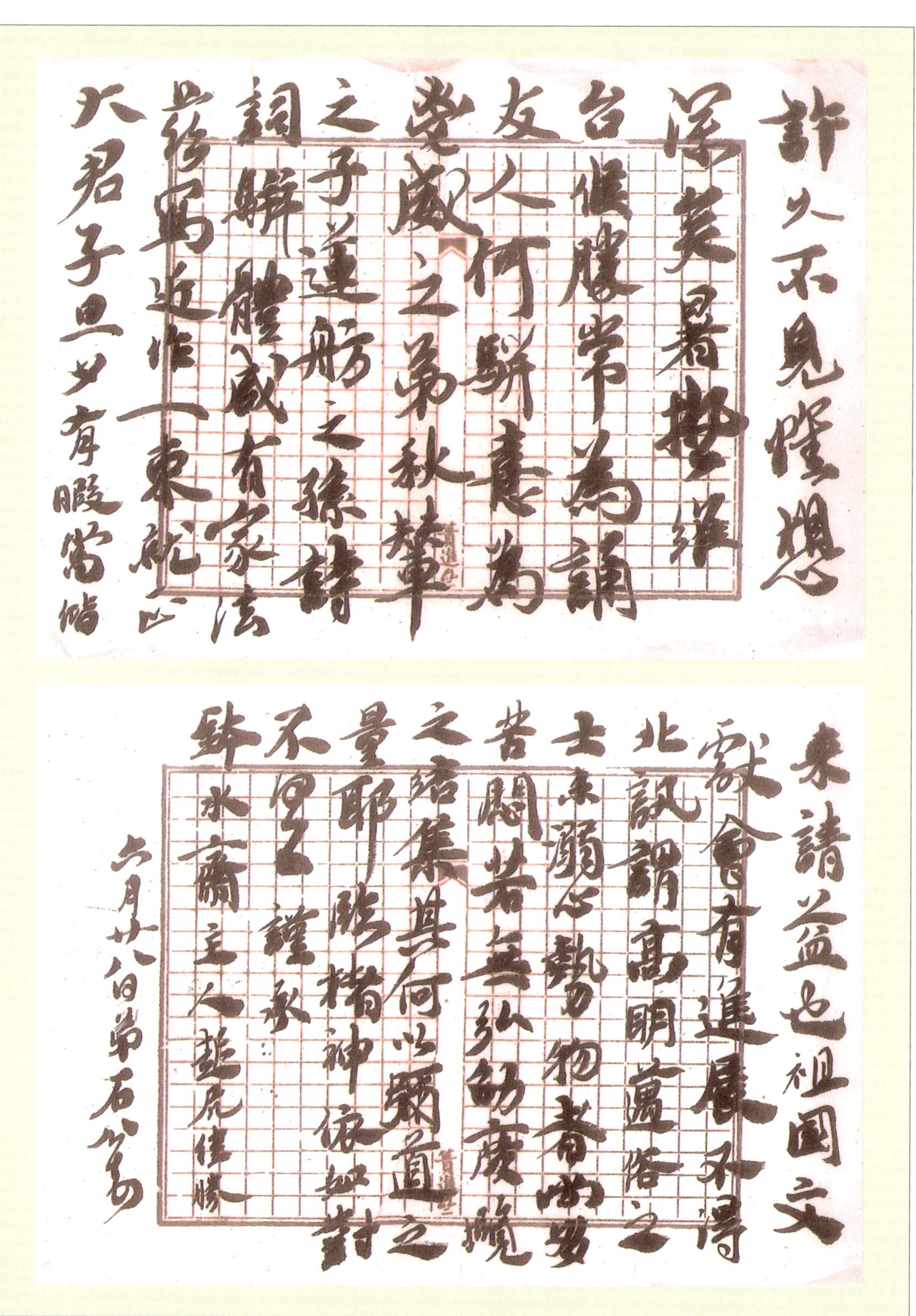

許久不見懽想
深矣暑著撰維
台候勝常為誦
友人何騈意為
覺盛之弟秋華
之子蓮舫之孫詩
詞騈體咸有家法
出侯寫近作一束就正
大君子旦夕有暇當備

來請益也祖國文
獻會有進展不得
北試謁高明盧俗之
士來顧心勢物者出安
昔閱若無弘紡廣攬
之緒集其何以獨道之
量耶然精神依然對
不見謹承
致水齋主人並頌佳勝
六月廿八日弟石公頓首

簡陳援庵

珠江學海肇儀真粵秀承風更絕塵今日代興起新會
不知面廣幾由旬陳東塾學出儀真而精純過之先生實承其衙面復加廣
漫云國競判西東旦暮何年躋大同不有勵耘鈎距手
誰知西域被華風西域華風考
隨園樊榭尋常見西沚辛楣是處無今日吾儕眼孔仄
天台梅磵已模糊通鑑胡注表微
霽月光風上綠陰坐看羣碧在遙岑護林影事難回首
卻慰平生種樹心第四句先生原句
滿園桃李向啼鶯取次芳菲曜晚晴昔日雅談君憶否
大儒笑語倚纏聲末句有本事
揚遏夫朱少濱解故漢書窺管○商君書解詁破拘攣高叟閬仙鈎沈文選注疏
孰比肩一任余季豫吳檢齋規紀阮四庫提要辨證○經籍纂音登壇述
學首潛研先生教人必從竹汀考異養新入手
黃晦聞陳匪石倫哲如孟心史閔祿之孫蜀丞譚篆卿二邵伯絅次公張孟劬洪
澤丞共一龕若問聊園思辨社空餘惆悵望江南黃詩陳詞倫孟
閔孫考證二部張洪均詞家譚金石賞鑒
夢到宣南著作林追攀翊教許同心昨宵有客傳新句
如接鏘鳴滿袖金西城翊教寺為先生閒戶著書之所
昨讀先生新詩憶及往事爰效急就篇得八截句寄
呈可發一笑壬寅夏五尹石公于上海假借居

伯鷹住病院半年不復見
宗婉園日文照詩譯大出薪
月才百元易寫稿補充終日皇皇

继之石膝楼火之玉
並詩再霞之濟中風誦當是
窺悲之庸抄薄植石鈍揭
榷兄一往膝喉子倦捨收
識一報布往之不罪也
淵霞先生道右
七月六日弟壽頓首
蓮日尚在此酒時中子克陪
公入肆一醉無勞如何如何之

續業之後繼以重之 閱詠
但富之十九重之十七終覺
總帶不如閑鄉之下之為詠
也語告晉書 下文素自東
澗邊無人繼閑即如興學之齋
不為人注周也
閣下文華雋永有味寫去
種心品最宜要去錄樹紙
行下良總

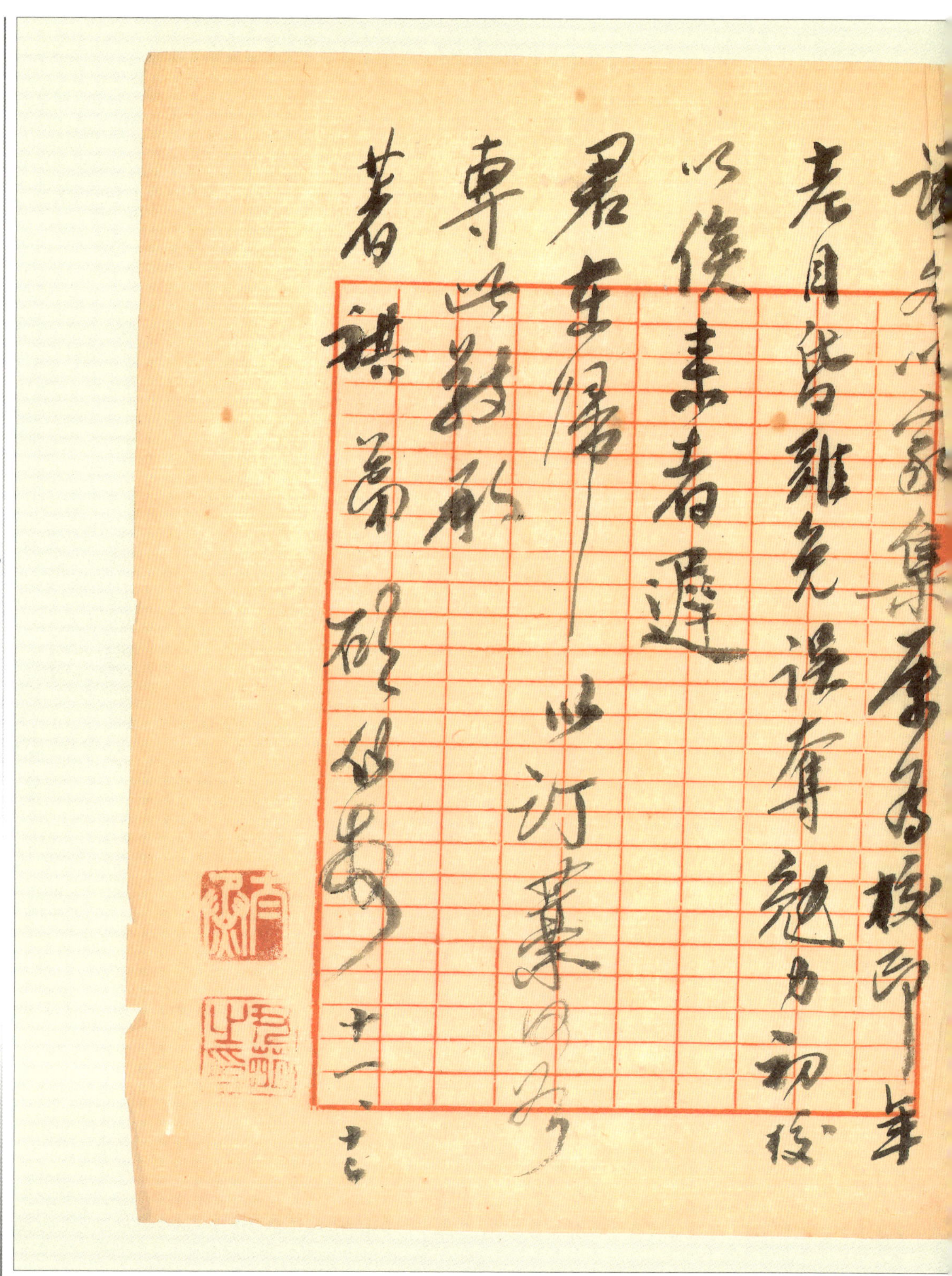

老目昏雖免誤奪勉力初校
以便來春遷
君去滬
專此敬頌
著祺

十一、十七

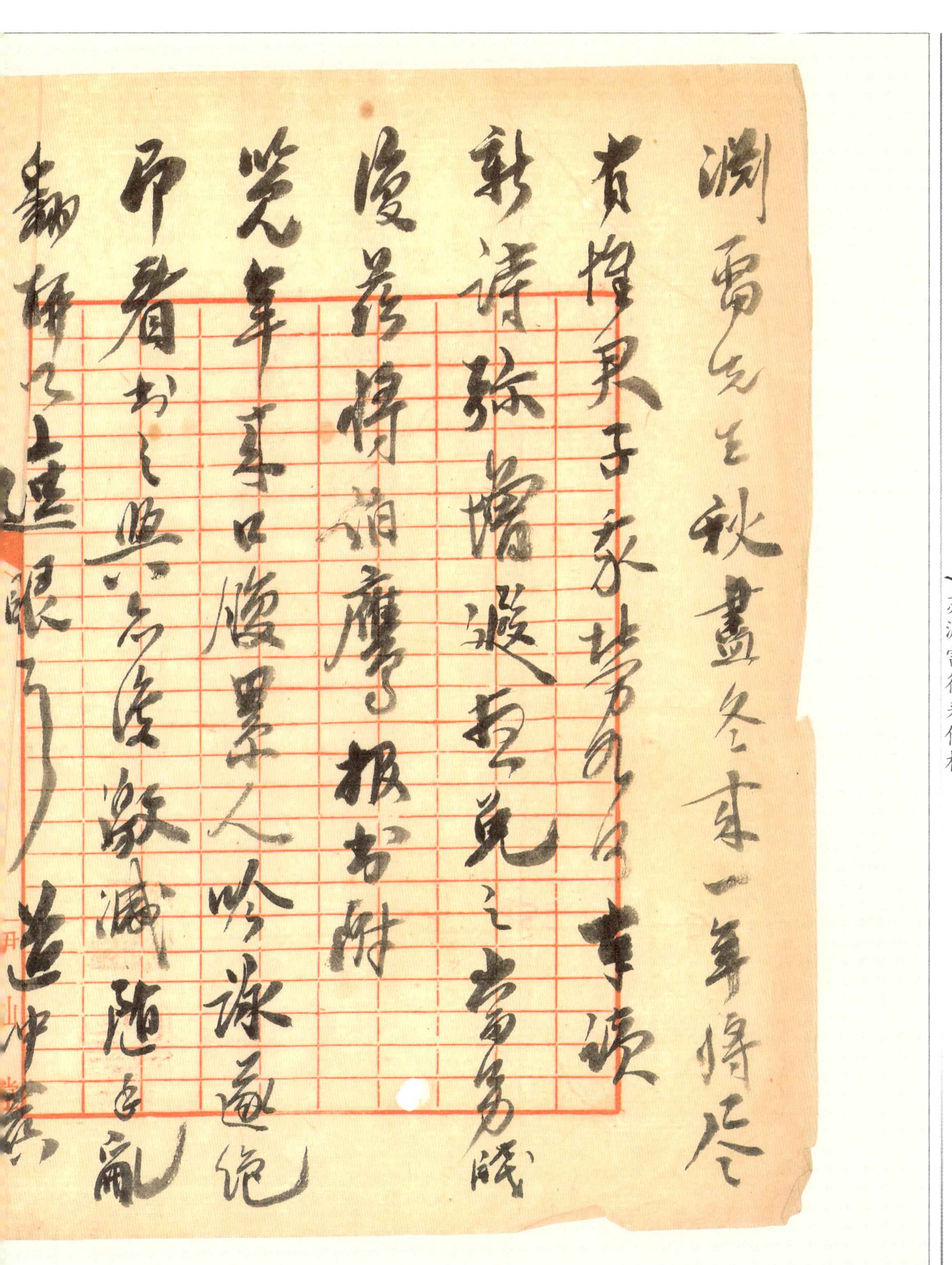

渊雷先生：秋尽冬来，一年将尽，
贵体果于最近见好否？重读
新诗，弥增敬慕，兹见之高勇识
复篇得前辈根本附
觉年来口腹累人，吟咏遂绝，
即看书亦与日俱减，随手乱
翻，检之遗忘了。道中岁

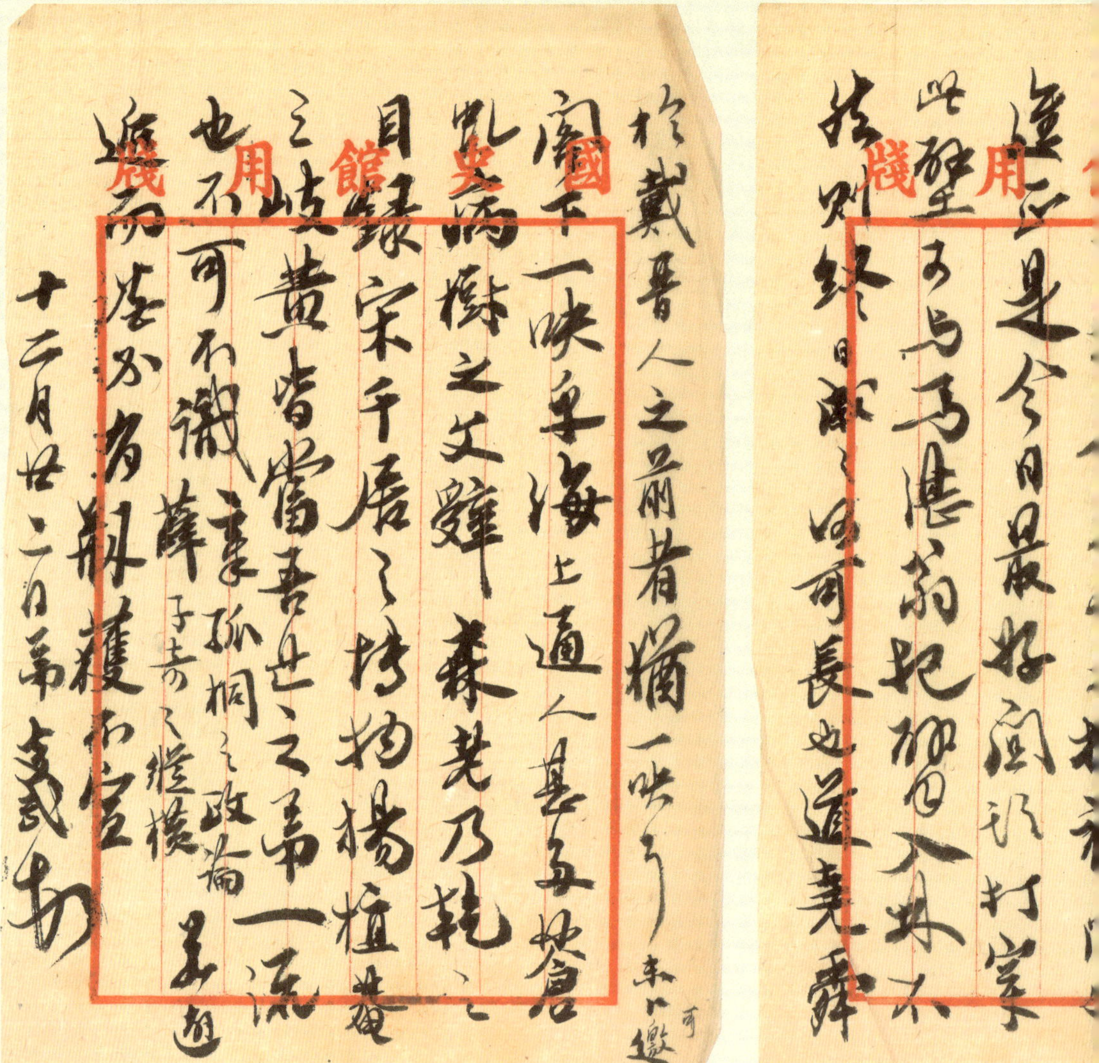

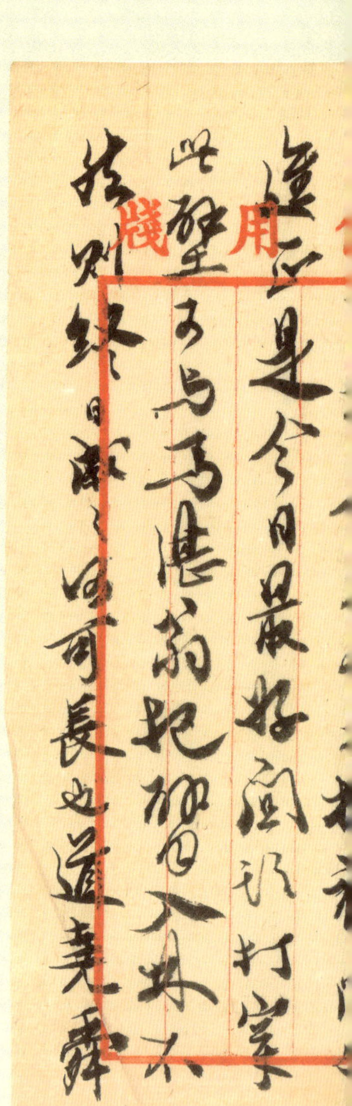

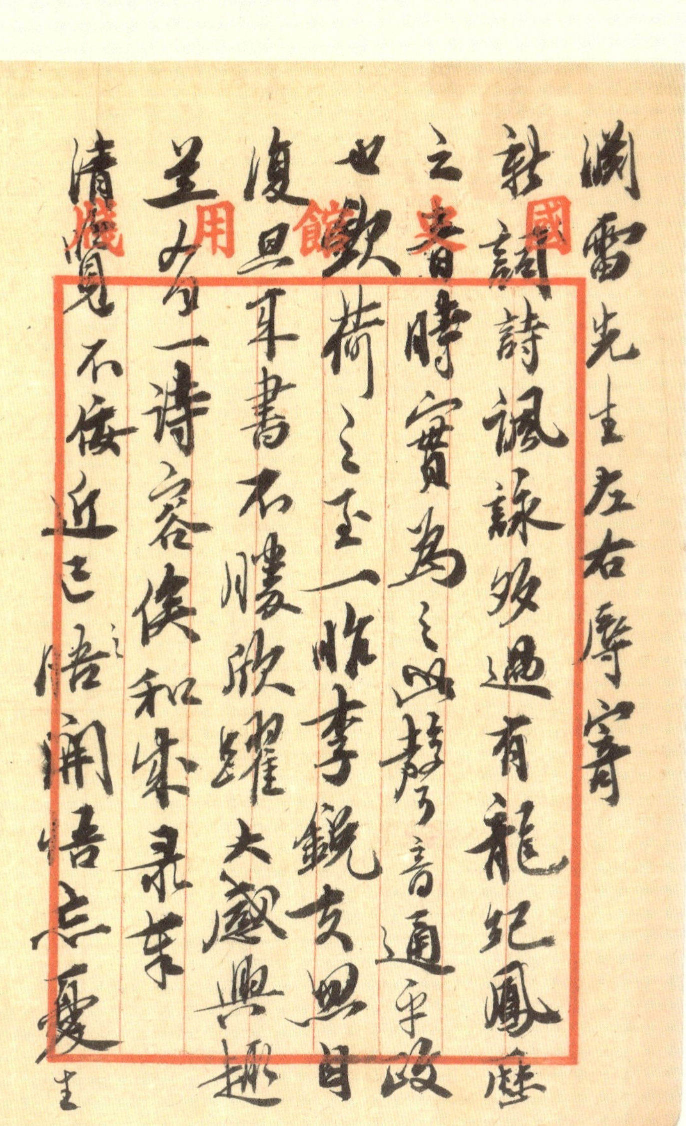

國史館用箋

渊雷先生左右：辱寄
新詞詩，諷詠殆遍，有龍紀鳳歷
之音，時實為之，此聲音通乎政
也。欽荷之至。昨李銳交思目
復旦來書，不勝欣躍，大感興趣，
並以今一詩，容俟和來錄奉
清覽。不佞近已倦之，開悟忘憂 生

念亂之情，有見於下下之聲乎？安
得與足下銜杯狂談，鄙以舊
一俟歲除，擬來滬一遊，不知家
斷時

速寄電話二三五一一許宅俾得約時始散或在覓一小酒舖侍讌高譚一洗金陵之氛能及滬上之狼藉亦言黃改造號笑皆新之快飲也如何如何八日肅順頌

著安　弟石公頓首

上午八時前　中午十二時間　下午八至九時皆可接應　又及

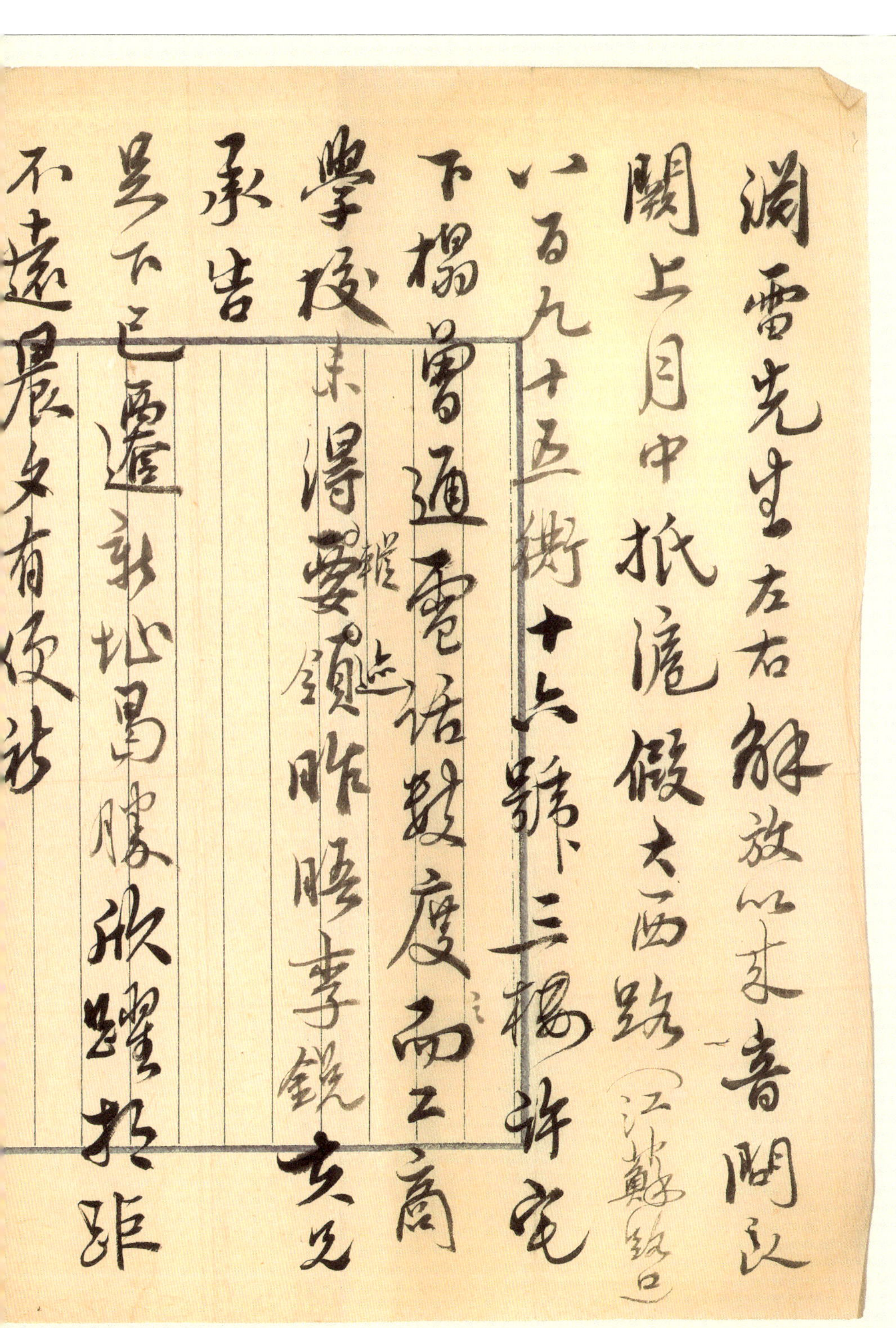

渊雷先生左右：解放以來，音問久
闕。上月中抵滬，假大西路（江蘇路）一
八百九十五衖十六號三樓許宅
下榻。曾通電話數度，而工商
學校未得要領。昨晤李鏡文兄，
承告
足下已遷新址，曷勝欣躍。按距
不遠，晨夕有便，訪

嘗聆冬叟皓欲步妙高臺

日内有會宿金山之約

渊雷吾兄教之

石公 聊其尔

壬辰重日市楼酒集次
江翊老均
同怀公私追居恩恰恰对江公怀
论酒 南史六十一陈庆之传陈暄与兄子秀书
〻曰美哉江公可与共论酒矣
贱子尽依醅长至丁令日中宵
副下二哀 春秋繁露第五十六人副
天数江南作实之下好生之长之作与其同会

[illegible]

别[illegible]病矣若徐森老郑西谛

陈乃乾诸书林之巨擘亦不可

不一见也亦[illegible]文[illegible]史谬讹同嗜

如闻[illegible]获[illegible]代[illegible]之[illegible]之像

之[illegible]贱子不论矣[illegible]夫佳人日见不

一诺之[illegible]待一[illegible]来书[illegible]并[illegible]

[illegible]安　弟[illegible]

今日零下十一度[illegible]

鉢水齋、著席海上藏友太

至每次憂人招待走以為苦劇

下寓假不知

貴校中有一室之隙可以陳

擱否如時局安定度或者來

中度舊藏如文流中如行莊尹

默上陪與 公總 蒼虬病樹梓菴

……遜 甫孫

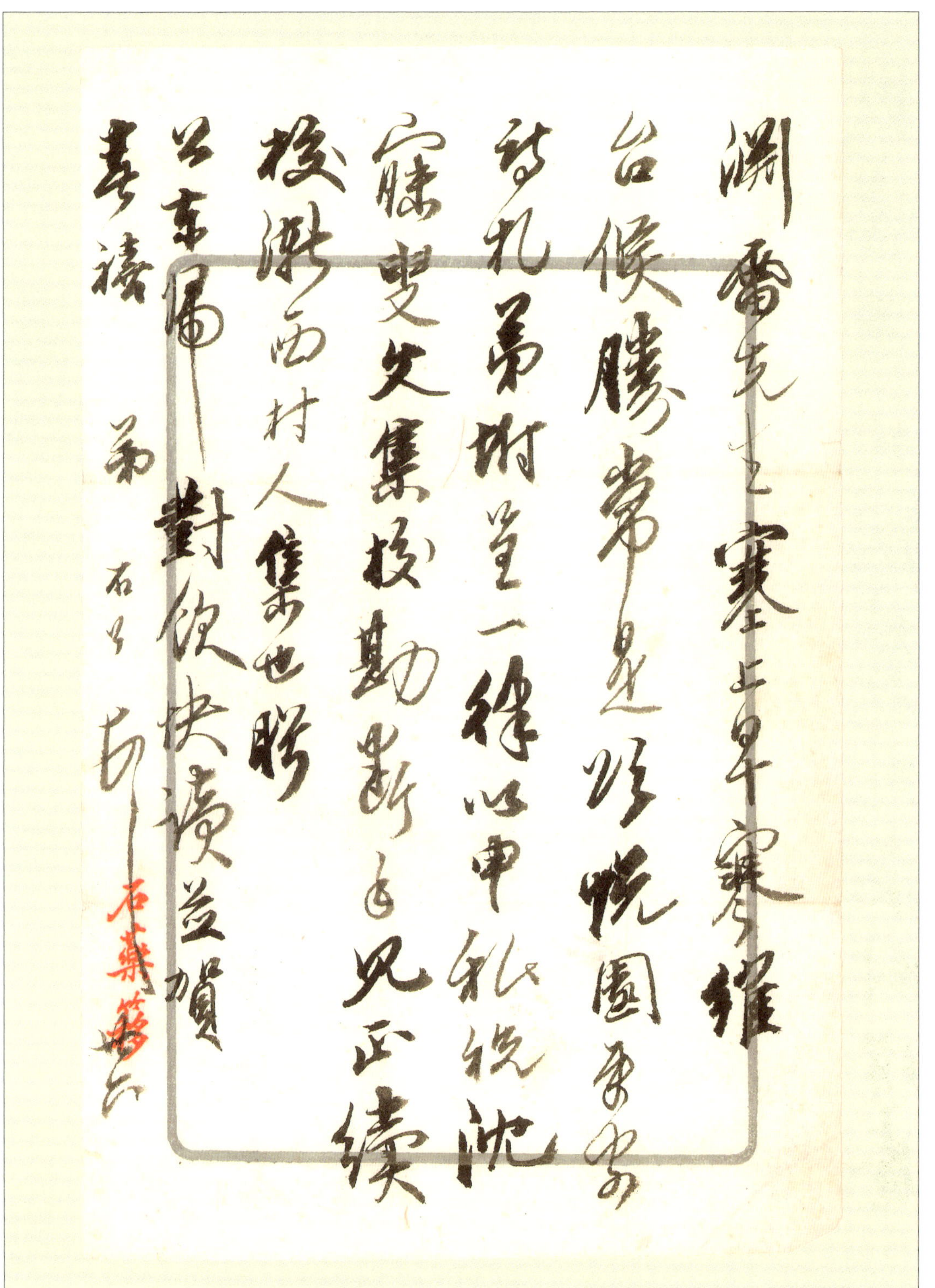

渊雷先生：塞上早寒，維
台候勝常，是以為慰。園中手
誌札弟附呈一律，以申懷悦沈
敦煌變文集校勘斷手，見正續
校渊西村人集也。勝
公幸備對飲快讀，並賀
春禧。弟石公頓首 六

辛丑月當頭前夕晚園生聯和
淵雷詩札屬代寄爰次稜字
韻樹之　石公
幾見屡ゝ到寒稜風埃自絶欲
裁詩世知空腹無高詠難得清
光及家私北頎有誰攀飲水南涼今
已少真癡明年塞上歸來後重飲渝州待旦時

平生手書最拙而腕弱，每有以
佳楮索書者，竊用笑怪。今
足下又以灑金便面箋、塗金鵝
真而視此，少々怪之矣。當賢能
者以籍　孫命
四學皆可當君旗鼓，若永和八法，
只有退避三舍矣。
石公手上

同識永明

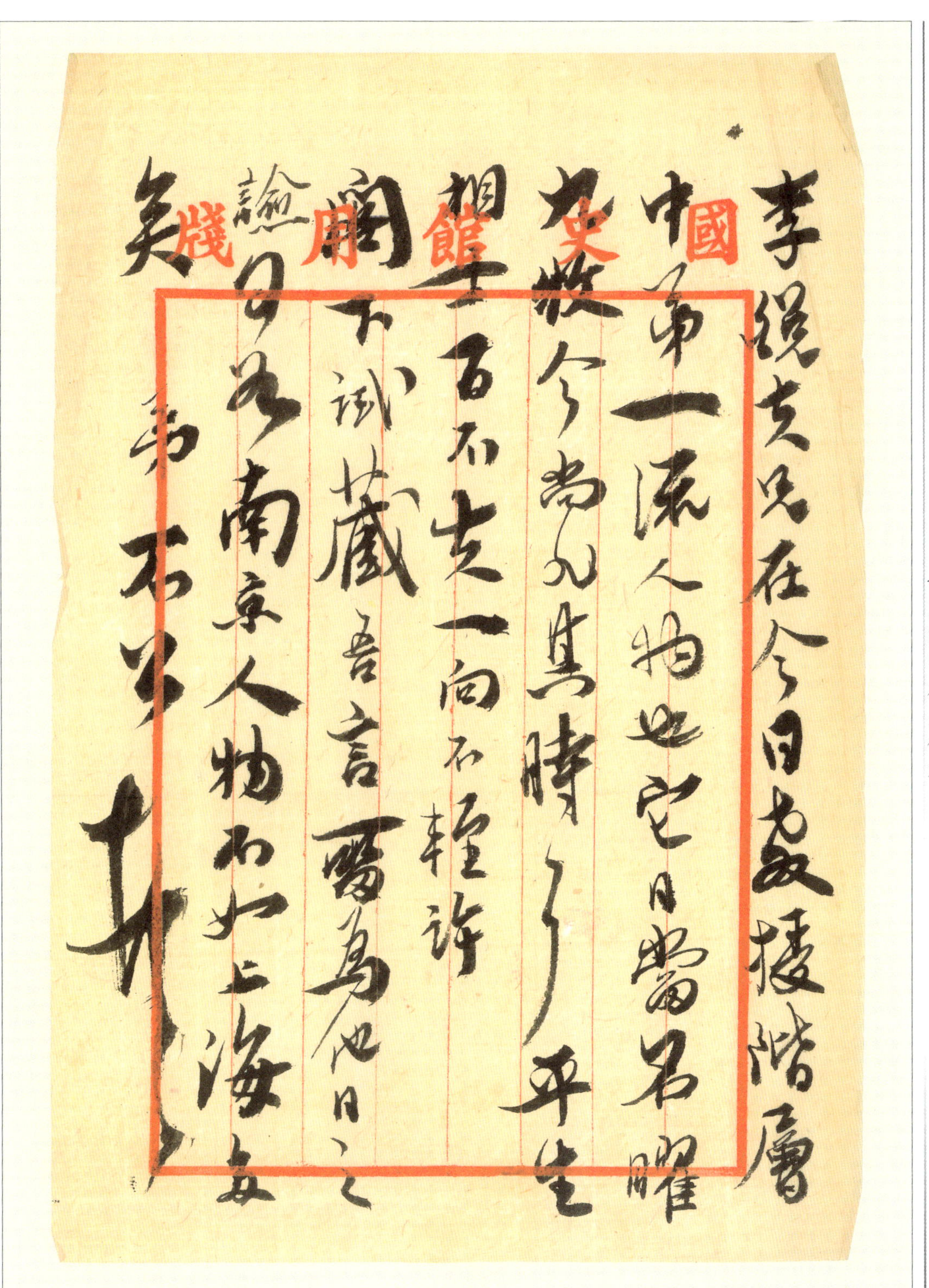
國史館用箋

李緩支兄在今日尤為接諸層中第一流人物也它日當名曜[illegible]收今尚未其時耳平生望百不支一向不輕許閣下試藏吾言留為他日之驗日後南京人物不如上海多矣

弟石公 廿九

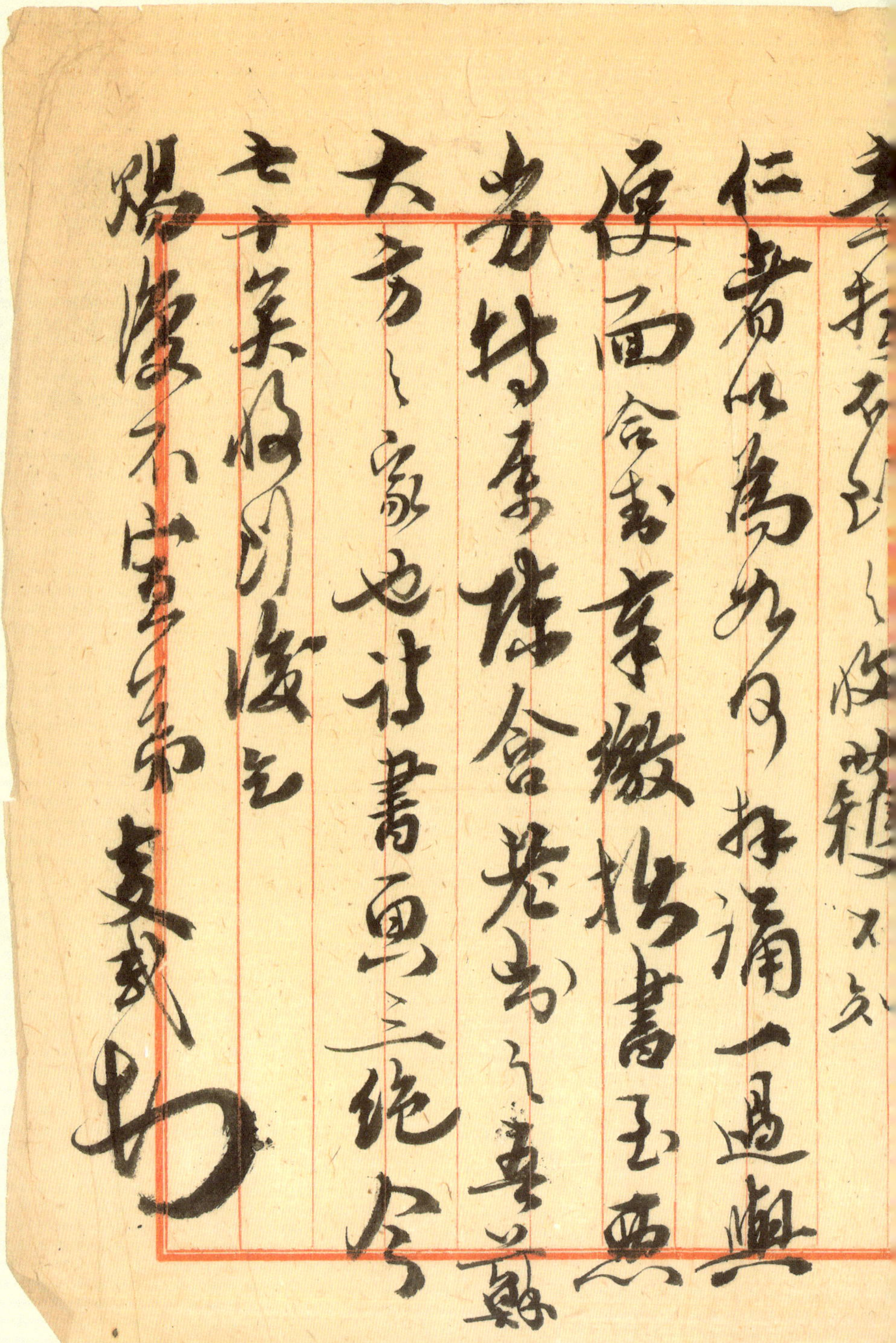

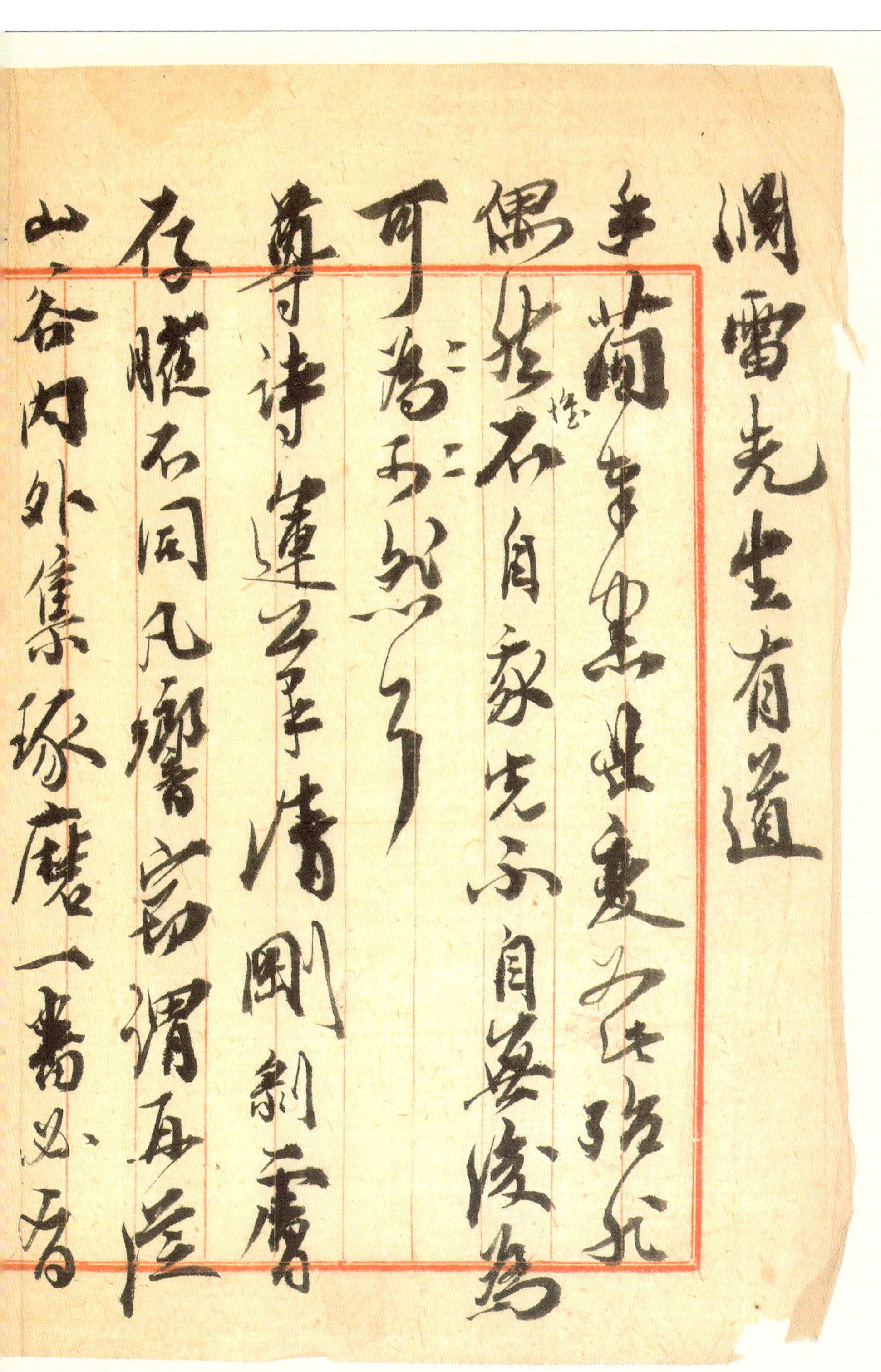

渊雷先生有道：

手蕳年來世變多故疏乳

偶然不自家先不自愛後為

可為可為乎乎然乎

尊詩近年清剛刻厲

存腴不同凡響竊謂再經

山谷內外集琢磨一番必有

報端見行蔽之適唱和詩爰次韻寄之

眉鼻西南撼百城剎天猛志付孤行鄉言歷歷通
蒙叟餽理綿綿判復生楚棧陳亡歸斷簡峯多
江遠湯論兵賴濱殘客支離甚難遂高飛事
遠征

淵雷先生 郢政

弟壽祖錄藁

國史館

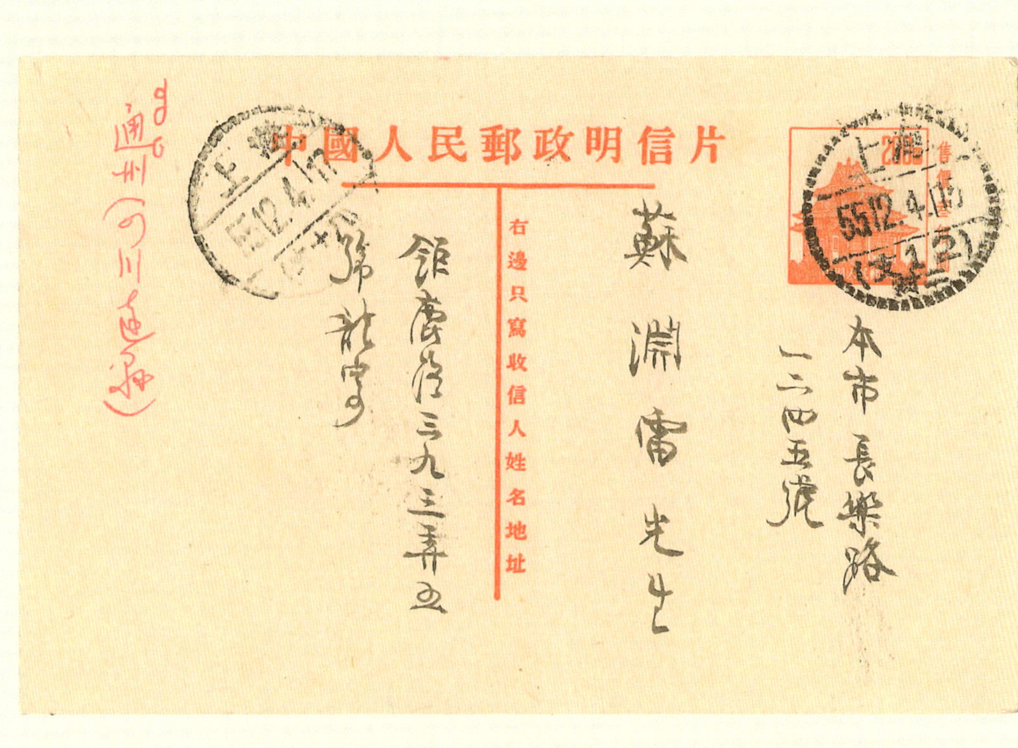

中國人民郵政明信片

右邊只寫收信人姓名地址

本市長樂路一二四五號

蘇淵雷先生

鉅鹿路三九三弄五號
龍寄

渊雷道兄：去歲於澄宇兄處
忽忽一晤，未罄積懷，比来
雅興何如？亦有文酒之會否？聞
公改任師大講席，課事不過忙否？
撰述日新，盼能
妙讀一二。弟除上午到校外，甚少出
門，羸病之身，吟情早倦，故鮮相
顧，咫尺亦半年未晤，悵惘可知。
懷
高懷一申款曲為頌
著安
弟榆生 十二月四日

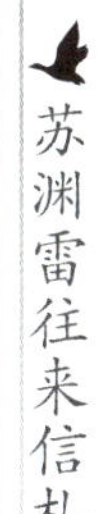

200062

华东师范大学一村442号

苏渊雷教授

航空
PAR AVION

万春街63弄35支弄7号402室
200042

1992.4.30.11
200042

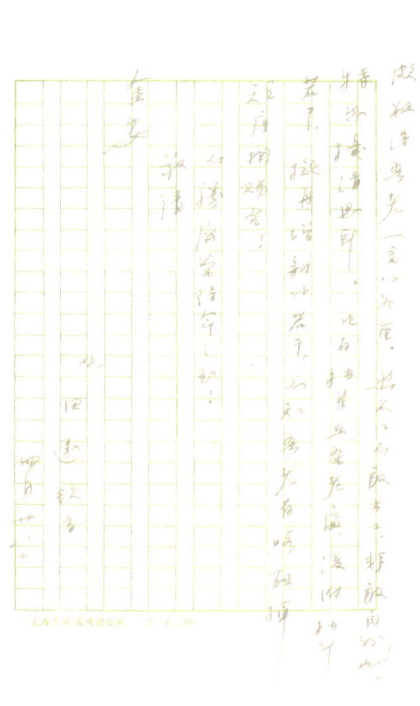

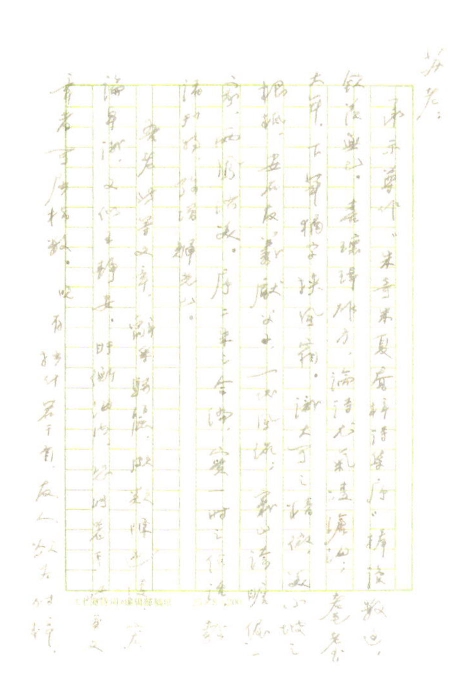

苏老：

承示尊作"[illegible]诗草序"，捧读数过，钦佩无已。[illegible]

[illegible]

敬请

金安

晚 田遨 [illegible]

四月[illegible]

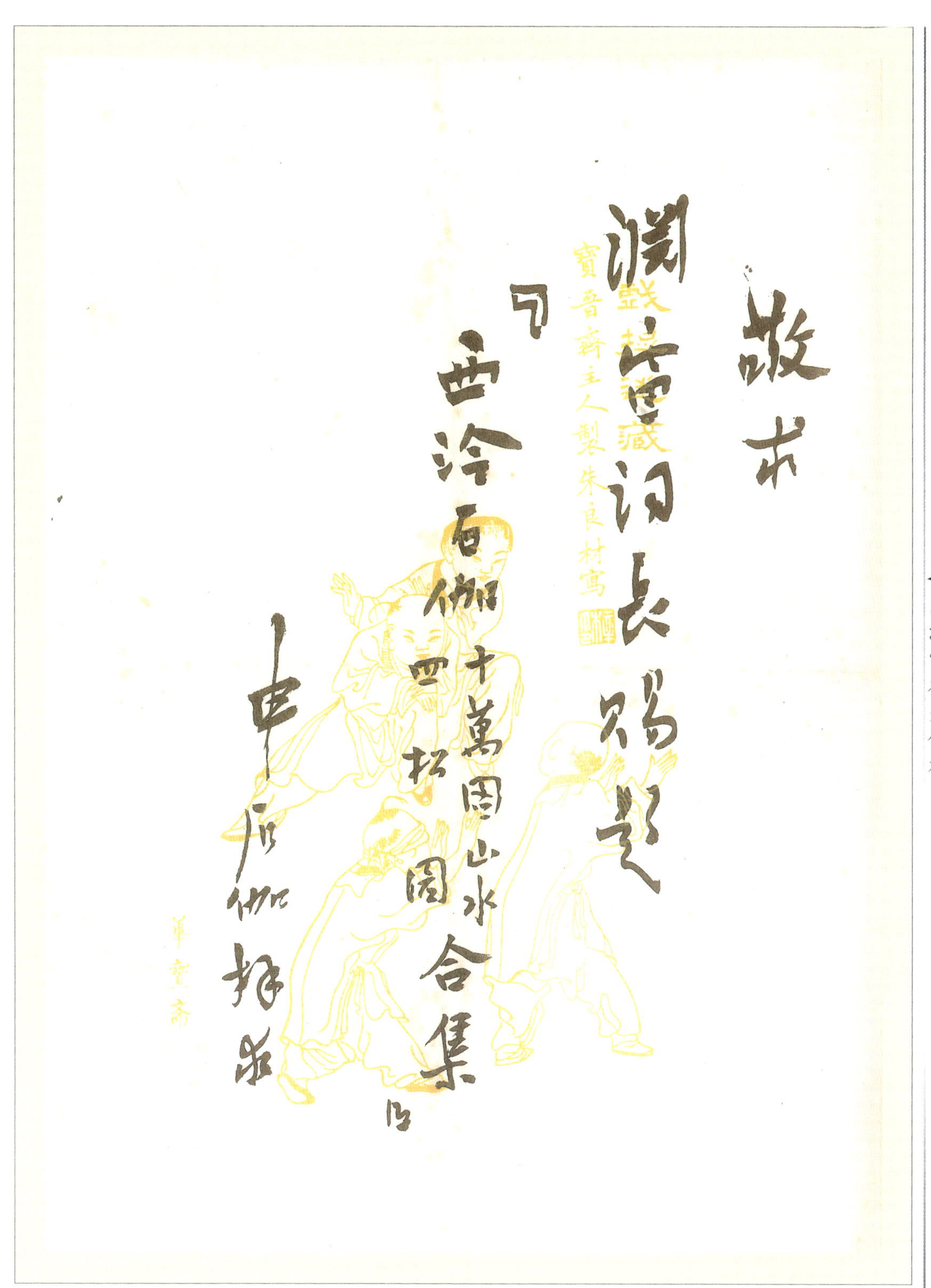

敬求
渊雷詞長賜題
西泠石伽十萬圖山水四松圖合集
申石伽拜啟

200062

收信人地址：华東师大一邨442

蘇渊雷 先生

收信人姓名：~~本市国定路277弄36号~~

寄信人地址姓名：503室 申

200433

虬龍奋發吐旺氣

葉葉枝枝報吉祥

渊雷道長 年禧

申二伽寫賀 一九九四.壹.廿六

恭賀新禧

渊雷先生

函询于默先事由渠另

復啓 教在遲答 不一

即頌

撰安

吕澂

十二月廿一

良鬚髯枉成絲　敢筆

來帶迎門未敢遲漫勞嘲笑到明知喜成主獻賓酬禮怕誦餅空

罍恥詩趨秀才猶風味好鴟夷子豈滑稽支揚雄酒賦鴟夷滑稽不如致喚

陶居士插過梅花插柳絲　空耕

一塵海上久棲遲壯不如人老可知拚醉恨無千日酒耽吟幸有

百家詩蠅頭展卷還勤讀鶴膝懸墻卻懶支孟浩然有鶴膝杖自笑此身

成長物多慙兄事比袁絲　老夫

盋水齋主人　粲正

樵李惰農

尊集已粗校一過白詩亦輯得評語數十條前寄拙稿第一首

萬里投荒改為馬角烏頭何日南旋致予望之此頌

旅安不另

蓮須手

四長物吟

寒齋原蓄三長物一破書二敗筆三空缾也盖以老夫則成四矣仍疊遲韵各贈一詩

讀書雖早積書遲插架堆牀數可知那辨牙籤兼玉軸敢誇鄴史與甑詩街頭能值幾文賣竈下聊堪十日支卻嘆老妻今下世陳編誰為訂新緣 破書

老来投筆已嫌遲也少生花入夢知無復處囊能脫穎何當穿塚與題詩卓錐身世堪同喻借箸功名莫強支見說歐陽曾不擇遂

偽維鍼（況夔東詩話頗享盛名余訐其謬二十餘事夔東大服）

賀老斷絃又續絃畫眉樂事勝從前枯楊尚有生華兆未必生稊定是毯（賀天健續娶孀妹倩畫蓍齋自喝佳耦近來海上老婦嫁少夫者甚多何論老夫娶少女乎）

滴露研朱春復秋禮堂寫定尚難酬不妨竊取尼山語從此加年更寡尤（拙撰周易述孔編已五易稿尚未殺青）

蘭亭聚訟太斷斷棕影浮光總失真拈出覽旁加手字始知蜀稿果何人論（余舉蘭亭兩攬字以為出於右軍之證此間友人許為的論）

老去吟懷故未衰倡予和汝興尤奇蕭齋又報添長（作平）物一卷篇幅較多未暇寫寄

遲知叠韻詩（去冬與鄭質庵雪耘嚴畸广王巨川盛芳遲知詩文綠叠韻詩余已得八十首我勸續成百首）

鄰園柳暗復花明佳趣都從日涉成一笑誰修耆舊傳渾難抹擻老夫名（近年常游襄陽公園）

阿翁空遺行樂圖諸公題詠雜嗟呼特留裹角襟邊地他日濡毫詩大蘇（其石遺像已由胡亞光繪成他日當乞大筆一題）

朝來大雪滿池臺欲寄梅花余未開想見爐邊多雅興題箋繞羅又銜杯

二月十一日上海大雪

蓮垞上言

沈尹老亦進病院未出
未卜

渊雷足下
塞北江南萬里遥尺書入手比瓊瑶不妨删盡相思套徑問箋經
文幾條
年來百事盡如常食酒還堪一斗強何日文旌更南下為君蟀腳
共揮觴
前年龍又去年蛇老輩凋零劇可嗟便是百齡譚處士歲寒松柏
也難誇 海上百一老人譚士昌去冬作古
裝池妙手説劉翁功在膠山緗海中绝技未傳身忽逝有人彈淚
對寒風 劉定之亦已逝世世老多見法書名畫鄭逸梅擬為作志今不果矣
吳翁殗殜牀帷裏潘老呻吟藥石間只有瞿公最饒倖居然刀下
慶生還 吳湖帆二度中風久無起色潘伯鷹臥病折股今亦未痊惟瞿蛻園割去一臂竟告霍然
陸君健步每先登一跌幾成三折肱更有蘇州程教授仙人嘯樹
不堪矜 陸澹盦遊園失足損其左股程小青登樹捕蟲亦復跌傷二君皆年逾七十矣
病樹何嘗真有病文無未必不能文近來海上論才藝二老還推
各一軍 陳病樹之詩文陳文無之小篆亦為近日罕見之才
嘍東盲目未盲心詩話流傳重藝林我效前人正楊例膏肓廢疾

次韻奉和
益水居士哈尓濱清明後大雪之作即希
粲正
猾㧗鑪空酒盞乾敝裘何以禦春寒詩因
出塞高吟易書爲加餐下筆難韓子短檠
休便棄馮公長鋏莫輕彈馬前雪大桃花
盛好作江南冷艷看
蓮垞初稿
澄翁可望入文史館但未定局

春歸奉和
益水居士即步原韵並希
哂正
又是春歸人未歸一庭煙雨正霏微柳綠弄
色（初作贈别屬對不得見非爲我思之否）拳絲短花爲生香結子
稀酒慢河橋猶在眼夢羈禪榻欲忘機卯憐
遊客多情甚萬里馳書問舊菲
蓮須初稾
二壹寒韵 三壹歸韵 已到

盋水居士：新旨奉到，詩來讀之色喜。本擬作箋，不意去年甲寅花竹老人賦鴛湖棹歌之三百周年，鄉里小兒（其實亦五六十矣）競和其詩，以草稿乞僕點定，共有五百首之多，而斟字酌句，費工夫直至近日始告竣事（其間吳鑫、盧文寫畫圖多幅，屬為題詩篆額，亦已了卻），然親友書札之稽覆者已太多矣。此間新交有何禹昌者，金陵人，年約六十餘，銀行退休，曾從陳匪石、向仲堅學詞，僕以金陵雜詩示之，彼亦忻然願作，俟其脫稿，當即錄上。寒舍粗安，惟夏兒胃病尚未斷根（或云胃竇炎，或云胃膜脫落）。今年揚州石油出土，彼已抱病前往指揮矣。居士家居，諒多納福，如有新作，尚希寄示。此頌

夏安

弟可拜手

弱我十齡　蘇季子今年七秩興猶多功名亦追邢國（蘇定方封邢國公）詩格居然比老坡蜀道避兵留醉踪遼東講學有吟窩何如歸去家山好雁宕龍湫一一過

盋水居士七秩雙慶

朱大可祝

渊雷審得東坡墨妙亭詩斵碑硯黃石齋袁漚簃故物
也因用坡老龍尾硯歌韵賦詩張之馳牋索和如韵以
報並乞哂正

坡老斵碑世爭惜方者齋璉圓趙璧陽明琢硯石齋同合
抱寒瓊一片石 東坡墨妙亭詩斵碑硯世有兩枚其一為王陽明所藏碑文尚存鐙他年憶賀監時須服孫莘老十二字背刻楷書守仁二字篆書陽明山人四字側刻行書驛丞署尾碑五字清代為裘緋度所得蔣心餘作詩紀之今不知何在矣其二即此硯也
石齋㤿慨上章時此硯淀墨曾不辭屢移乃入漚簃
手三年化碧能先知 此硯初為黃石齋所藏清雍乾間在桐鄉汪學山之求是齋又歸湖州姚世鈺張芝堂借以摹入金石契屬與謝丁龍泓蔣心餘皆有長歌同光間在吳縣潘鄭盦之滂喜齋旋歸桐廬袁爽秋之漚簃 藏三年化碧玉硯銘文也
迻來飄泊蒙塵垢豈期今復為 君有文章敬度古人
前忠貞寧落諸公後呼嗟乎吳越勝事已如雲溪藤
栗尾亦成塵 用殘碑中語 能來堂上稱長物還似翻下依完人 爽秋常築蓋公堂又自謂有三長物一即此硯其二則程君房墨貝多葉經也 石齋自署翻下完人刻有印章
僕於瑞歙無差擇敢云金石能刻畫尊前試叩長帽
翁鳳味乎龍尾何區別

壬寅元夕蓮垞初稿

戲贈 渊雷

韓非孤憤殤無黨屈子離騷怨不長誰識葩經
三百裏蘇公早賦彼何人
當初蘇李變風騷五字崢嶸格最高自有渊源
家學在不須辛苦逐時髦
千古詩人兩子美滄浪清可浣花承若論筆力
雄豪處已歷盧陵與宛陵
坡老詩常說子卿此秘未遂印南行後生能補
前賢憾躍馬冰天不計程
磨蝎無端坐命宮此生偏與退之同功名雖塞
文章富莫使達人嘆數窮
渡海孤臣攜二友想君蓮術亦如之和陶詩已
家家熟敢請從頭和柳詩

還雲拯志張孟劬史微蓮曾藏一部大索三
日遍求不可得昨日乞假至市籍書店詢詢之亦云售罄
無以報命良用歉然得雲一章澄翁已抄示深
刻如岳山而沉痛過之真佳作也昨當奉和（已和另錄）今日
休沐大雨不出小慶獨坐踪念 并寄與澄翁也

渊公詩者

老蓮和南 春分節

渊雷足下

榴花開日展郵筒，喚得新詩字字紅。便欲裁箋
報知己，又悉行色匆匆。

一匳秋水落芙蕖，六月圖南事竟虛。始憶當時
涂作答，勞君盼斷故人書。

無風無雨又重陽，縱不登高也斷腸。共我西河
餘痛在，怕彈老淚濕秋光。華兒以重陽日去世

白雁初飛黃菊新，龍山故事好重循。不知此日
登高侶，誰是當年落帽人。

坐擁皋比卅載餘，今冬始得賦閑居。閉門莫道
全無事，埽地焚香更著書。

岐陽十鼓半凋剥，薛尚功釋潘迪音總未安。見
擬為端忽心喜，不辭辛苦索瘢瘢。偶見近人石鼓
論文，因成石鼓集釋一卷

漢碑二百七十六，今日惟存卅八通。此鄭子尹說 急與
長題成後跋，艳殘字缺几人同。近撰隸釋補跋，洛
盦亦有考正

平生也有蘭亭癖，針眼扠痕檢校頻。待向桑世昌

書俞松録外更成博議一編新 明年擬撰蘭亭序攷

江南作報嬾檢閲又見詩箋疊疊來想得教翁

主日過老坡覧撰更銜杯

冬十二月歲辛丑此老初觀石鼓年我恨遲生

九百載敢持墨本薦神筵

江南詩事久銷沉誰與推 平齋共苦吟瘦盡錢

郎才思好達人也復懶題襟 夢苕以鴻書來滬過

我小坐殊匆匆也

經年不晤石翁老闌已騎麟遊大荒遺稿何人

為收拾葉翁暉叟偏相望許 老已作古

遐闕忽聞歌五噫 仄 此君高節似梁鴻郤慈行

過吳門市無復吾轉琴伯通 澄宇夫婦今居西蜀

賃舂亦成大患顛沛

沈翁耆酒似淵明又怕無錢醉不成安得白衣

常慶此江州刺史是王弘 慈設酒邊所說如此

溫溫如玉瞿兌之書名平生羨自適 蛻園就中華

編輯事 騷容已亡 蔬畦 玄女老鬓頭愁和淚紗

詞

端人争說尹公宅也到南樓荻嘯歌博得市兒
齊拍手今年此地醉翁多 石公曾共大同一醉
黃公客藏遺迹回祿焚如未必賦看卯燎猶一目春風
吹拂後聲仙於樂又成圍 蔣老夫丈燎猶熱盡近
又長聲飄拂湖亭光為作於看子甚肖
青浦詩人沈瘦東著書欲繼石遺翁近來一事
尤難得雀頂褟於入泮宮 瘦东重游泮水
樂府曾翻軋米行當時傾倒有耆英 疾翁無多
長物還持三橐爲於今太不情 棣霞居士被盗
填詞難覓吳園次 眉孫議禮宝徽金為案中 臣山
呼〻襄陽數舊徐地老鄉共錢翁 錢太史健庄
近来書苑亦荒寒石谷南田接跡難垂老漁山
遥善病曾無尺幅與人看 湘帆中風後志阻矣
採得黄花三兩叢娟娟秋色在旁攏 不知居子
陶公後更許何人著句工 筆和陶菊代答三首
天寒風勁復霜濃老圃縱然有好容底事渠
儂偏瘦損捲簾此地一相逢
嫣能解語未為奇淒到忘言始可思我欲為花

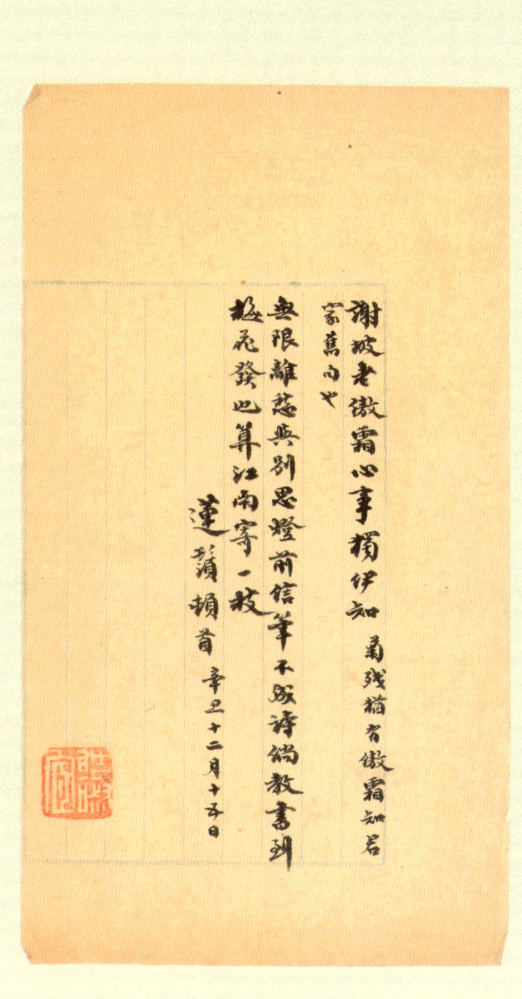

謝玻老傲霜心事獨伊知　菊殘猶有傲霜枝君
家舊句也
無限離愁與別思燈前信筆不成詩偶教書到
梅花發也算江南寄一枝
蓮嶺頓首　辛丑十二月十五日

淵雷有詩見懷次韻報之

老去生涯定何似依然把卷與銜杯陳編到處從人借春甕隨時爲客開自覺心頭源尚活渾忘鬢角雪全堆昨宵夢執綸竿坐果有雙魚入手來

淵雷足下久別無書正深翹念昨拜佳什大慰下懷屬校李杜詩選已經補綴若干事不擬寄上因有人云文稿不久發還以是擱置十六印足下去年在敝寓所見之陳穆之渠與令郎同徵作畫接席而坐相得甚歡所說係閱諸令郎不知果何日命駕也海上友人日見凋落沉禹鐘年藥川文祠選作古者而尚健者惟陳文無（八十一）陸澹盦（七十九）鄭逸梅（七十八）與弟（七十五）數人弟年雖耄老讀書飲酒一如少壯足下閱之或亦欣然新詩二章絕類簡齋惟堆韻難叶和一首或亦稍似放翁也多年不復並頌

吟祺

弟蓮拜手 壬子端午 詩成待改又留三日

渊雷足下：得書驚悉 太夫人仙逝，蓼莪廢詠，固
屬可悲。然身享大年，兒為名士，亦復何憾。承示桃
花詩，可以論詩，可以悟道，此盈水集中上乘作也。至題
蓮綻圖，不啻為我作一佳傳，極感極佩。蓮邊 雅命，略貢
鄙懷。吟身四句似落空，盍不如緊接蓮翁為妙。蓮翁以次
不改其意而易其詞，且加小注，庶能徵實。徐公與僕，恰好
兩髯，宜加點綴，惟此髯既為徐公所奪，則張髯不得不改
為顛。伊余云云，出得突兀，宜增兩句入後，複舉諸人，不免
顧此失彼，不如以諸老一句賅之。浮大白以下，似當叙入
作畫題詩，點明其事。結尾阿母兩句，可以省卻。歲寒
兩句，雖見親切，然是松柏而非蓮花，若用蓮社或其他
蓮花故典，則常山之蛇，首尾相應矣。鄙見如是，
尊意云何？如有佳句，不妨再改。題紙已交 春生將上。
原與畫幅尺寸相同，卷首題字係洛盦手書，他日裝
成亦三絶也。近日弄曾孫為樂，久未作詩，俟有新什
即行就 政。此復，並頌 禮安。弟可拜手 癸丑禊日
詩稾附上

收信人地址：浙江 平阳
東门水溪頭一号
蘇渊雷先生
寄信人地址姓名：上海朱
只要姓名副版

潘德舆养一斋诗话卷一
近人好看白诗，乃学其率易。玉山试随意举只
五律，如"寻常上山远，看竹出林迟""松潭随棹月，桃
浦落船花""雨埋钓舟小，风飏酒旗斜""旱柳迎夏结，残
紫送春飞""僧寺乘船入，人家枕水居""江开管络急，
楼明灯火高""近海江弥阔，迎秋夜更长""篱缚
月出，把火看潮来""暝色投烟多，秋声带雨岑山那
虹半出，松阁鹊双归"，此类一二十句，皆灵机内运，
婀娜自然，何等慎重落笔，乃何尝易？学白之流
派，幸试参之。

裝

19　年　月　日　第　頁

劉熙載藝概卷二

白香山與元微之書曰僕志在兼濟行在獨善奉而始終之則為道言而發明之則為詩謂之諷諭詩兼濟之志也謂之閒適詩獨善之義也余謂詩莫貴於知道觀元白之言可見其或出或處道無不在

代匹夫匹婦語最難蓋饑寒勞困之苦雖告人人且不知知之必物我無間者也杜少陵元次山白香山不但如身入閭閻目擊其事直與疾病之在身者無異頌其詩顧可不知其人乎

常語易奇語難此詩之初關也奇語易常語難此詩之重關也香山用常得奇此境良非易到

白香山樂府與張文昌王仲初同為自出新意其不同者在此平曠而彼峭窄耳

和大嘴乌 乌之残恶，恶之拆计主人之所恶，亦并合
而慈乌目不能容身矣。大嘴乌何代无之，要在去
人之所不别种类
之笔 大声疾呼，可破聋聩
七古 卷八 白居易
七德舞 推心置腹通篇主意，起语、联，尤为警动
海漫漫 言求仙之妄也。唐代崇奉老子，而五千言
中不言神仙，说益可信矣
上阳白发人 只推向深宫望明月东西四五百回圆之
语，已见写人之善，而杨妃之嫉妒专宠，亦以致乱矣
新丰折臂翁 穷兵黩武之祸，慨切言之，兼以宋璟杨
国忠对言，见闻实治乱之机，更不可少
秦吉了 竟不一言，足见无可伸矣

沈德潜唐诗别裁评语

五古 卷三 句字易 （元稹未选）

贺雨诗 先叙遇灾修省次写天人感应而以箴规保治作结忠爱之意油然蔼然

寄唐生 歌以代哭一篇本旨

秦中吟伤友 是时天久阴六语一经点染便觉不堪

令致仕 朝露二语耐人寻味 言浅易人许解

五弦 歌舞 买花 三章讽意俱于末二语结出

乐天和答微之诗序云每下笔时辄相顾共患其意太切而理太周 盖理太周则词繁意太切则言激 然与足下为文所长在此所病亦在此 玩其数言白傅已自言其诗

杜牧之讥之真是偶望语耳

感鹤 前以峻洁持身而一念之误遂丧生平之操守

讽之

19 年 月 日 第 页

宴歡　云の語出富貴氣象

人足　與宴歡相似

七律　卷十五　白居易

聞楊十二新拜省郎遂以詩賀　前首祈春宮殿是詩

名々句故用末々句以解々

和楊尚書罷相後……　攜題暢寧第の語尤去

於五言

欲與元八卜鄰先有是贈　庭前為樓々夾寧一步

深以之生

西湖晚歸……　孤山寺路風景即為畫家所求詠

寄殷協律　追懷往昔特覺凄涼

七律　同卷　元稹

寄樂天　此微々傷心々言

裝

長恨歌 迷離恍惚，不用收結，此正作詩之妙。予識明皇之迷於色而不悟也，詩末描寫長恨結局，而作懸揣詩旋，精至文生，本至楊處，勝而文加多他語矣。

琵琶行 寫同病相憐之意，悽悽動人。諸本予附會琴操者，琴操既無琴矣，不之自如何操出，寄予無琴操者，琴操謂佳而文彈也，去本可貴如平。

真娘墓 不著迹象，高於眾作，夢以為魂，從死人來，怕其不美人也。

七古 同卷 元稹

連昌宮詞 結以雅言，然通篇無堅武意，內其無限。

有鳥 刺有文采而中毒擊者。

田家詞 音節入古。

五律 卷十一 白居易（元稹未選）

賦得古原草 予詩見賞於顧況，然老成而少遠韻，白

19 年 月 日 第 頁

二

王若虛滹南詩話 卷一

樂天之詩情致曲盡入人肝脾隨物賦形所在充滿殆與元氣相侔至長韻大篇動數百千言而順適愜當句句如一無爭張牽強之態此豈撚斷吟鬚悲鳴口吻者之所能至哉

敖陶孫詩評

元微之如李龜年說天寶遺事貌悴而神不傷
白樂天如山東父老課農桑事事言言皆著實

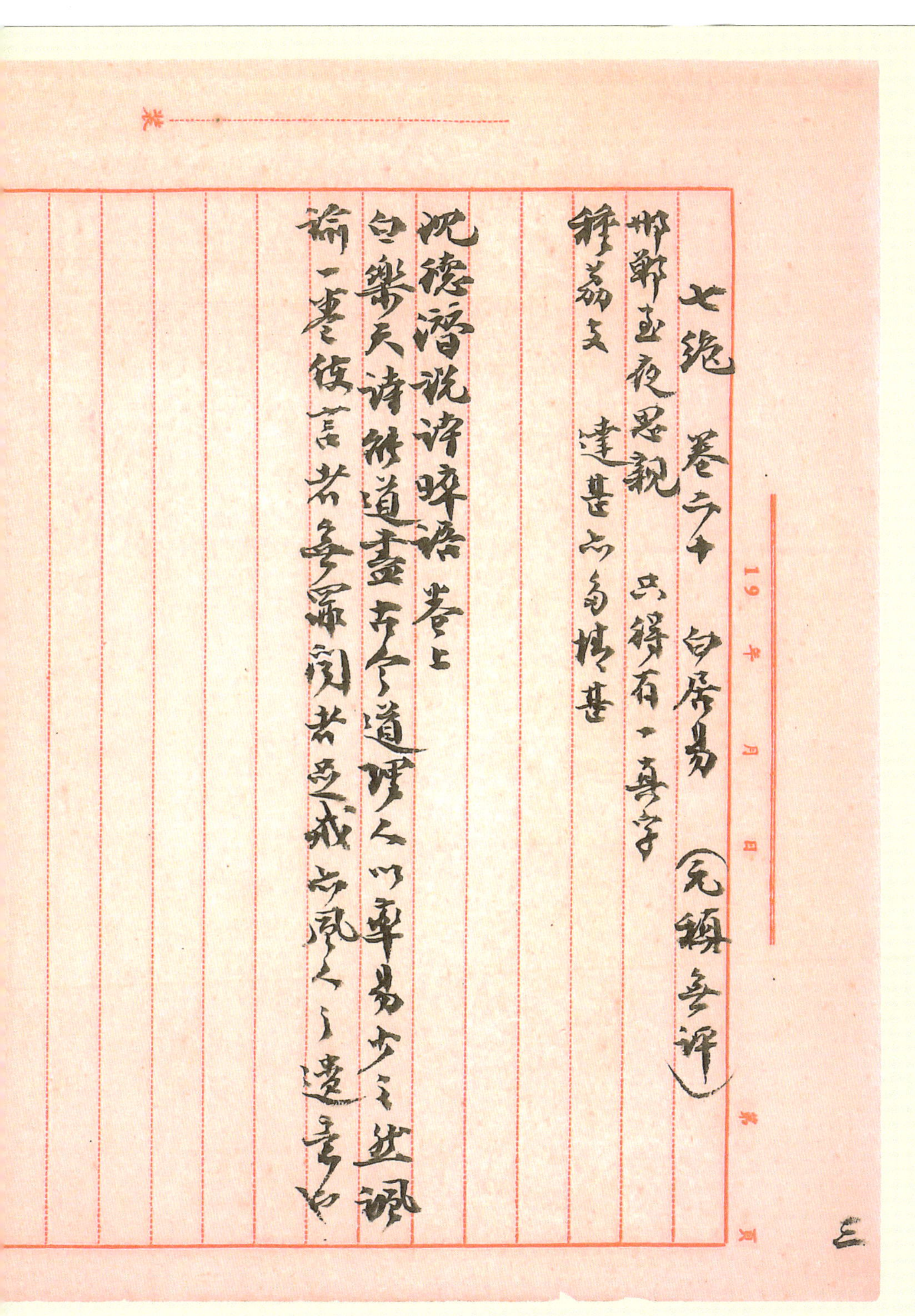

七绝 卷六十 白居易 （元稹無评）

邯郸冬至夜思親 只得有一真字

種荔支 達甚亦多情甚

沈德潛說詩晬語 卷上

白樂天詩能道盡古今道理人以率易少之然諷諭一卷使言者無罪聞者足戒亦風人之遺意也

19 年 月 日 第 頁

三

杏燎前六近厚矣事内尤深而不露

白八卷 宴散　纪批前人讥三四纪富贵语乃看富贵

语士耽内论耳此诗原是看富贵也　五六警言

白十卷 偃道春居　方评十四句诗下句好春深水色深

尤好尾句翻案尤佳

十一卷 奉酬待中夏中雨遣〃〃〃〃　纪批起四句好

白〃〃〃 仲夏斋居〃〃〃〃　方评首间数〃趣味

〃〃 十二卷 池上　方评第四句最新

白 十三卷 初冬早起寄梦得　方评白诗由衷接膝缴〃

〃〃〃 戒中藏暮咏怀　方评言〃能道心事　纪批

自是图画之境

白 十四卷 晓寝　方评三四好扶疏自在入尾句尤爽

〃〃〃 晓上天津桥〃〃〃〃　方评诗律不见高但无句也

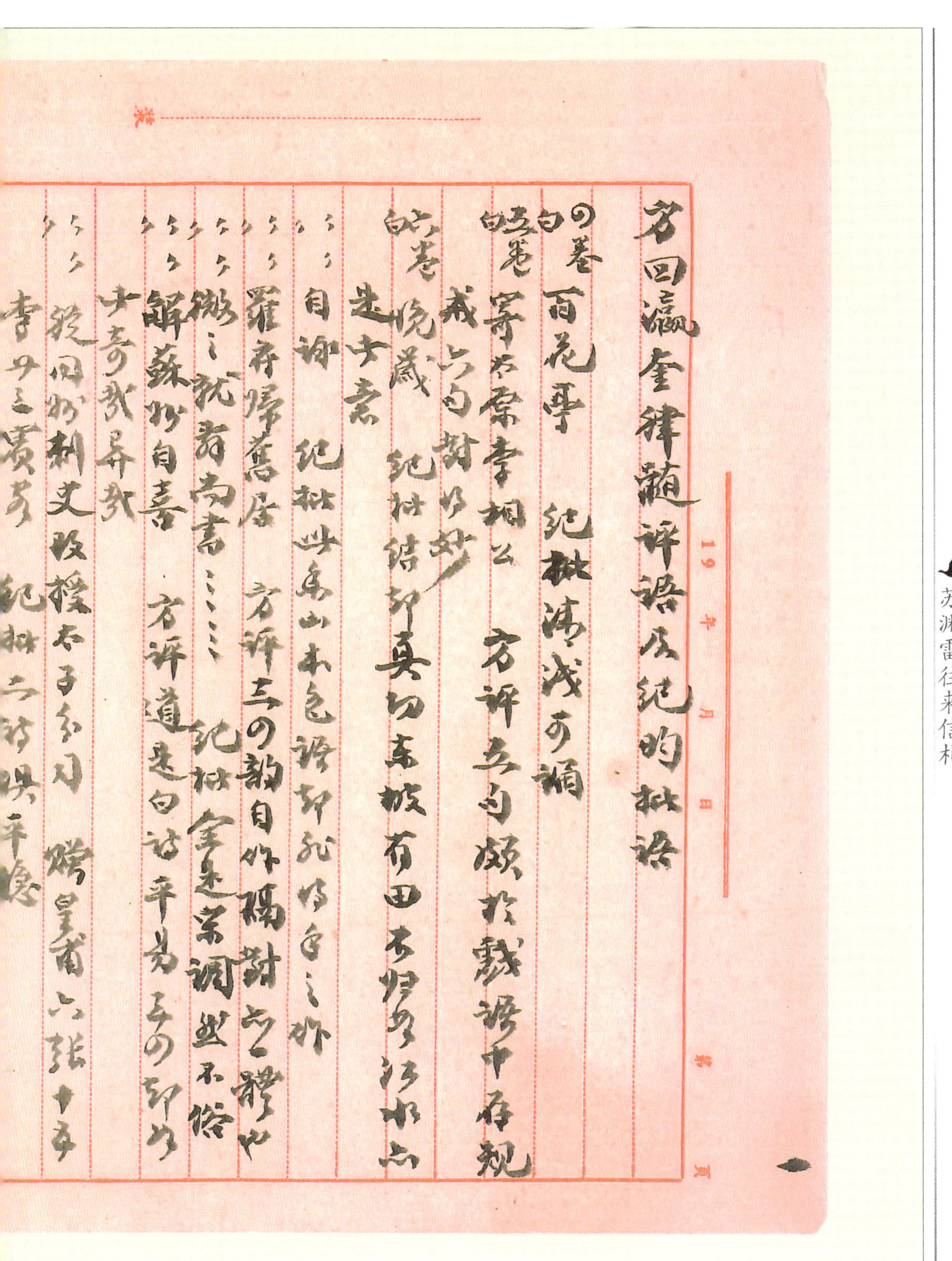

方回瀛奎律髓评语及纪昀批语

白四卷 百花亭 纪批清浅可诵

白五卷 寄太常李相公 方评五句颇于戏语中存规戒六句对得妙

白六卷 晚岁 纪批结句即真切东坡有田不归如江水亦是此意

〃〃 自谕 纪批此是香山本色语即我作自之外

〃〃 罢府归旧居 方评三四韵自作隔对亦一体也

〃〃 微之就拜尚书〃〃〃 纪批全是策调然不俗

〃〃 解苏州自喜 方评道是白诗平易之至者也

〃〃 十寄戏异戏

〃〃 从同州刺史改授太子少傅 赠皇甫六张十五李廿三宾客 纪批六诗俱平[illegible]

此書所選
元詩絕少
有好評者
亦少

十九卷 何處難忘酒 純樹頗為流美
白、、、 不如來飲酒 方評 相爭如蝸角所得一牛毛
、、、 豈不奇哉胸中所見高則下筆自高
、、、 晚來酒醒自可夢得 純樹 前四句好
、、、 當筵雜歌相別 方評 隱逸之言
、、、 長齋月滿、、、 方評 四句善談詩 五六是見
、、、 飲酒之樂
、、、 樽前舉酌飲 方評 五六新奇
元二十四卷 賦得春雪映早梅 方評 一句賦雪一句賦梅 本
麥秀雜題句 上番梅不妨早了 早字 五句巧 見硯句
稍白出則雪先消 梅亦欲如
白、、、 櫻桃樹梅花、、、 方評 貴自初開真也
前一句前任 純樹五六二句可

装

十五卷 白 酬夢得窮秋夜坐即事見寄 方評三四有
精味 紀批却雅健
〃〃〃〃 霽雪樓晚望〃〃〃〃 方評妥帖見蘇杭之盛
〃 雜韻真情可掬 紀批太平清整 紀批平鋪不對
獲嶺 嶺字乃獲山字恐誤 塘桃二句陳語亦當
深味
〃〃〃 錢塘湖晚歸 方評句造一家 尾句瀉盡
十六卷 白 四月十五夜月 方評三四佳句
〃〃〃 冬至夜 方評似底暫霜引喻亦佳 十年冬至
〃 病偏長前来有人道也 紀批五六作可
〃〃〃 除夜寄微之 紀批亦出率意
廿七卷 白 夢雨詞、對酒閑吟 方評樂天詩多近人情
三四句是也
十八卷 白 夜聞賈常州崔湖州茶山境會〃〃〃 紀批

19 年 月 日 第 頁 二

[illegible]

白　卅九卷　江楼斗帰　方評十步年外亦自然就の手

白　卅の卷　滹沱　方評三四共幹　紀批妙在曲語深厚不

隽而雅　五六武功派之瑣屑不同　文批第三句亦右

垂大漠孤烟直格是恒語　四句乃是刻意造出來的

用何水部語

白　卅二卷　歸履道宅　方評五六豈不自適（適）出他人不能道

太不肯道　紀批尊字疑誤

白　四十卷　壽紛十及第　紀批自是真語　文批幾免不似

自稱或幾免之訛

白　四十二卷　卜歲日寄諸氏弟姪滿目　紀批真字無情

尚不涉俚

ミクク
ク　阿崔兄諸　紀批起八句極老健　文批訪悪數

衎衎于為生平的言事　故不損於細字所謂言多

有當也

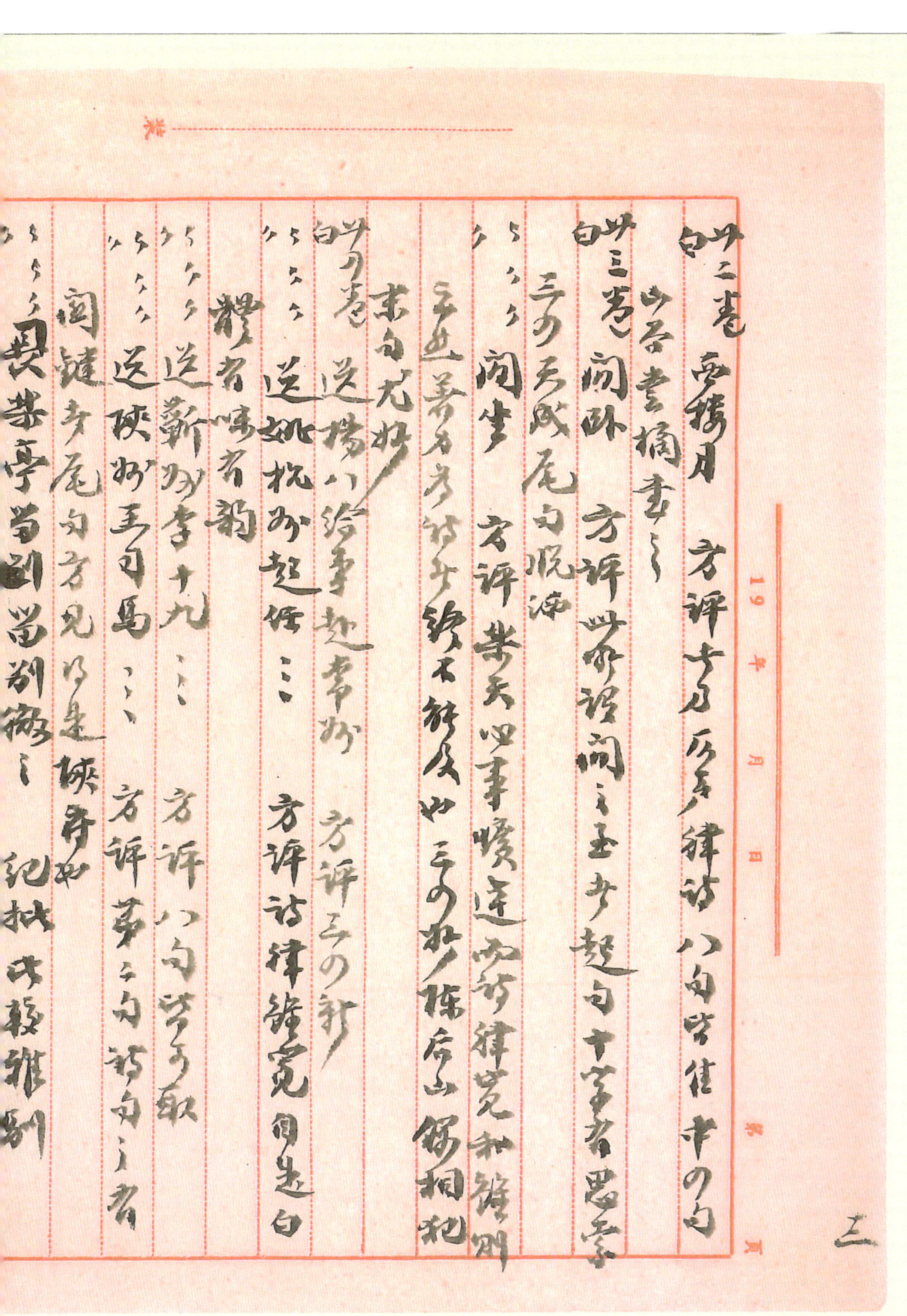

王若虛滹南詩話 二則

樂天之詩情致曲盡入人肝脾隨物賦形所在充滿殆与元氣相侔至長韵大篇動數百千言而順適愜當句句如一無爭張牽强之態此豈撚斷吟鬚悲鳴口吻者之所能至哉而世或以淺易輕之蓋不足与言矣

郊寒白俗詩人類鄙薄之然鄭厚評詩云樂天如柳陰春鶯東野如草根秋蟲皆造化中一妙何哉哀樂之真發乎情性此詩之正理也

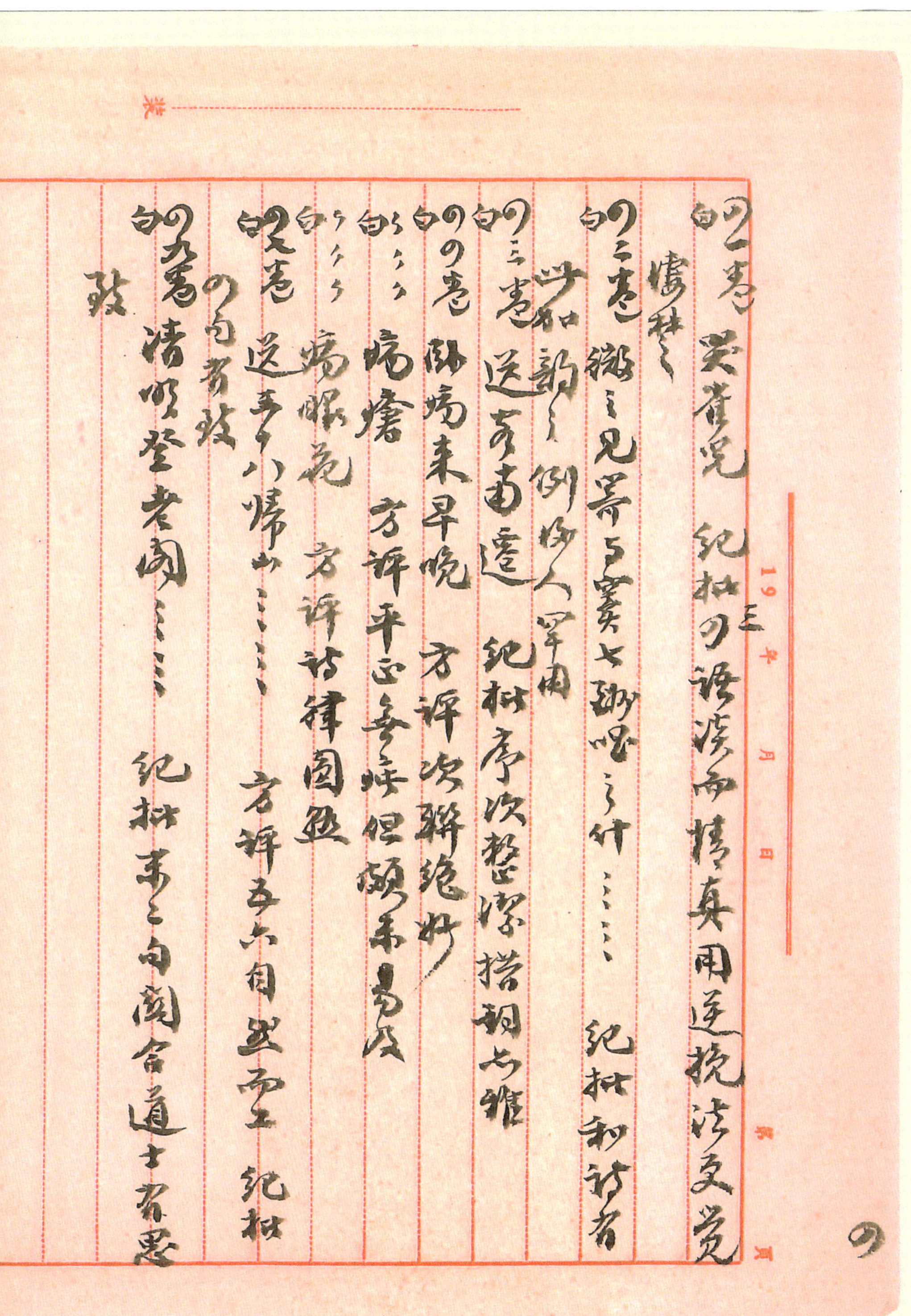

朱奇銳穿窗說詩

馮蒿叟論詩最推白傅其插架中亦多白集者以詩稿乞序者遇不愜意輒曰君詩已入香山之室哉曰君其樂天之後身哉萬跋於襃積之見於一日鄭蘇戡戲之曰開元一株柳長慶二年春君道是何人之詩馮曰此必學杜得髓之人鄭又曰可憐九月初三夜露似珍珠月似弓此又是何人之詩馮曰豈李白之逸詩乎鄭笑曰皆非也此正君素鄙薄之香山一老耳馮為之啞然自是不敢訶斥樂天矣

黄曾樾谈艺录

陈石遗称于白诗之外，实能于杜韩外扩充境界。宋诗十之七八从长庆集中来，然皆能以不平者化其平处。

不辭能刻劃伊余少日讀葩經要放鄭聲追雅什漫遊也獲到茲邦李（墨巢）冒鶴亭江（翊雲）林（宰平）猶接席吾翁索酒屢揭門三賦海棠張素壁廿年人事幾瀾翻諸老相隨返兜率翁方鍵户著長編（翁近年著述甚夥）我竟投荒來絕域冰天雪窖劇悽惶每奉吟箋如拱璧讖聞海外失東坡何處招魂淚沾臆那知歇浦遇翁居正將長鬚浮大白自言垂老尚無歸日借畫圖慰朝夕又悲畫好沒人題此段羈懷定誰識迩来我亦賦歸休日對青山悔行役長歌聊復報吾翁蓮社高蹤倘同躡

南湖〻水盈〻碧中有蓮塢竹塢接是誰妙手寫成圖云出桃花
庵王筆我聞蓮葉放田〻千歲老龜遊且息又聞蓮鬚乞〻抽綽
約仙人常獨立　蓮翁家世傍南湖飽看蓮花喫蓮實英年遊館
客春江香耨筆耕有餘力百首詩傳一夕成（翁嘗一夕編和漚社同人消寒詩）才
名爭比小朱十鄭公傾倒贈長篇（海藏有贈翁詩見集中）朱老殷勤付餘墨
（彊村以詞壇點將錄付翁作贊）同時結社共題襟領子佛影莊生呂塵盡奇逸後
來把臂獲徐君（天風）風髯相遇尤相得（陳迦陵邵青門各賦風髯行）他如謝客
玉岑與張顛（大千）書畫文功俱第一更有君家老阿連（其石）金石

渊雷兄：

一别三十年，得见草圣挥就的墨宝，欣悦不可言状。

兄书回忆六十年前榕园同窗之乐，同受风范先生之春风时雨，不禁遐想联翩，感慨系之！

近三十年来，因职务的需要，改教外国文学，旧学不免荒疏。寄上《复乐园·斗士参孙》一册，希有以教之。

祝

康乐！

朱维之
82.6.16.

天津三制本　　8012

挂号邮件内不得夹寄钞票、粮票、布票。

挂 712 号 146

上海华东师范大学
一村442号

苏渊雷教授收

南开大学中文系朱

300071 地址：天津市（南）八里台 电话：33.1640转471

南开大学

渊雷同窗老友：

捧读"中国思想文化论稿"及"钵水斋选集"，是最大的慰藉。昔年师范的情况重现在目前。念同窗旧友之如晨星，又思绪万千。

蔡邨、贾真的奇突枕石立国，与王国英雄为少年知交，亦足自豪矣。兄数十年历经万险，与艰难斗争而硕果累累，亦学术界之人杰也。弟一杂家耳，唯以文艺思潮史与弥尔顿译诗敝帚自珍。虽地隔千里犹聚于一室也。

顺颂

健康！

弟维之上 89.10.15.

渊雷先生道席：昨於钟叟处诵
佳章，词旨绵密，一读遍诵，三复倾叹。长春湖
石安之来嘱托，盘意以谋书，好举已定月底南
归，家色舟意已来孙，走宿但有默会。
余题跋之对碑砚图，已遵谱临江仙一阕奉寄入
鉴矣（存锺叟处）。剩钱再容就 一笑。余候拓墓外，
吟祉。不一。
弟向迪琮再拜 八月十九日

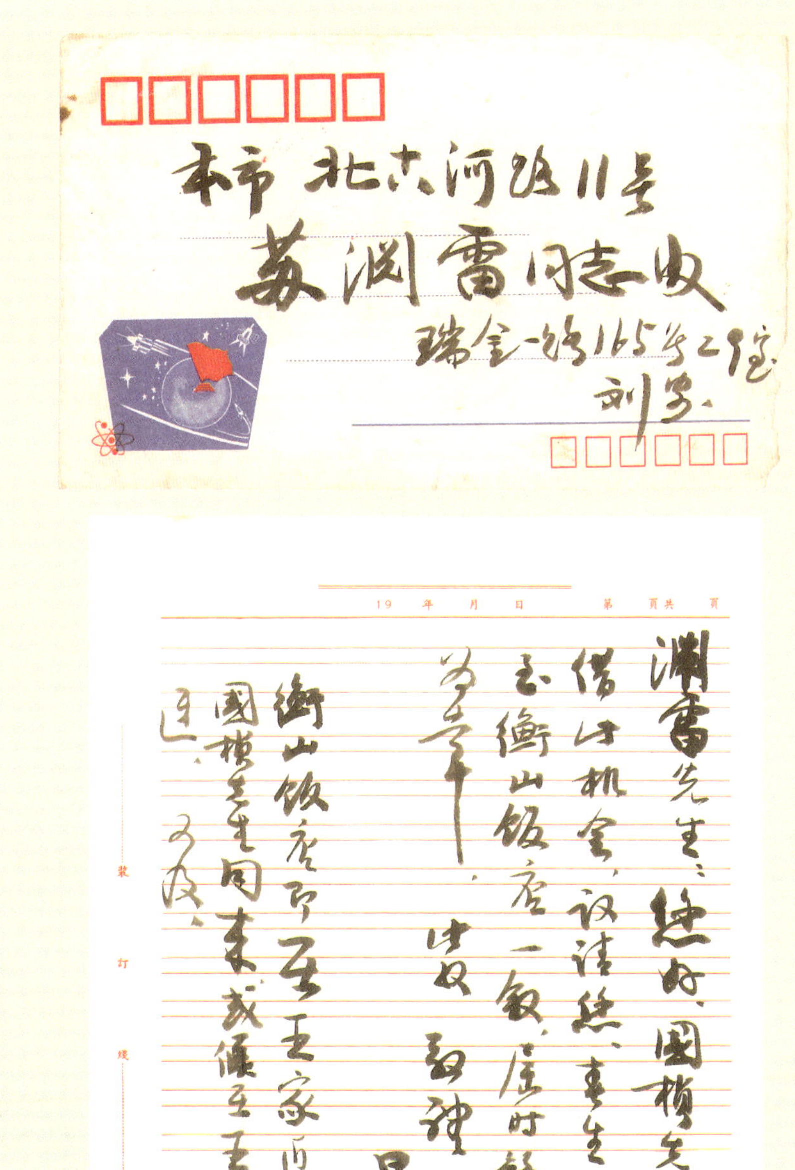

本市北京西路11号
苏渊雷同志收
瑞金一路165号乙缄
刘宅

渊雷先生：您好！国桢先生将远行，借此机会，设法使之与先生于明日（廿五日）下午在衡山饭店一叙，届时务请光临为幸。

此致
敬礼

旦宅上
六月廿四

衡山饭店即在王家近邻，或与国桢先生同来，或候至王家，我来迎迓。又及。

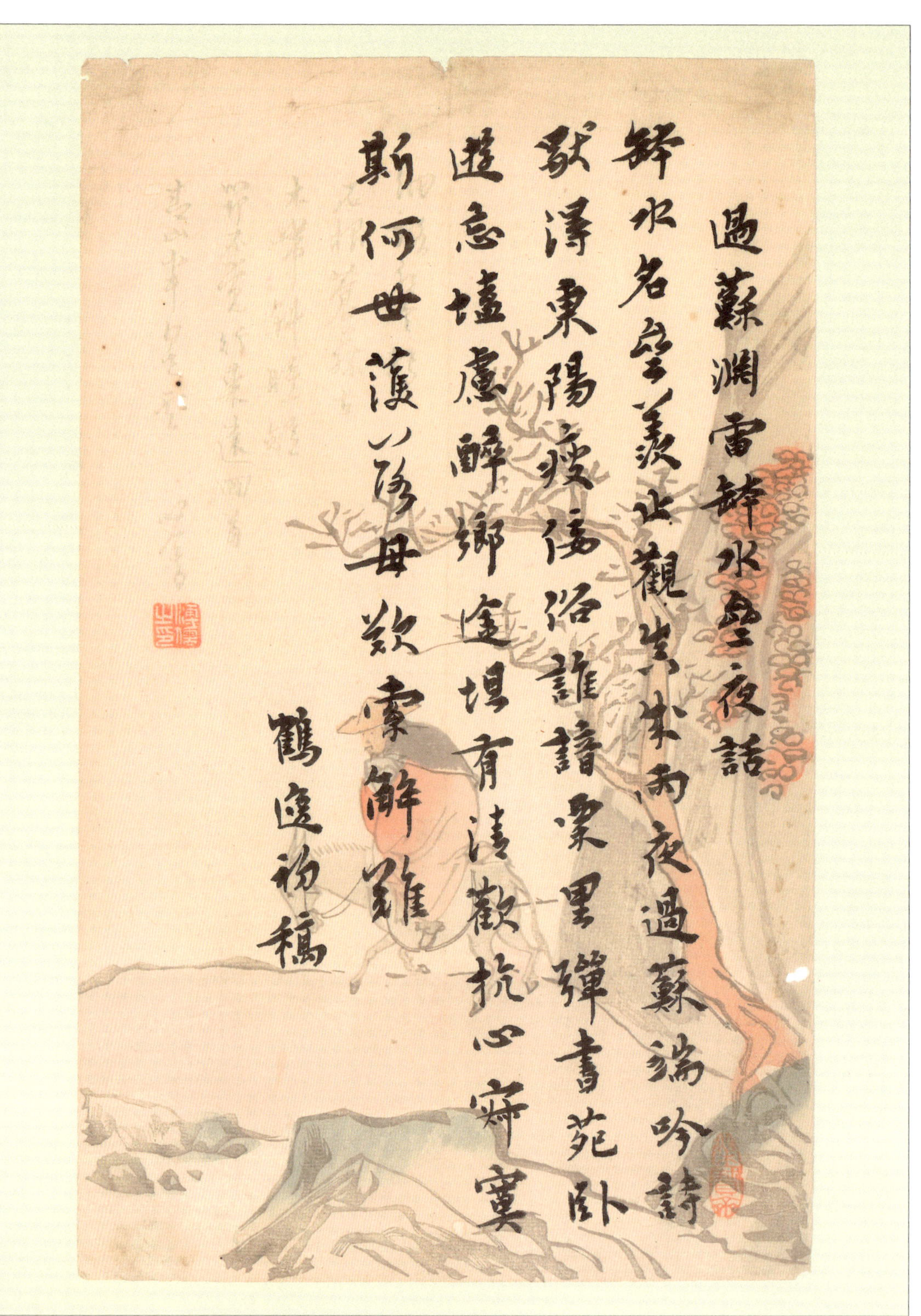
過蘇淵雷鉢水齋夜話
鉢水名齋羨止觀此來雨夜過蘇端吟詩
敢譯東陽瘦傷俗誰諳衆里彈書苑臥
遊忘壚慮醉鄉逢揖有清歡抗心寂寞
斯何世護以隊毋欲棄解難
鶴逸初稿

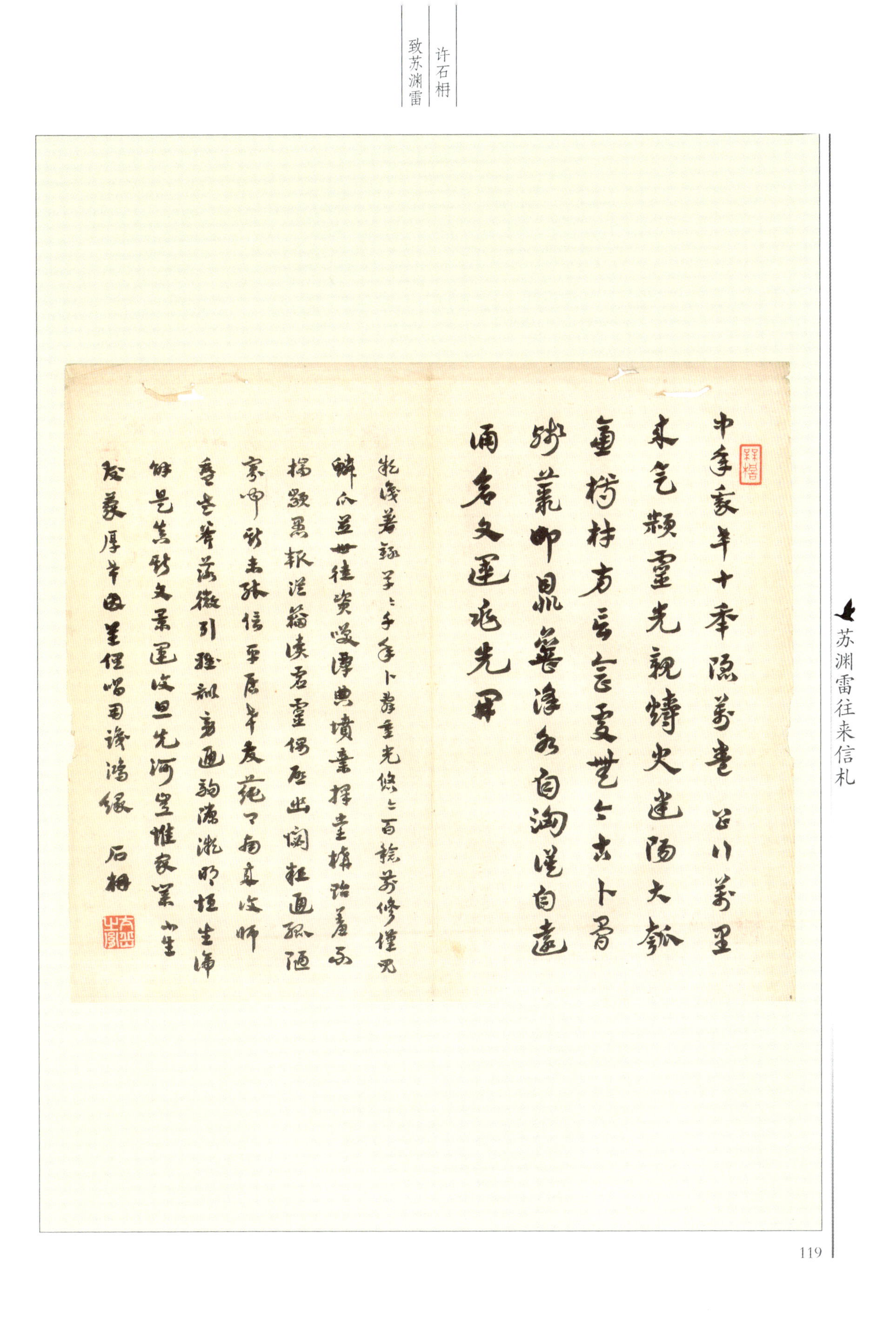

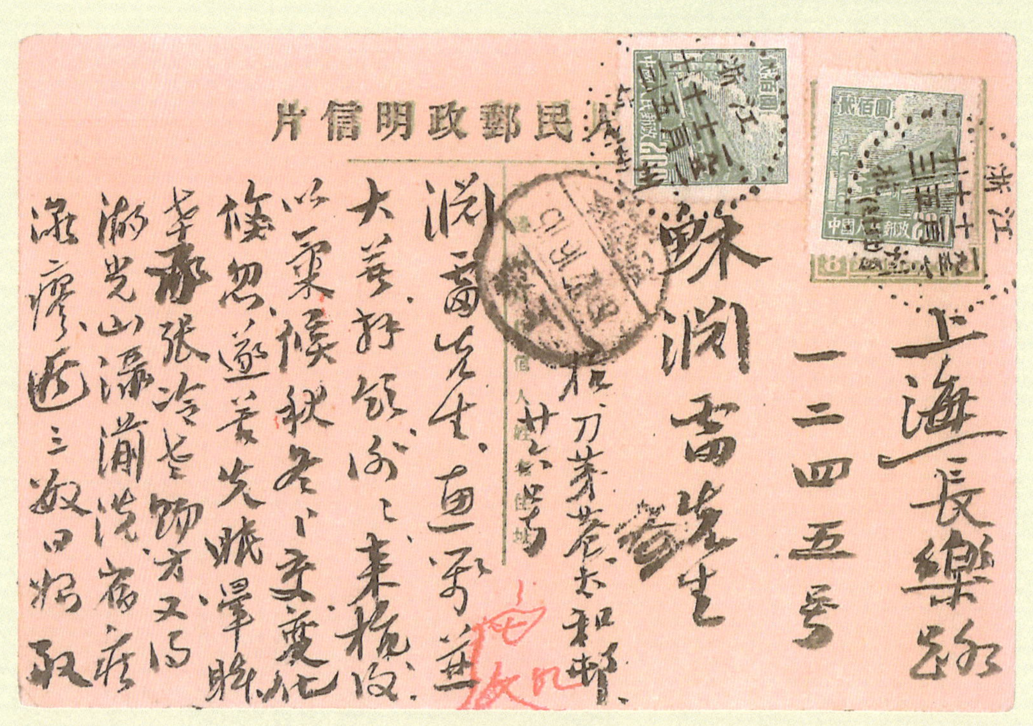

人民邮政明信片

上海长乐路一二四五号
苏渊雷先生
杭刀茅巷太和邮廿六号

渊雷先生：[illegible]
大著拜领，谢谢。来[illegible]
[illegible]

[illegible]

一九五一、十二、六[illegible] [illegible]上

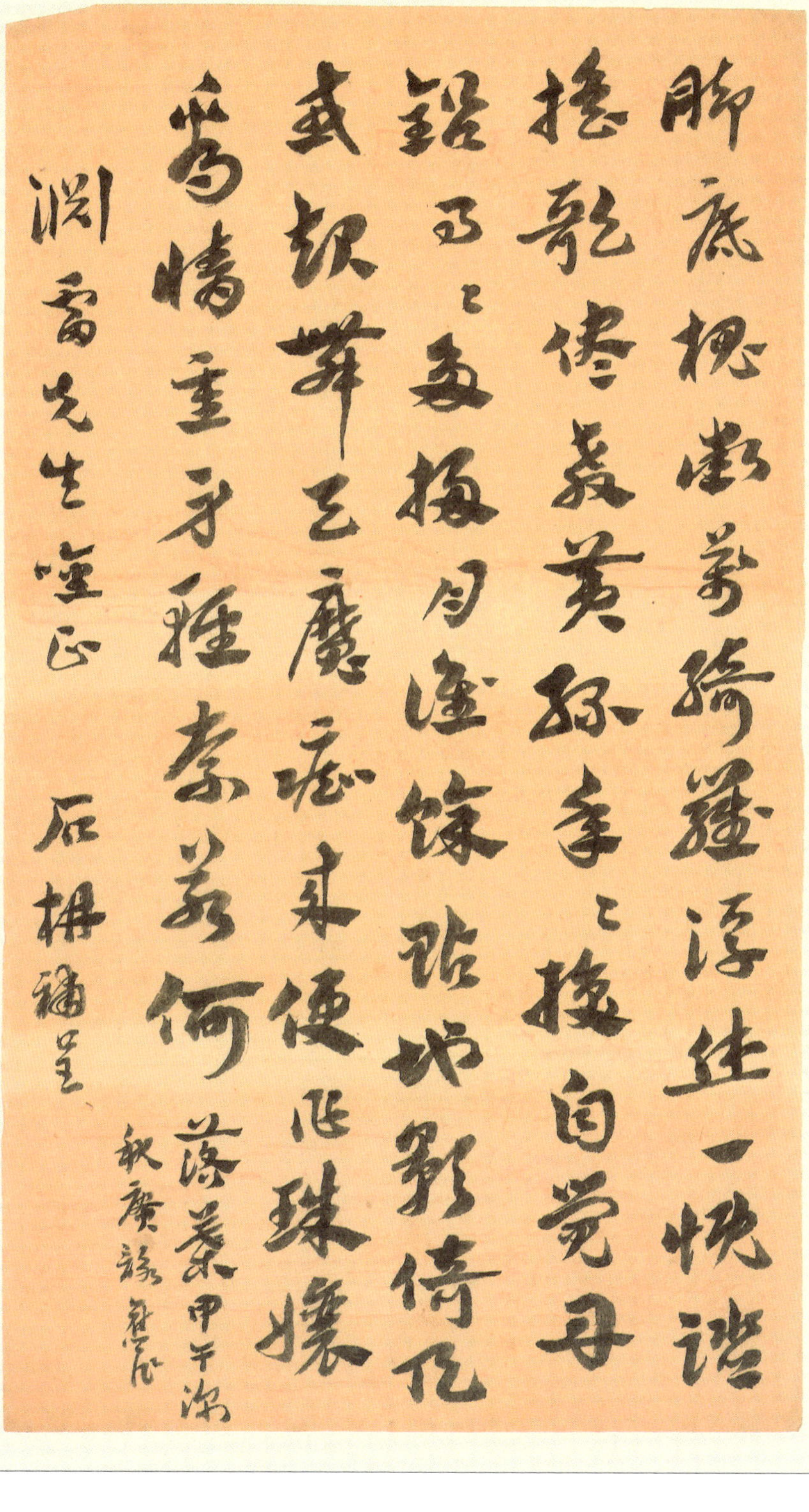

渊雷先生哂正　石枏稿呈

渊雷先生道鉴：两奉手教，一往情深，并承
挂号两次邮寄长物，均已妥收。古籍未及裁答，因
因衰病，亦由通情错乱，乃成荷之惆，则与
与时殊深矣。然遥望分眷，回表浑远，被以物
运遂为怡情寄意，惟趣仆则目医亦离偏息，
集毋经耗太多，已覃涉等字，交了接日内将通远
一行，时嘱仲先将前函摘要，已代为毋一事，挂号邮
寄。拙作诗早已出土，以绝无好印之章，探置已刻毋中，申谢夫诗
将今附安国先生寄诚恳未置一书，并遥上，敬知
冷安 潭祉 弟许石枏拜上 一九六〇、五、廿二

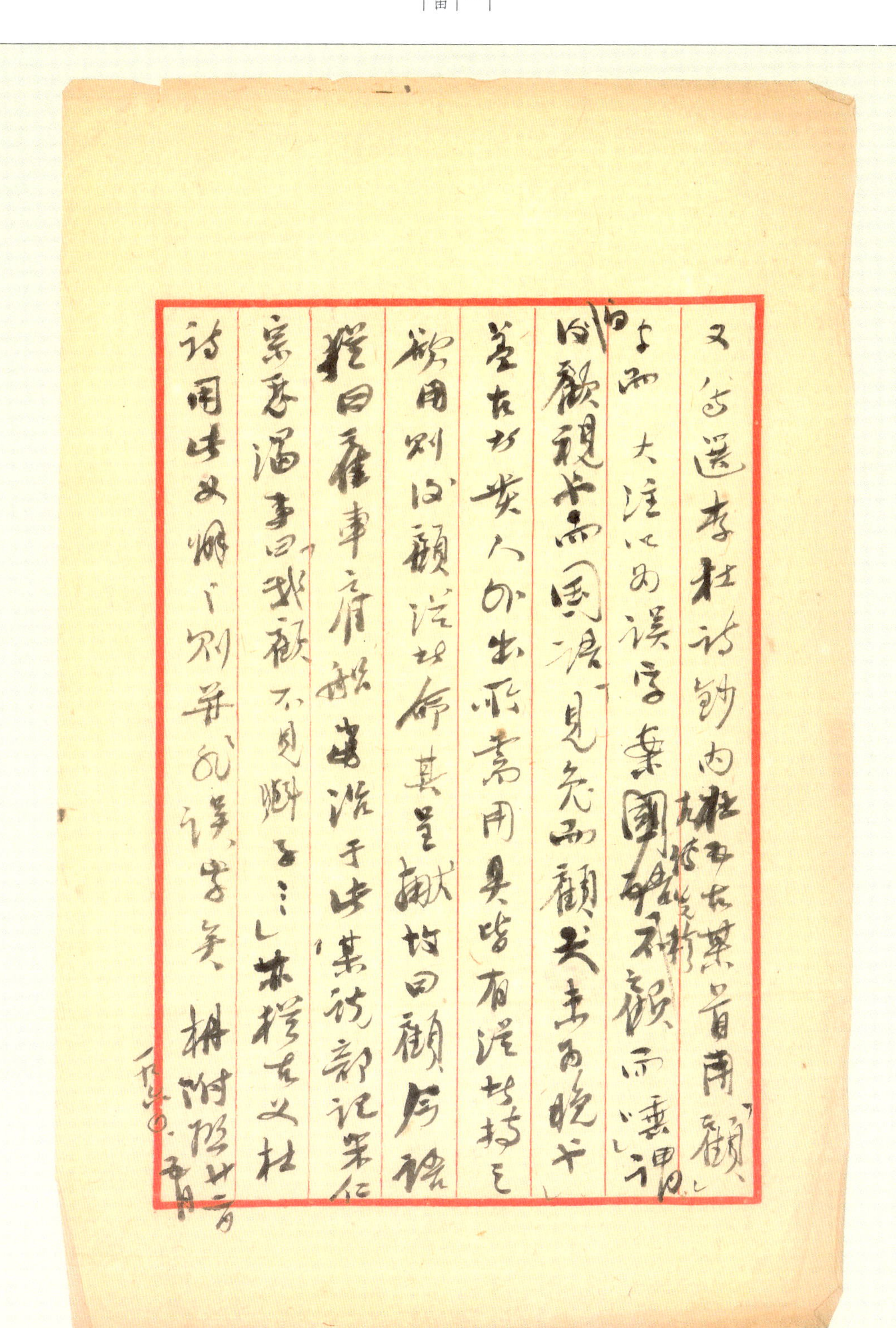

又所選李杜詩鈔内杜甫古某首用「顧顧」
字而大注以為誤字案國語不顧顧而懷袖
的顧視也而國語見先而顧大書為晚出
蓋古文炎人所出所需用具皆有從其特之
欲用則以顧從其命其量獻故曰顧居語
耀曰雇車之雇船之雇亦從於此某詩劄記宋仁
宗慕漏事曰我欲不見斷了了林檀古文杜
詩用此又姍了則并見誤字矣 枏附陳廿五

一九六〇．五月

中国 香山饭店 北京
FRAGRANT HILL HOTEL BEIJING

渊雷先生道鉴：

韵文学会席上幸得识荆，实为此行最大收获。车中畅谈，沪上数晤，快慰生平，稍纾饥渴。而旅程匆遽，竟未及造府请益，深自歉疚，亦以为憾也。弟归来立即投入报社工作，意欲打开局面，而日子殊不好过，问题端在稿源及文章分量。思量再三，只得不揣冒昧，掬诚告急于先生。套话徒烦赘读，不如乾脆直陈：敢请先生以《○○○（室名或斋名）读丛》之类为标题，随意撰稿，寄赐小报以光篇幅，实不胜迫切待命之至！专布敬请

著安

小弟许宝骙再拜 八〇年十二月十六日

赐示赐稿请寄北京东黄城根南街84号团结报社。

住在香山饭店开会，忙中作书，草草不恭，乞谅之。

钵水斋谈丛　自序

四十年代，余自重庆还都，曾在《新民报》排日为《苏子谈丛》，谈玄论政，兼及文史，"拆田引水"，皮里阳秋，颇不为读者所弃。报请[illegible]，[illegible]契机。既转研海上，从事教学，又在沪报[illegible]《苏子响言》[illegible]石公[illegible]之诗也。时沪上副刊，数颇为盛，如《刘梅生之《[illegible]》、[illegible]之《石家饰编》、[illegible]等随笔，其最著者也。危言日出，相视而笑，亦不数数然也。迨上海解放，江山寥廓，[illegible]所作，[illegible]《和平[illegible]》[illegible]所收杂文小品是也。五[illegible]后[illegible]，[illegible]。今[illegible]所选，[illegible]，[illegible]，以[illegible]人，因人及[illegible]，知人论世[illegible]，[illegible]。

一九八四年甲子冬至　钵翁记

渊雷兄：

多時未曾请教，想健朗如常为颂。《唐代文学》论丛已出至第几辑？弟向陕西人民出版社函书发行门市部邮购第五及以后各辑，书款被退回。是否应向西安市新華书店，抑向西北大学中文系转论丛编辑部邮购？烦便中赐示，多谢。顺颂康寧。弟孫大雨

'85，7，2.

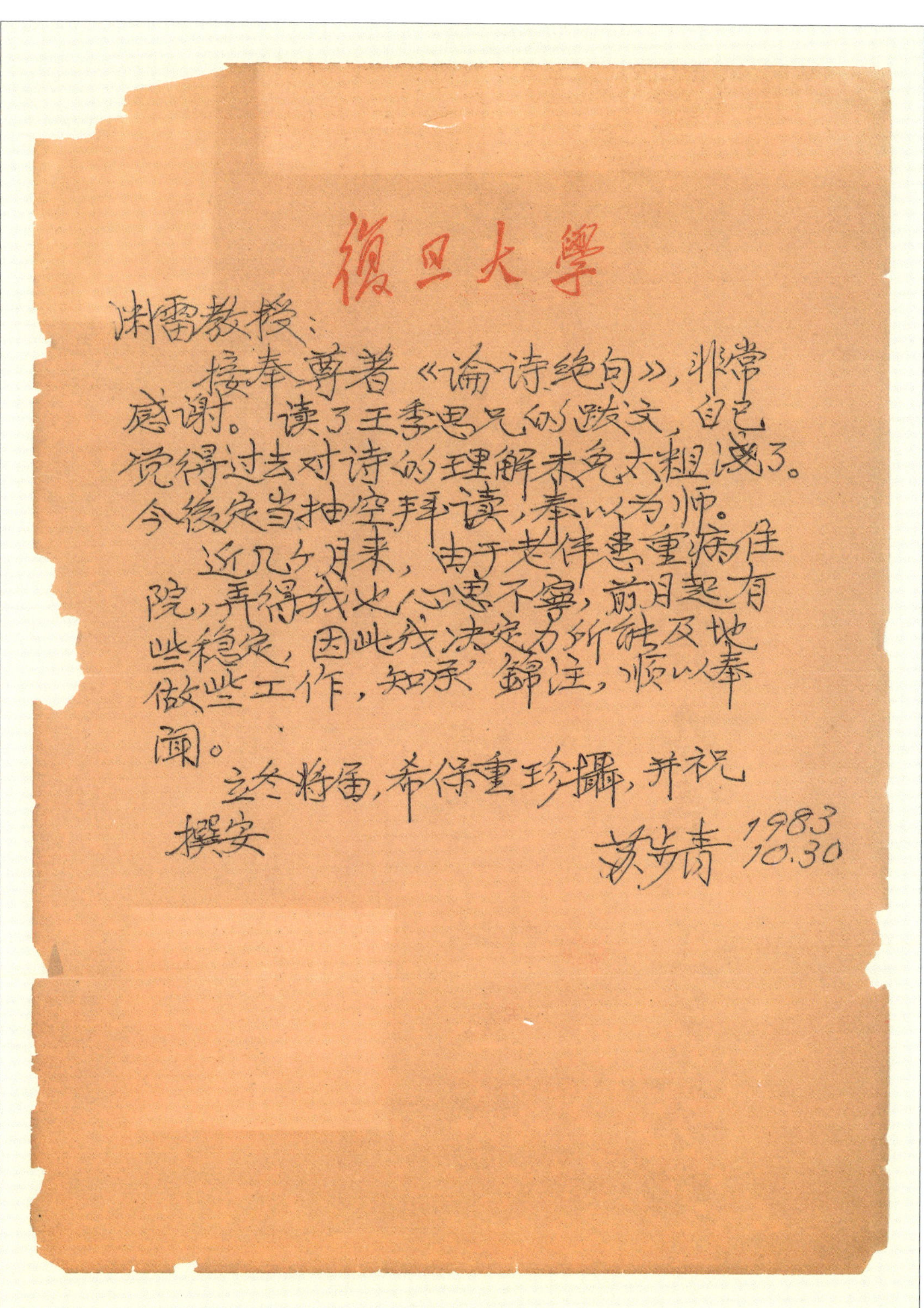

復旦大學

渊雷教授：

接奉尊著《论诗绝句》，非常感谢。读了王季思兄的跋文，自己觉得过去对诗的理解未免太粗浅了。今後定当抽空拜读，奉以为师。

近几个月来，由于老伴患重病住院，弄得我也心思不宁，前月起有些稳定，因此我决定力所能及地做些工作，知承錦注，順以奉聞。

立冬将届，希保重珍攝，并祝

撰安

苏步青 1983 10.30

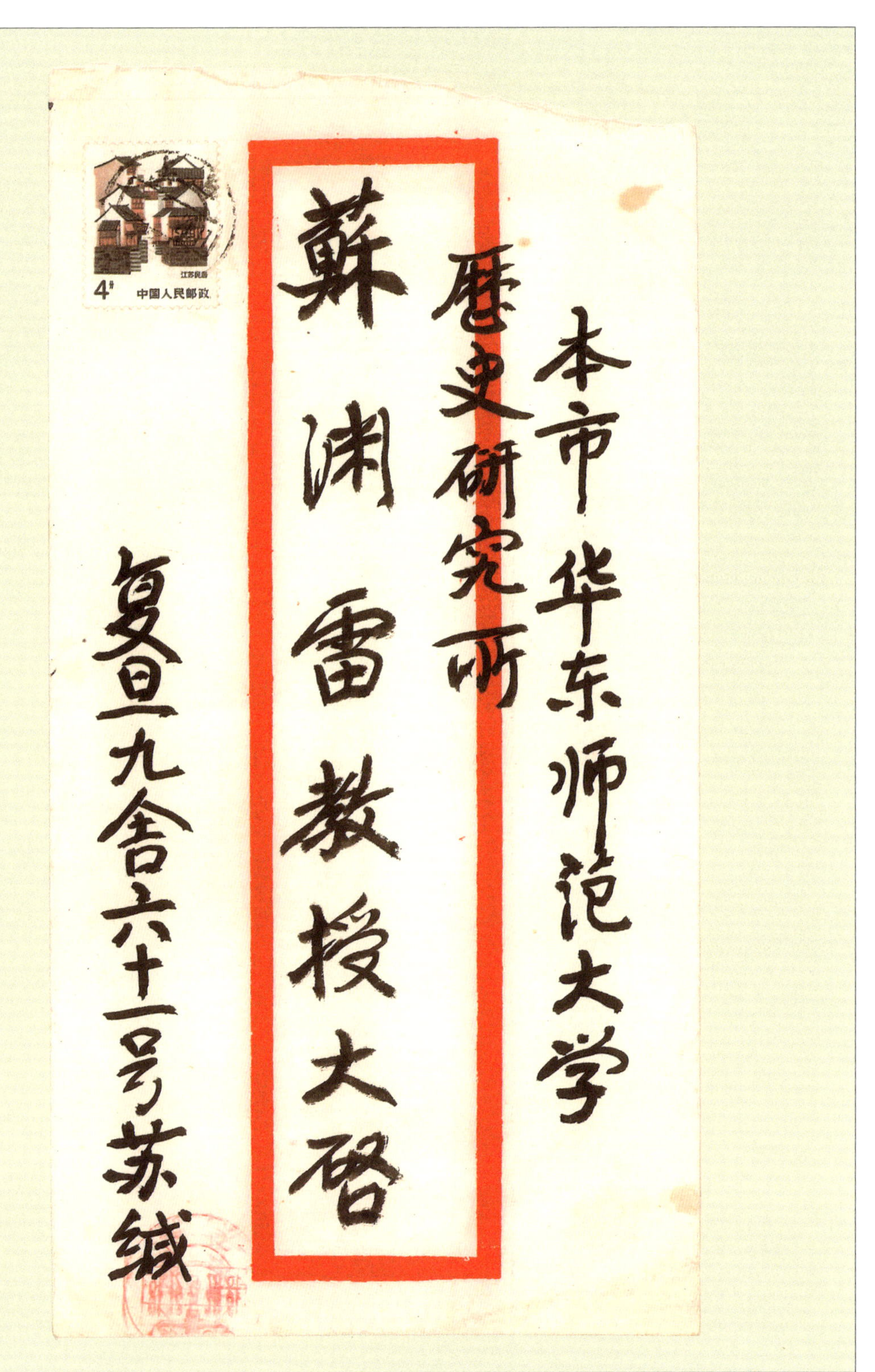

本市华东师范大学
歷史研究所
蘇渊雷教授大啓
复旦九舍六十一号苏缄

復旦大學

仲翔教授：

昨日从无锡归来，即获贵校袁校长亲笔复函，现附奉请阅。

我校正在筹开建校八十周年庆祝会和科学报告会，我虽无行政职务，但因挂名而不得不参加各种活动，以致一时难以亲自登府拜访，不胜抱歉，遥希见原是幸。

耑此，顺颂

撰祺

苏步青 1985 5.24

附呈近日拙诗请斧正。

刘子玉鸣自杭寄赠画竹一幅
赋此酬之

玉鸣先生善画竹，今年下笔更浮绿。
自是胸中有千竿，免使吾侪太庸俗。
因之忆及东坡诗，居当有竹食有肉。
士穷肉贵岂堪谈，何如劳笋烹咸佐盘飧。
嫩箨香苞辞旧园，无须辛苦上凌云。

乙丑之夏 苏步青书呈艸

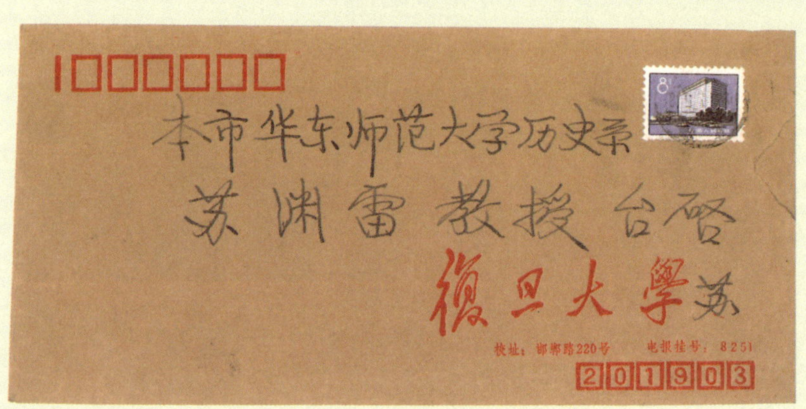

復旦大學

仲翔教授同志：

手教暨大作均已拜读。袁校长处已遵嘱挂号去函，或可望解决一点，俟复音到后另当奉告。诗篇极佳，就中最爱"想见先生归卧日，忧中有乐老臣心"二句，可信也。

嘱撰刘基庙联，勉已凑就，并写成一联，附后呈政。如其不妥，弃之为幸。

匆匆未尽欲言，寒甚惟珍摄。

顺祝

新年快乐

苏步青 1986 1.4 夜

200062

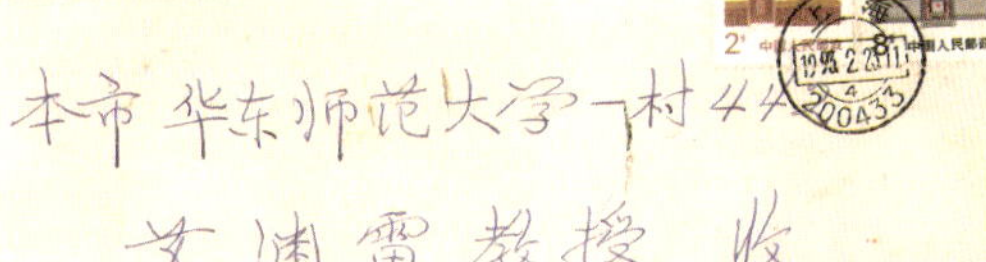

本市华东师范大学一村44

苏渊雷教授 收

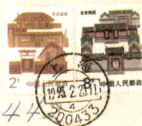

上海国顺路650弄
61号苏步青寄

復旦大學 200433

2/23

復旦大學

仲翔教授：

昨自南京开会归来，喜获手书，并大作多首，东游之乐可以想见矣。《中日文化交流史赞》是长篇史诗，尤为罕见的杰作，钦佩钦佩。

所托调整住房一事，刻已再度函请袁校长尽快采取具体措施，俾得安居乐业也。

专复，顺颂

撰祺

苏步青 1986 10.16.

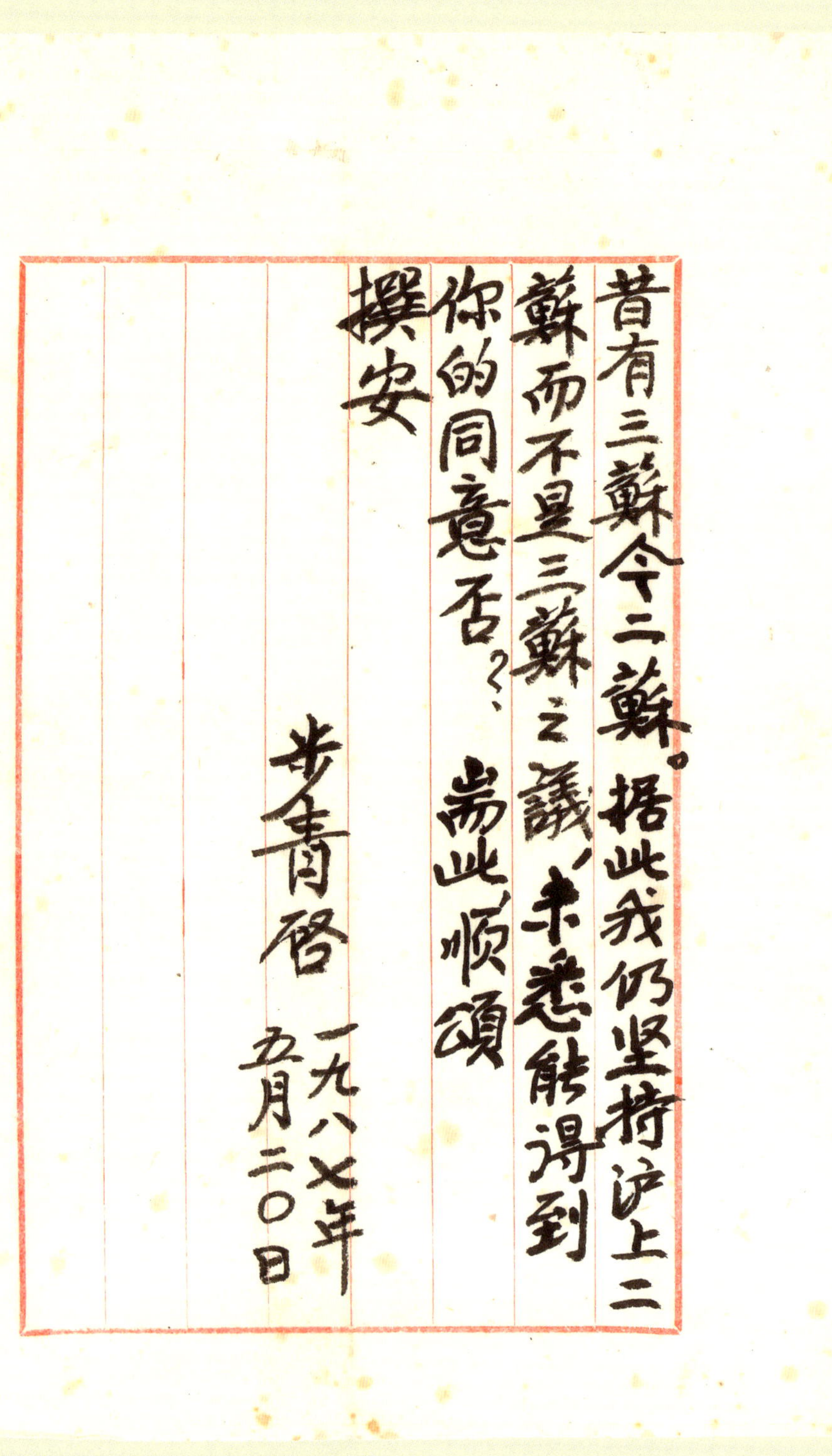

昔有三蘇今二蘇。据此我仍坚持沪上二蘇而不是三蘇之議，未悉能得到你的同意否？ 耑此順頌

撰安

步青啓 一九八七年

五月二〇日

仲翔教授道鑒：接奉
大札和照片二枚，十分感謝。回憶起
當天盛會，至今好景仍然遺留在心
中，亦畢生不可多得之良機也。
大作中提到「三人成世足襟期」，使我想起那
天展覧会上袁校長講「蘇家父子不
僅古時有過，現在也有」這一段話。我当
場曾擬了七绝，今天只記得第一句：

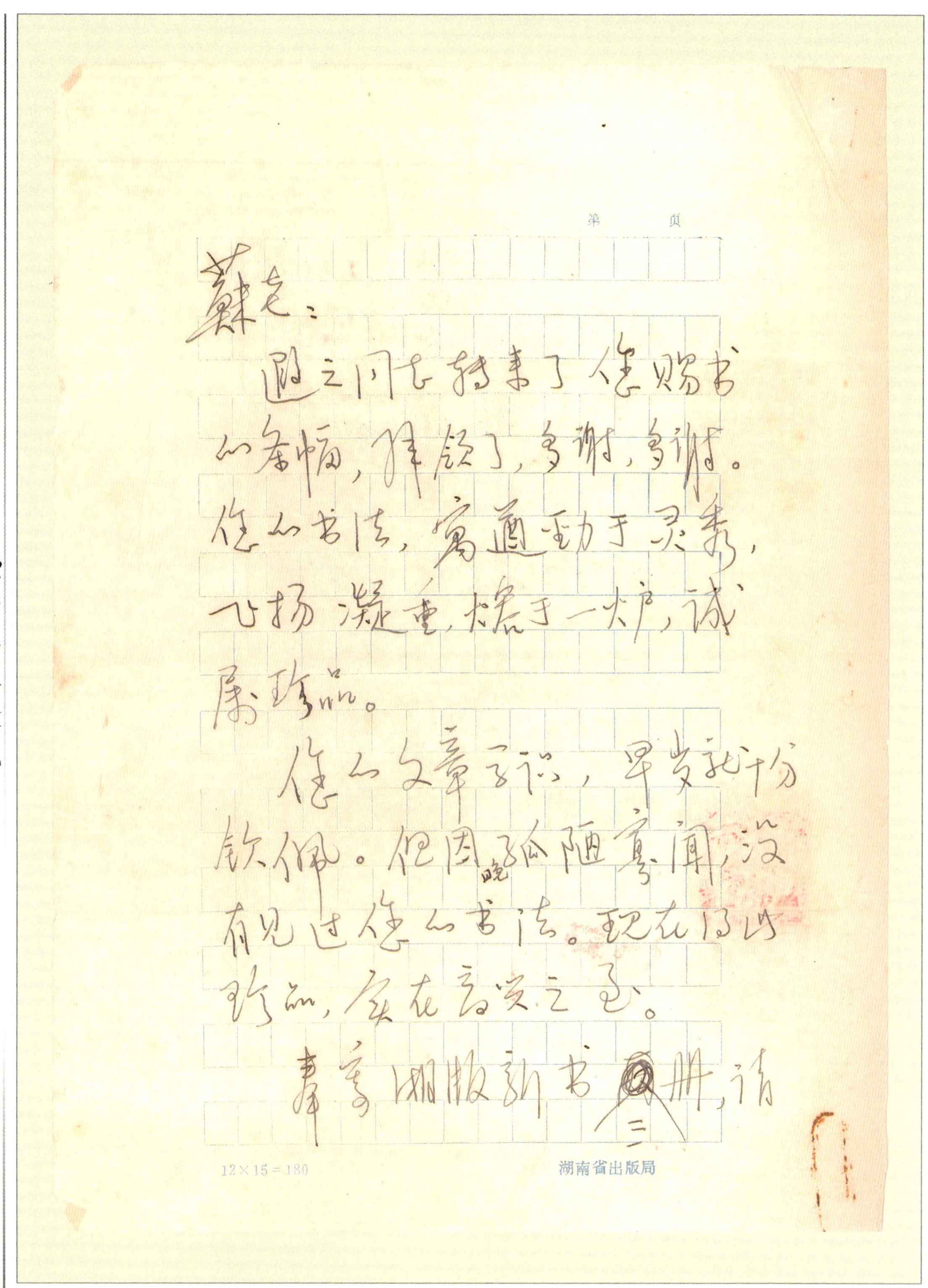

第　页

蘇老：

邵之同志转来了您赠书的条幅，拜领了，多谢，多谢。您的书法，寓遒劲于灵秀，飞扬凝重，熔于一炉，诚属珍品。

您的文章学识，早岁就十分钦佩。但因晚孤陋寡闻，没有见过您的书法。现在得此珍品，实在高兴之至。

奉寄湘版新书二册，请

12×15＝180　　湖南省出版局

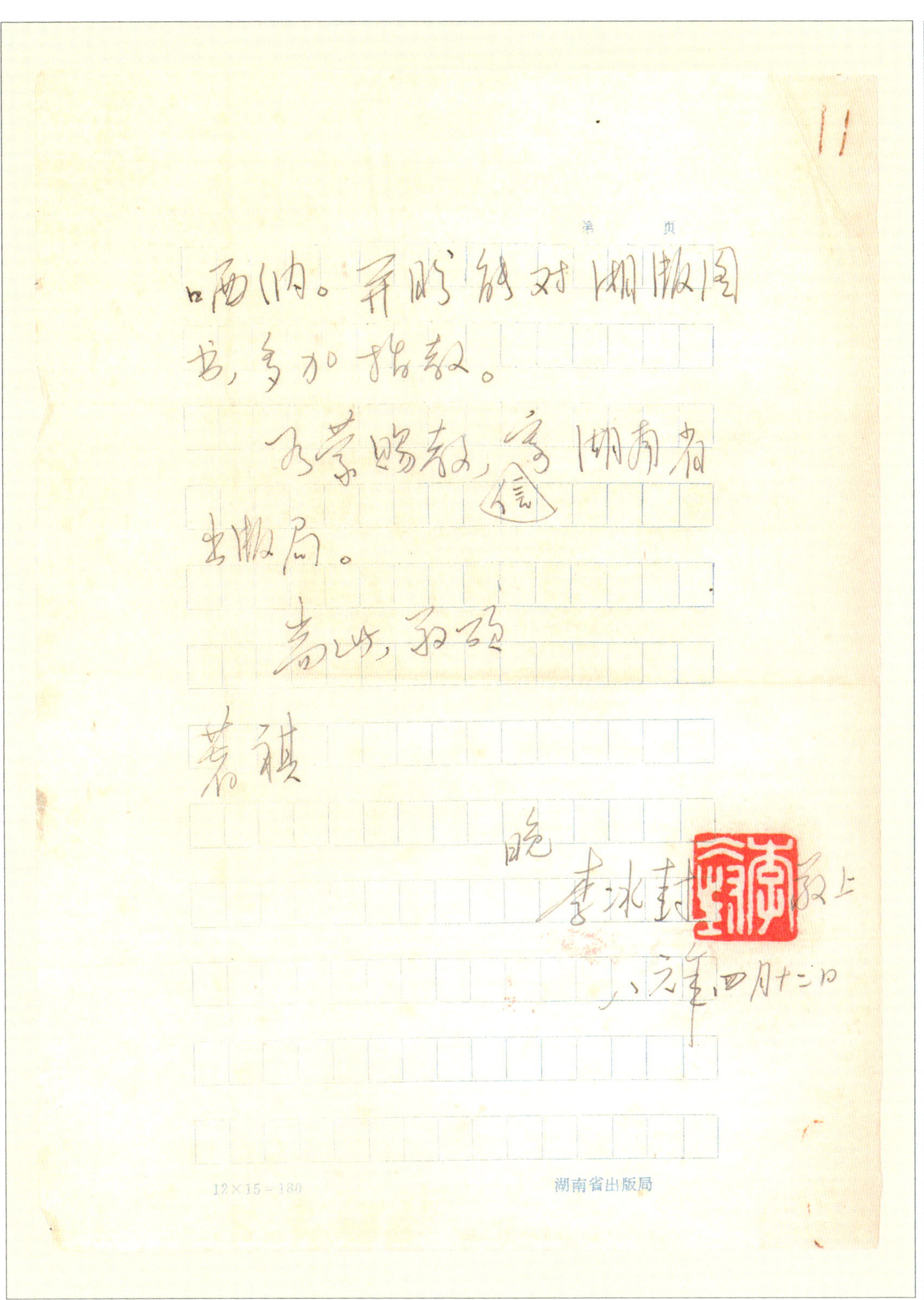

11

第　页

哂纳。并盼能对湘版图书，多加指教。

不吝赐教，寄湖南省出版局。

专此，敬颂

著祺

晚　李冰封　敬上

八六年四月十二日

12×15＝180　　湖南省出版局

猶憶記在西安時曾計尋西鳳酒不
得，歸宗適尋樞中取西鳳一瓶，而二十年
儲，留之以寄蘇老，横長安覓西鳳不得
之恨。小沈所託覓閣下早年大著，僕
稍後可為計求之。松林先生索画，而
和杜出稿較為蒙長於原稿也。鈔呈
左右 請 亦求 公賜和律，並補長安覓
上之作也。蕭滌非、安瑜攝影秦陵頗好
公及小沈與我在乾陵所拍亦佳，惟第
駿雲夫人在半坡部所攝稍差耳
月內即以素中所攜照片寄呈。酒
無法寄奉，今夏未能擬赴滬一遊，未
知兄於在滬否。專此即頌
著祉 李國瑜拜 八三年六月七日于成都
小沈姑娘請代問她好 西南民族學院中文系

仲老尊右：草堂縱筆，乾陵抱蓋，
秦俑讖緣，杜祠節古，書畫會上題詩，
蘇長公意氣縱橫，氣吞衆老矣！
前日承贈蕪曲論所寫七律，和青
县為郭詩老易篆為一集，雪泥鴻爪，為
長安盛會添詩料也。
陶靖天兄處照片即好印寄上海，想

已收到。詩逕分吟賞，笑弄炎發，卧病
經旬，現已能把盞矣。昨日劉君惠來
頗欲五糧液陳釀，惜蘇長公不在，孫
悵悵也。長安酒渴，無法一致佳釀，
此際一杯在手，恨不能與阮步兵對
杯也。人生長恨水長東，豈謂世矣。
何日重游長安，必當攜酒樽，訪杜公祠

菊生先生以盆松两株见贻并为二十年前
高丈梦旦所贻者已手植矣赋谢一首

[illegible]

渊雷先生吟正　庚寅八月　宣龚未是稿

二函附寄并以[illegible]

[illegible]缀士閒虚窗，翰墨谁知马不[illegible]物
[illegible]本来徒自苦，心兵[illegible]古更难降。长
亭[illegible]散[illegible]花楼，故国山多犹有江。[illegible]
[illegible]气[illegible]随险[illegible]阿[illegible][illegible]
[illegible][illegible]示[illegible]士二遍

日前一[illegible]，[illegible]快生平，以诗一首
[illegible]
乞和
钵水斋主人
墨巢
四月十日

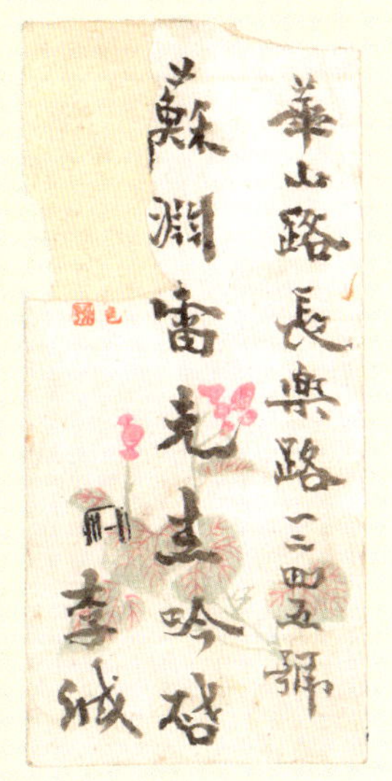
华山路长乐路一二四五号
苏渊雷先生吟启
李缄

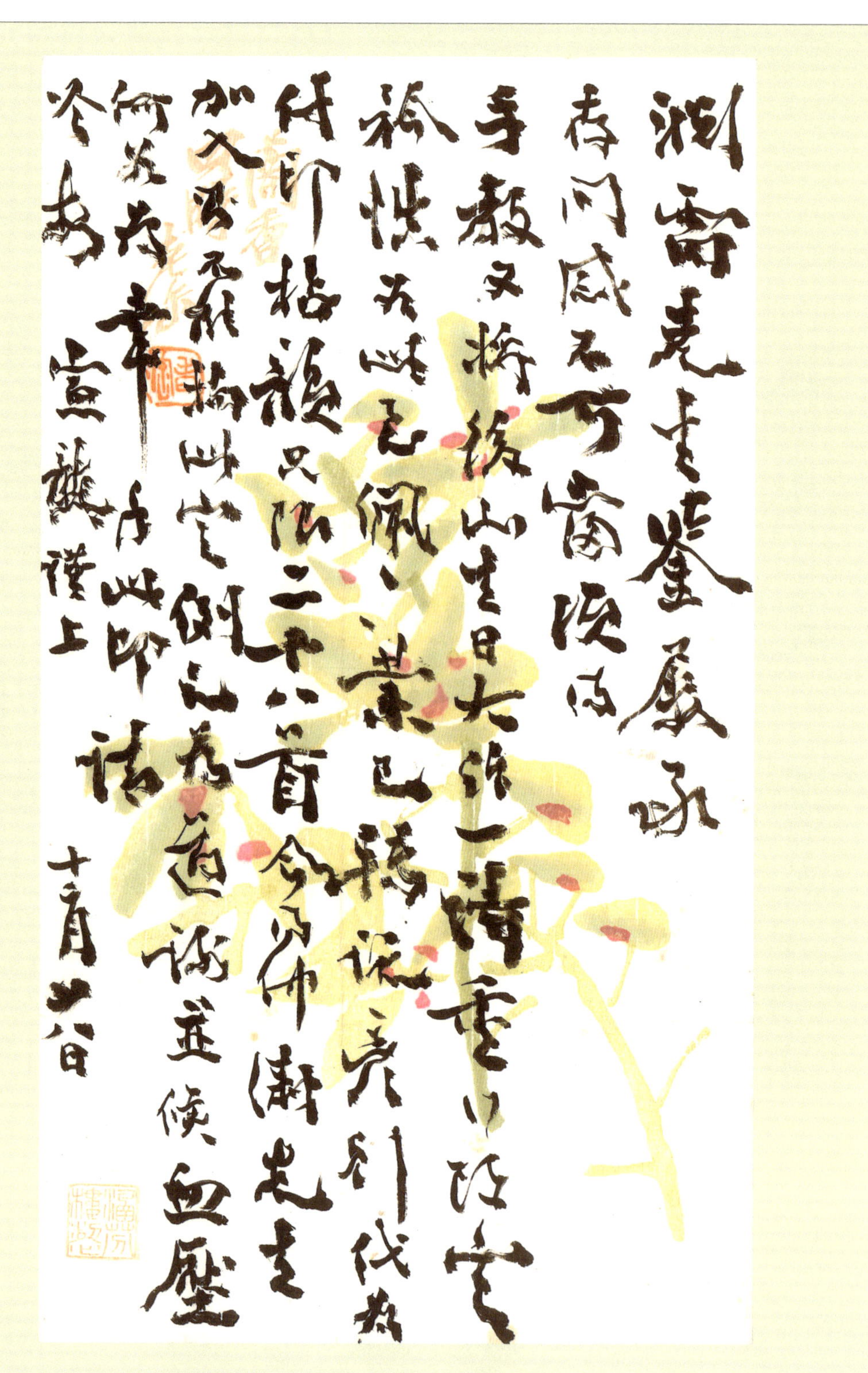

鉢水齋詩既擅才情尤工學力蓋遠宜
屈原賦枚乘古詩以逮近代黄仲則龔定
盦之倫靡不探討揣摩得心應手各體中
又以五古七絶為最陵跨玄黄集三生高君
二適已為加墨其與余見略同者概不複識而
私心所篤嗜則以朱筆圍其旁藉資區别第
不自知管闚蠡測有當於高明否要之鉢水
之詩與年俱進卓然成家它日授梓行世更
當為撰序言用志忻慕所憾齒耄學荒未
足揄揚盛美耳如之何之　庚寅小寒　洣

渊雷先生撰席：日前承
教益，叨
醇飲，快々荷々。受讀
大著，文約博通，儒佛綜合，中西能於
習學記言發窺外篇之後，自樹一幟
經制之學。澹雅高才，吾俛首至地矣。茲
呈一律，麗紀睽對之迹，未饜傾寫之私，
即以詩論衡口打油，謔供嫣咲而已。專此
撰安

弟洣頓首 九月十四日

木枯寧復倚巖寒燒卻芽菴幻影闌還額難陀長共食捷鋒靈照竟無端揭來十笏維摩室長觸三生法喜觀慧福雙脩兩不易輸君使面擁雕鞍

缽水盦主損和拙詩慰余從宦之戚余句之墨巢缽水夫人亦曾入市受驚而豪髮无璘福從過人而昨醉矣予落句言不尽意變再疊呈一首乞

暨伉儷同正　沐上

鏺鈿一鳥自號寒比翼雙棲夢已闌賴有指要偕近局旁能陶寫塞憂端佗生玉種癡心在夙世金光定眼觀羨煞雪堂賢嚴珮擅評秋月穩吟鞍

朱子擷和松詩有夢斷香銷感務觀之句悵觸疊訓兼似盞水

涞

拖山向好瘦兼寒水繪風流鎮未闌不分飄蓬往李白相將杖策過蘇端一尊繡佛醺禪悦三生玄文湛法觀吾牀弗及今老矣敢從頤眄攘高鞍

同參子皆

渊雷先生留飲齋中讀其所著鉢水文約賦呈長句乞

正

湖外人洣上稾

兩月絅之以送街買張豆被駛脚踏車者撞跌震傷腦系急救無效遂至不起嗚呼是可哀也絅之未嫁時藉庭闈之蔭惟以讀書為事或出任女師教學相長初未究心家人生理既來歸余勤修婦功舉凡烹飪縫紩漱澣並優為之迭罹喪亂益傷貧窶蚤夜操作無遑寧息氣力日以不支猝遇奔車竟殀年命此余負疚冥冥痛悼不能自已者耳其嫺韻語出自家學又得於王慕蘭先生之教為多慕蘭女中碩師著有詩集絅之與有連也結縭已後輟不復為且以余苦吟為戒余嘗戲謂歐陽永叔婚於胥氏黃魯直婚於謝氏俱以詩筆見賞婦翁遂居甥館余之牉合略同爾何可忘筌蹏也絅之笑曰雕蟲之技玩物喪志非婦人所宜若所舉似歐黃二夫人皆不獲偕老豈亦欲於集稿中銘我墓耶不意戲言終成惡讖嗚呼愈可哀已絅之生於

前清光緒二十二年丙申正月十一日卒於公元一九五零年庚寅四月二十四日享年五十有五子一泉懷娶歐陽泉英絅之既歛余攜子婦奉其遺體舉送上海市衛生局火葬場舉行火化收取骸灰函以丹匣踰月葬於上海虹橋西寅春廟湖南公墓余行年六十七矣哀此永逝情何以堪爰自濡淚和墨次其生平大略惟蘄

當代文儒賜之銘誄用光泉壤並垂家牒是則絅之雖死抑猶生也庚寅歲五月杪

日衡山李洣撰狀

月初墨巢席間承　教為快旋又於蔬畦處獲見　壽黃之作著語無多脩然意遠再三洛誦益切欽遲只因秋暑未闌不敢觸熱造　門見譏讖耳洣浪游東嘉前後四紀曾與陳君仲陶有數面之雅而鴻羽東西不復記憶泥爪甚矣師丹之善忘也亡室在抗戰避地時嘗同攜筇孤嶼拏舟仙巖其於　珂鄉亦不無流寓之迹薰蒙　矜卹賁闡聲詩是則　客歌萬里鬼唱秋墳雖在夜臺如見白日微獨皓首潘郎銜戢知謝而已洣頓首

淵雷先生 賜鑒

洣上

亡室鄔絅之狀

室人鄔絅之諱秉文小字夢蘭世為浙江奉化西塢著族徙居縣城黌牆高樓父康生先生母戴孺人絅之其季女也康生先生績學一衿孱守家術絅之毀齒入塾穎慧過於諸兄笄年畢業縣治女校轉學杭州女子師範為王慕蘭葉墨君二校長所賞拔歲在丙辰余游分水絅之任其縣女校教員偶作賦物小詩余見而和之又詠其手製象生花絅之歸呈康生先生先生以余為才並屬和馬越數載戴孺人謝世絅之哀毀骨立服除以其姊夫董君雲歸之介禮嬪於余時為癸亥孟冬絅之年二十八也事余母聶太恭人服勤左右無方太恭人輒稱其賢孝襄治家事勞苦節嗇太恭人且笑謂類我也與河東宜人暨會稽君共數晨夕婉嫕靡閒人尤以為難自是余游寧海又游吳之海門閩之福州絅之皆以槖砧相從庚午太恭人棄養病革時侍奉湯藥浣滌廁牏浹月衣不解帶既歿哀慼逾常未幾又遭康生先生之喪彌歲茹痛因患溲血西醫診為腹下生瘤以愛克斯光熨治之其病雖愈體漸羸矣丁丑日本內犯湖上寓廬蕩為煨燼余累世舊藏圖籍書畫與絅之奩中所弆其鄉本堂剡源松鄉三集及手寫鄔氏先代詩輯自甬上耆舊諸集者悉付劫火絅之在流中每一念至相對欷歔一再番遷就居邑賣決忽逾十年戊子冬以兒子娶婦與

复旦大学

渊雷先生：

文驾北调後，情况如何？念念。去年二次走访未晤，奉上拙著史记订补想收到。

您到师院後，仍教历史系否？任何课？钟兰因兄，现在北京师院教汉语史，目前正从事编写"汉语词汇发展史"教材，预定十月底完成，未知能如期否？又有苏友周礼君前亦在哈尔滨师院任教，未知近仍在校否？希便中为一查询。

近时沪寓已迁走，宾春兄已北行，想不寂寞，惟北地严寒，南人初或不惯，尤须特加意也。奉上复旦月刊二册，内有拙作二篇，请指正。匆匆即请

教安

李笠拜启 六月七日

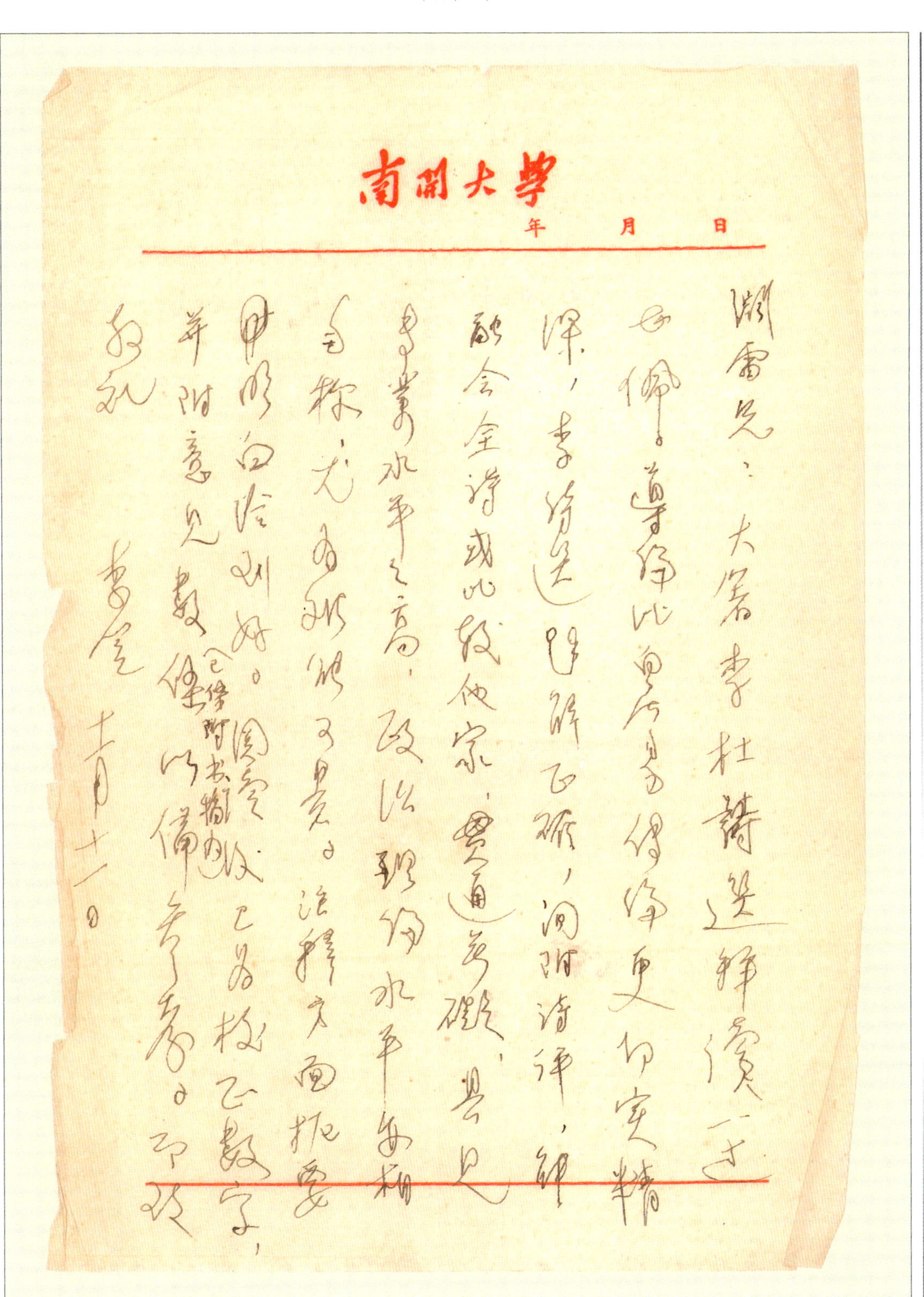

南開大學
年　月　日

渊雷兄：大著李杜诗选释读一过，
甚佩。尊注比历来各本得体，更加完精
深，李诗选注解飞扬，间附诗评，能
融会全诗或比较他家，要言不烦，甚见
专业水平之高，政治理论水平亦相
当精确，尤为难能可贵。注释方面扼要，
明明白白，刻划好。阅后已为校正数字，
并附意见数條（已附书稿内），以备参考。即颂
教祺
李笠　十一月十二日

南開大學　年　月　日

现代诗词刊同之面，叹观止矣。仲陶长逝，老友又少一人，曷胜感喟。中国词有学问之目，来示亦不多了。鹤亭兄近何乐要兄恨到，明及之代候。匆匆不致

敬礼

弟　李笠

八月廿六日

南開大學

年　月　日

渊雷先生：惠书拜悉。祖国语文学展文稿一部分现先付学校油印（一是送作为学生参考资料），以便修改，九月初第一篇可以印齐，当先寄请 削正。现因新课程加重，语言文字课，下期拟另开「语义学」，现以备课甚忙，词汇学及语到字词语无暇理董，恐须待下一学期或本期中再说。杜诗讲稿亦尚未整理，容后再修改以语言方面课程停开。兹先寄奉杜诗选本一份，请 教正。

大著新华颂及近来所见 尊思诗中外古今一体的新文，笔力雄伟，如海如潮，在

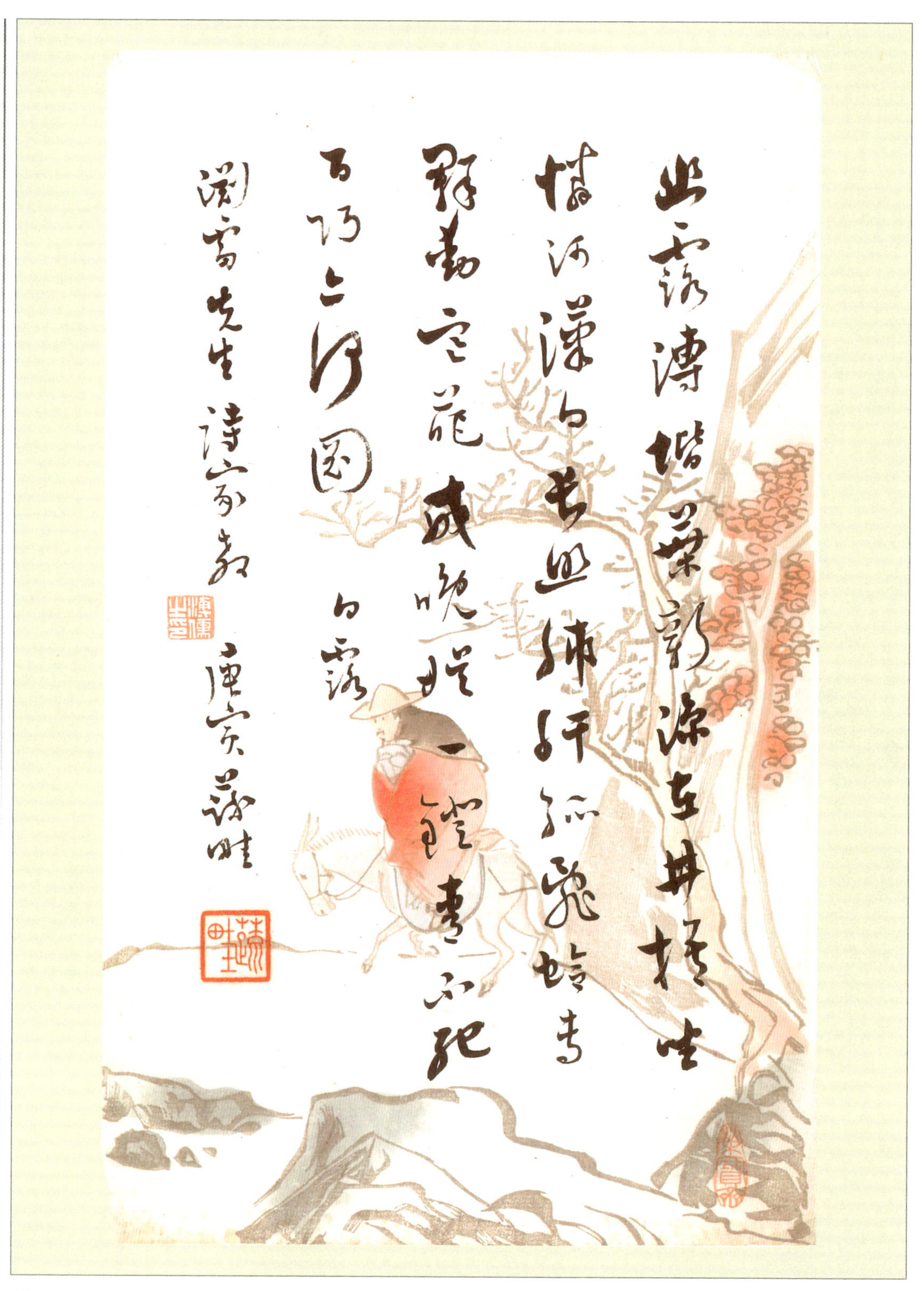

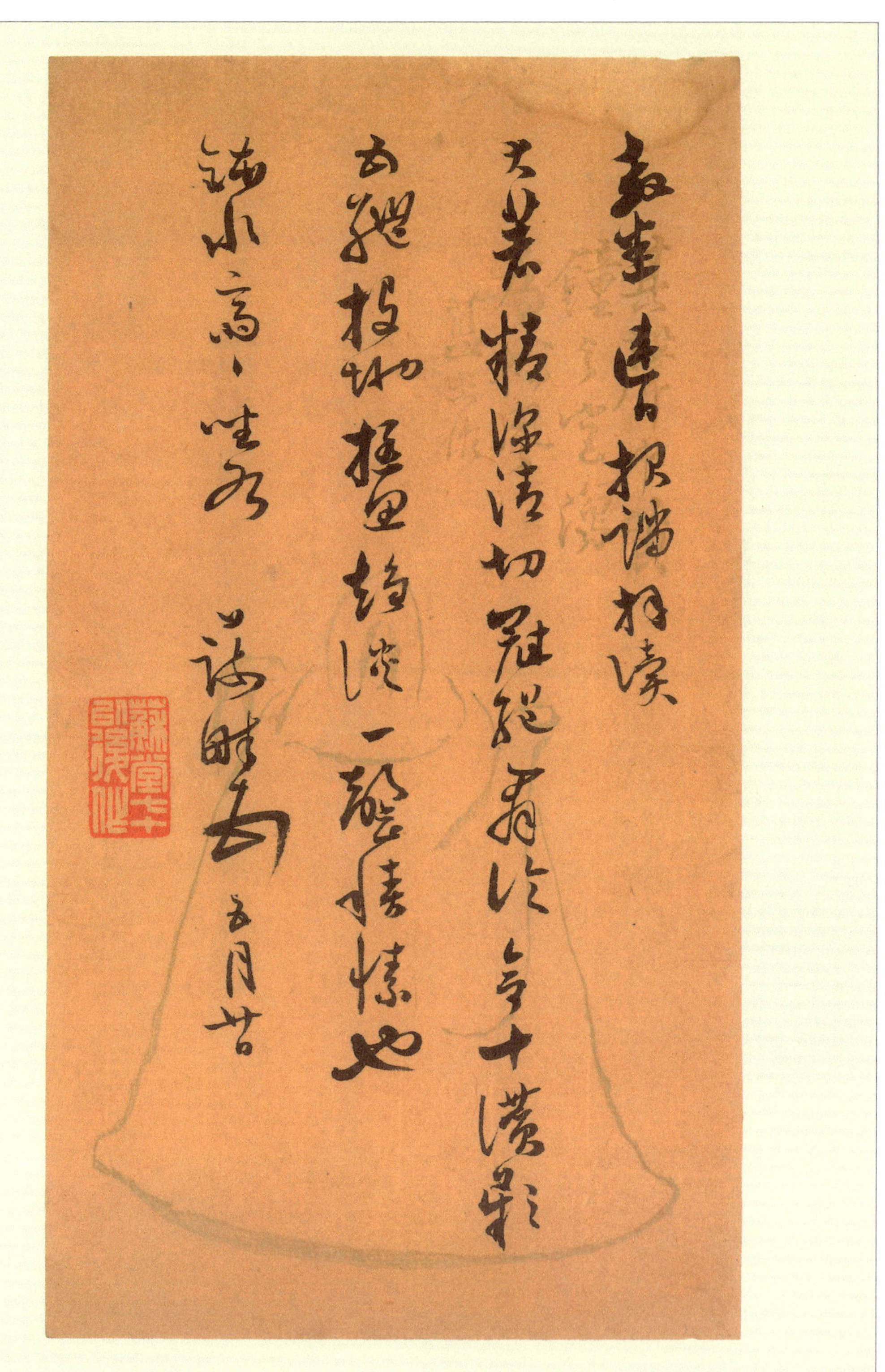

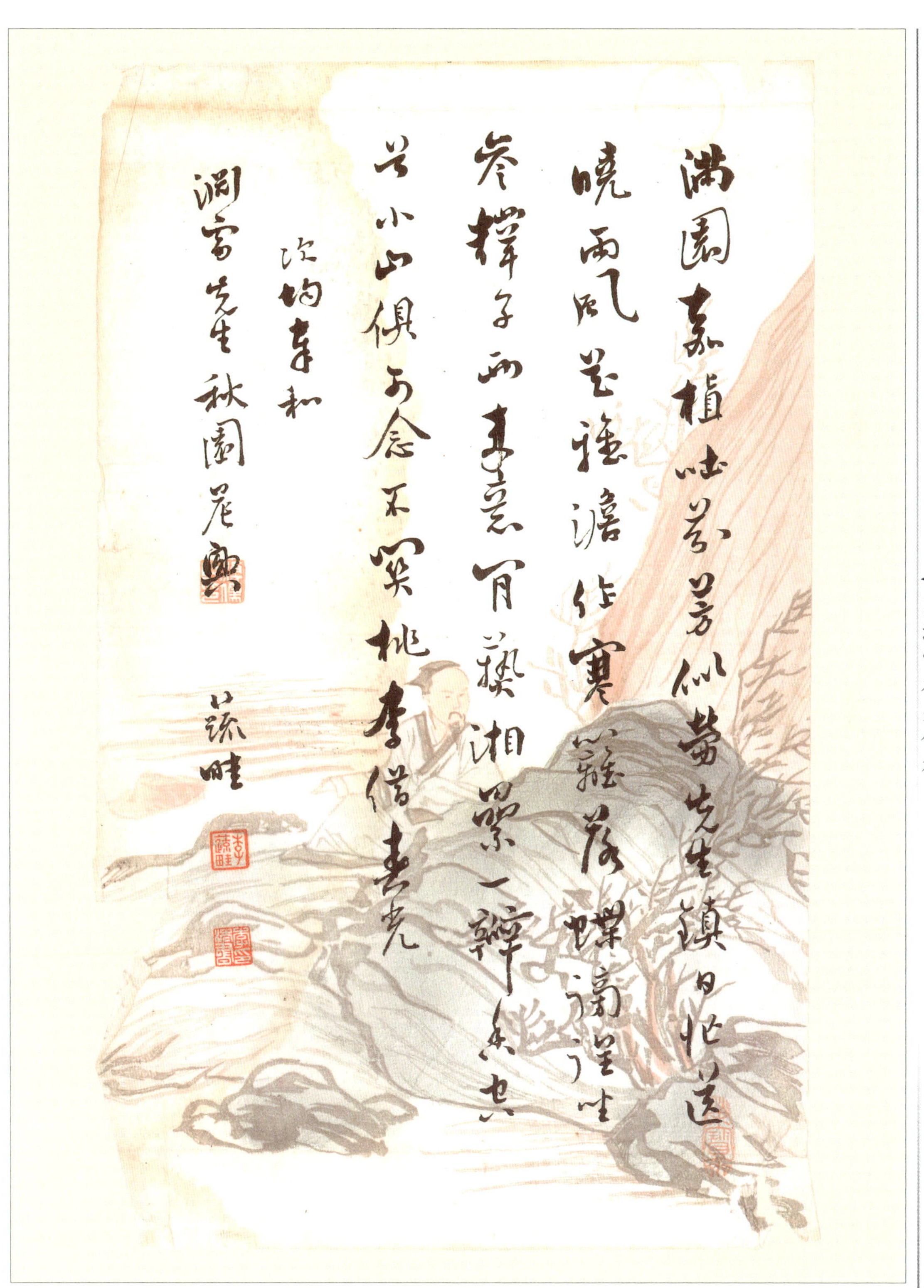
满园嘉植此芬芳似昔先生镇日忙迭
晓雨晚风芟种浇作寒篱落蝶蜂望时
夺撑手两来意寛熬湘累一辨香矣
共小山俱不念不买桃李借春光

次韵奉和
渊雷先生秋园花兴
释戡

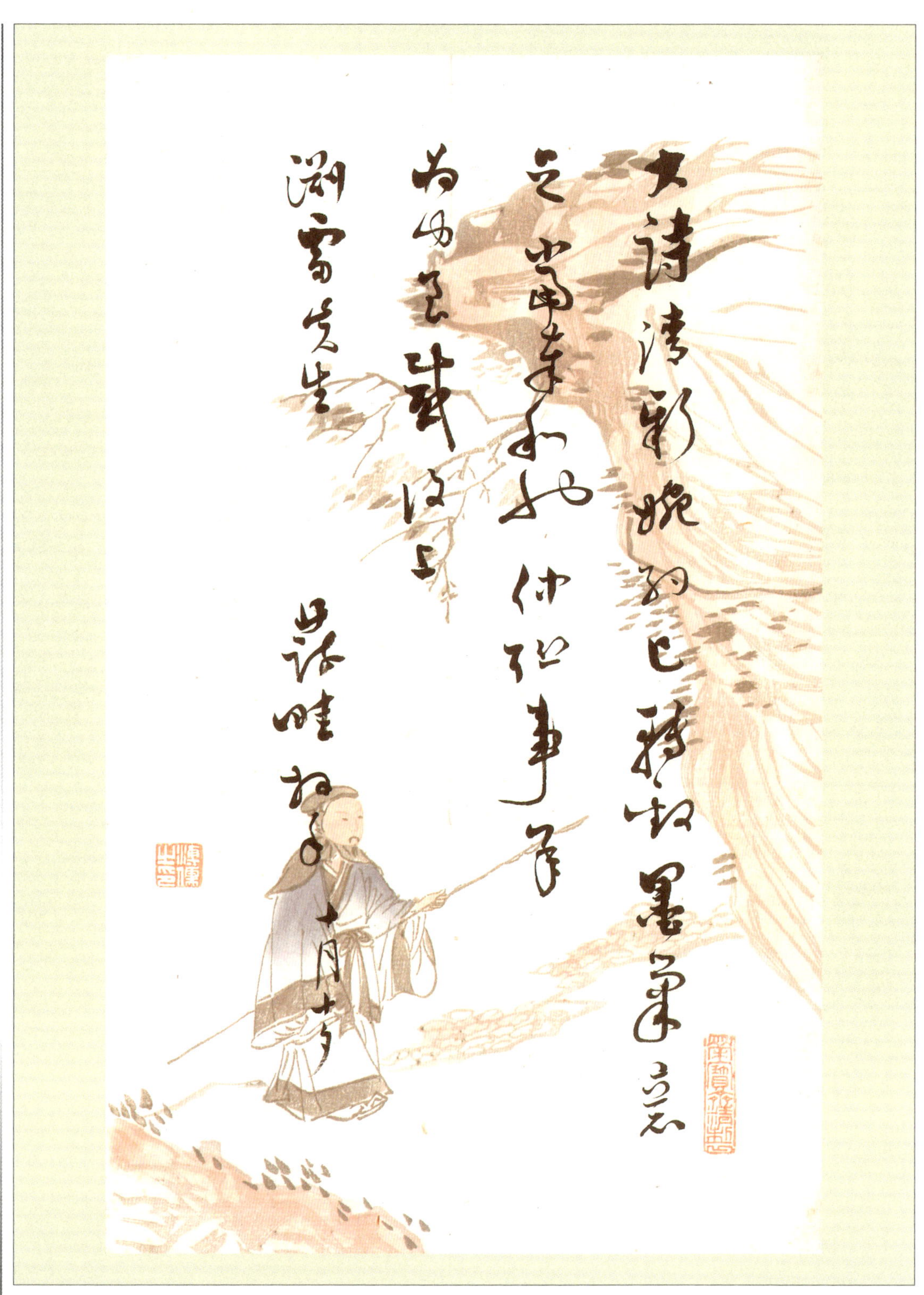

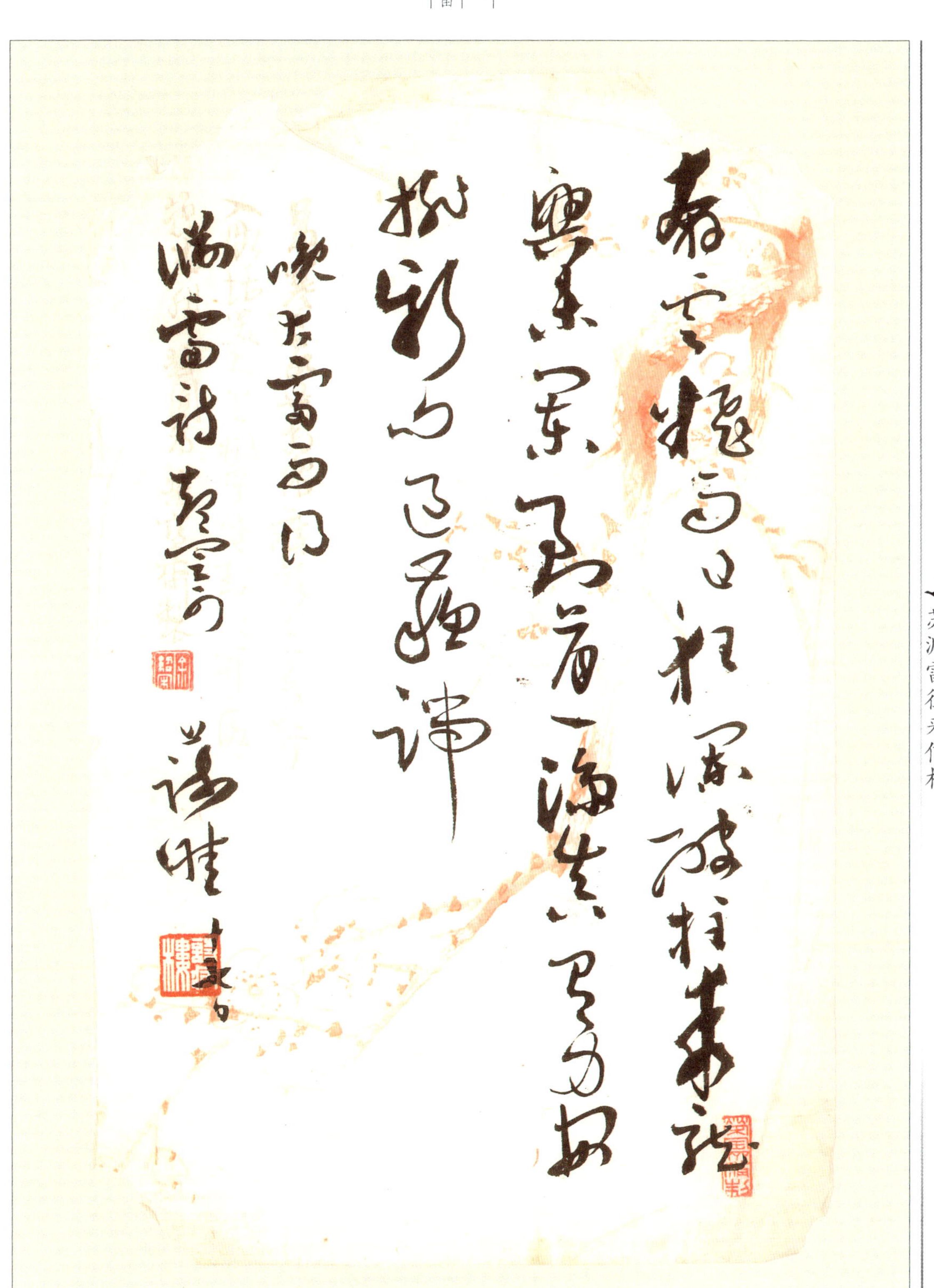

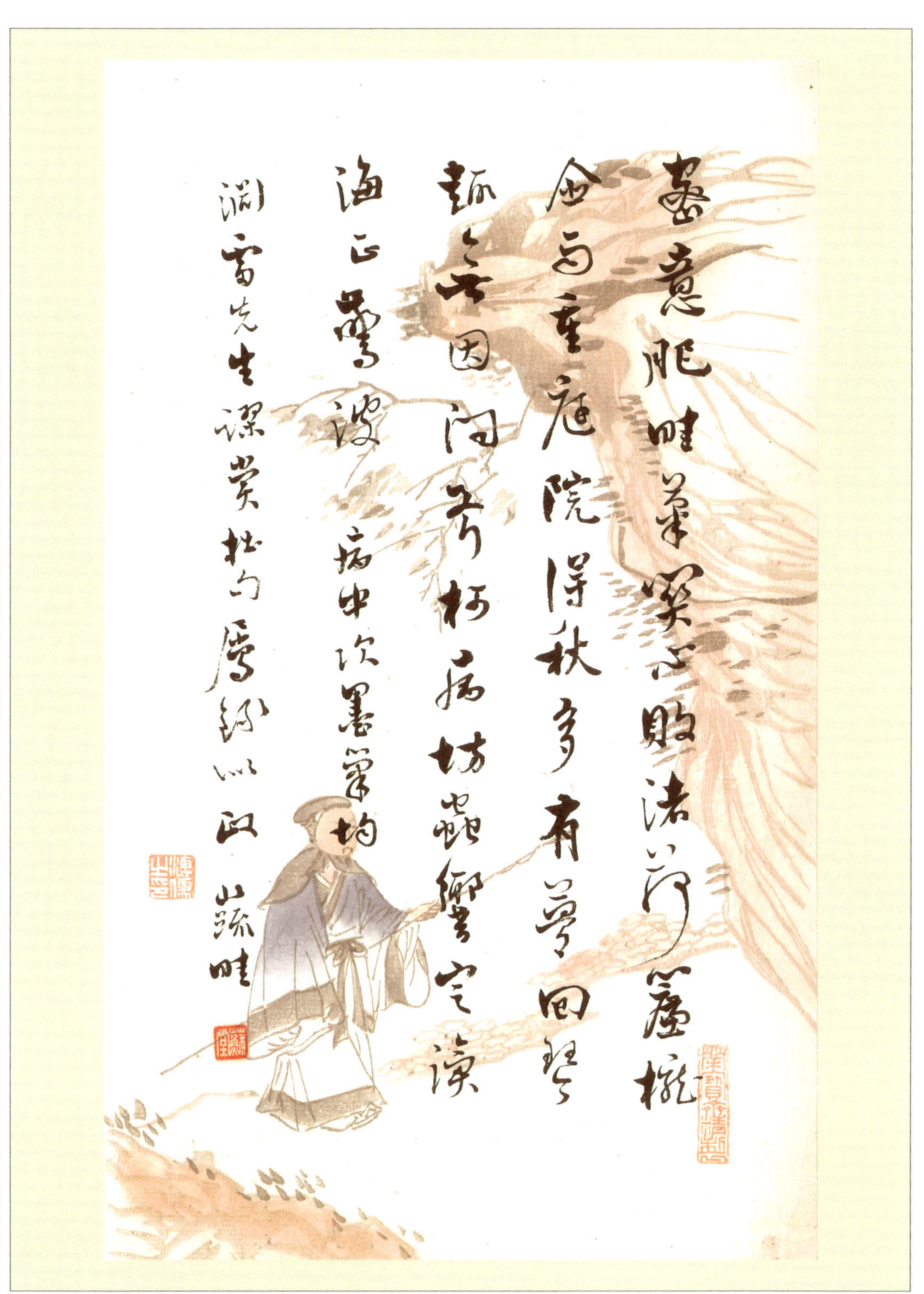

心叔賢戒用四破戒詩題情見乎詞極勝錄示諸人和之從此必傳江左

歌筵漫興和章稠疊疊韻奉酬
起衰文字來諸彥卧病江湖慰長翁音未易知心每會壯何曾
達老安窮壽長祿盡蕭閒補物換身微論議公梧竹不生鸞鳳
集餘霞樓際為誰紅

疏哇皇恐坿箋乞
重録和作見惠劃一篇幅俾便裝池　六月七日

初度戲作三疊韻
閏三餘借清和節加二真成七十翁病入膏肓還自壽詩如珠
玉賺無窮雲霄錦帶髙歌子牛馬櫝槽太史公端合風情收拾
盡夕陽羞映小桃紅

浣溪沙 上巳清明[illegible]丙辰[illegible]河修禊三十八年矣

上巳清明一百[illegible][illegible][illegible]为酒[illegible]佳[illegible][illegible]

渠亦可清芳郁 信[illegible]寄[illegible]

[illegible]影[illegible][illegible][illegible][illegible][illegible]夜中之[illegible][illegible]

渊雷词长如和 世[illegible] 时[illegible]

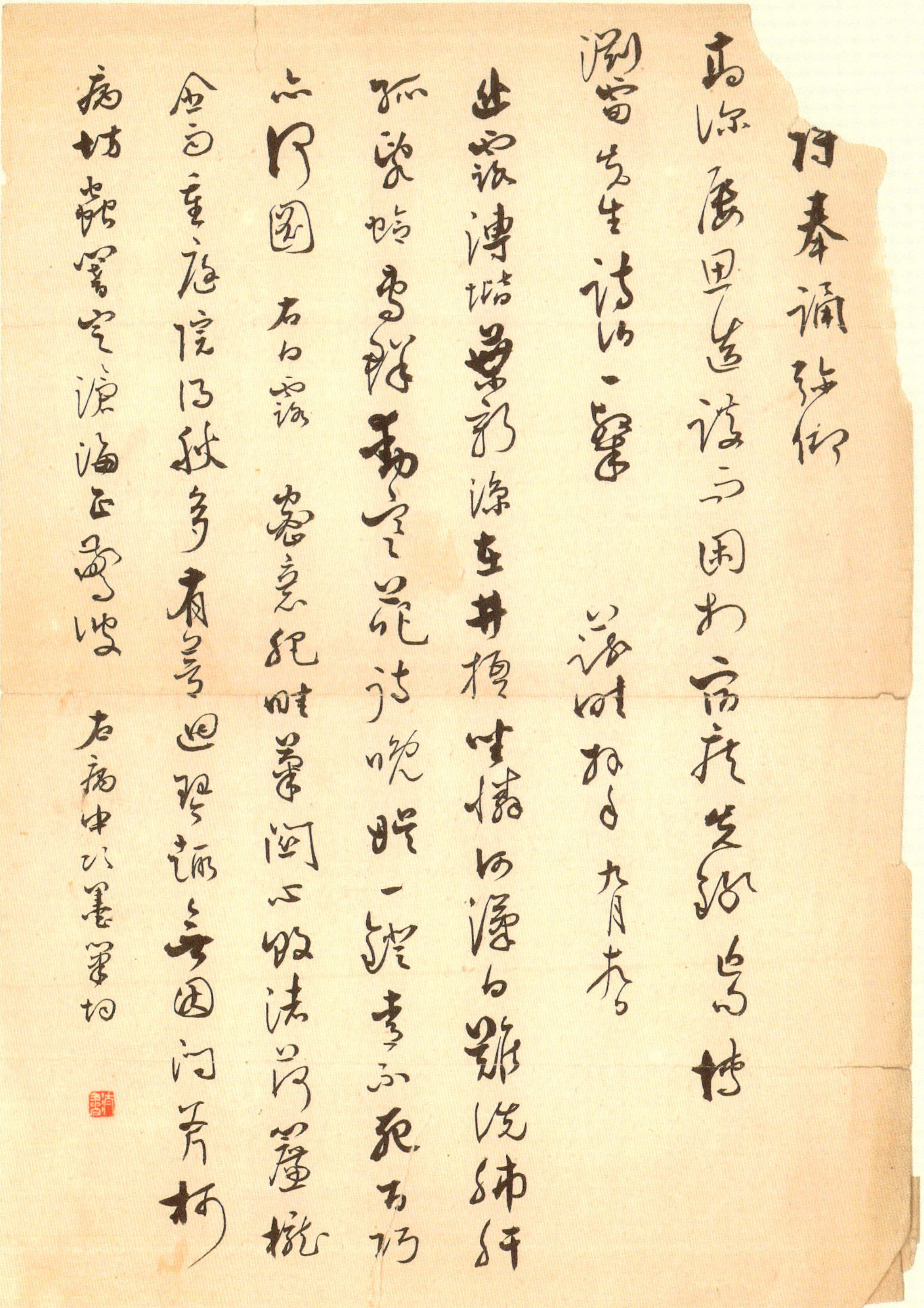

上海人民出版社

仲翔兄：

上次晤谈之后，我们即向上海市委宣传部打报告，拟暂时借用吾兄来我社协助工作，当蒙市委批准，现在剩下的，只是一些手续和生活方面的问题。

我想，您来到上海，对于落实党的政策，正确地解决您的问题是有利的，因为解决问题的过程必须在上海进行。目前作为借用，除申诉、复查等需要一定时间外，还有户口迁入以及住宿等问题，都非一时所能解决，因此拟请您来沪一谈，以便及早工作，藉符吾望。匆此致意，即候覆音！专颂

时祉！

李俊民 手上

1979.1.15.

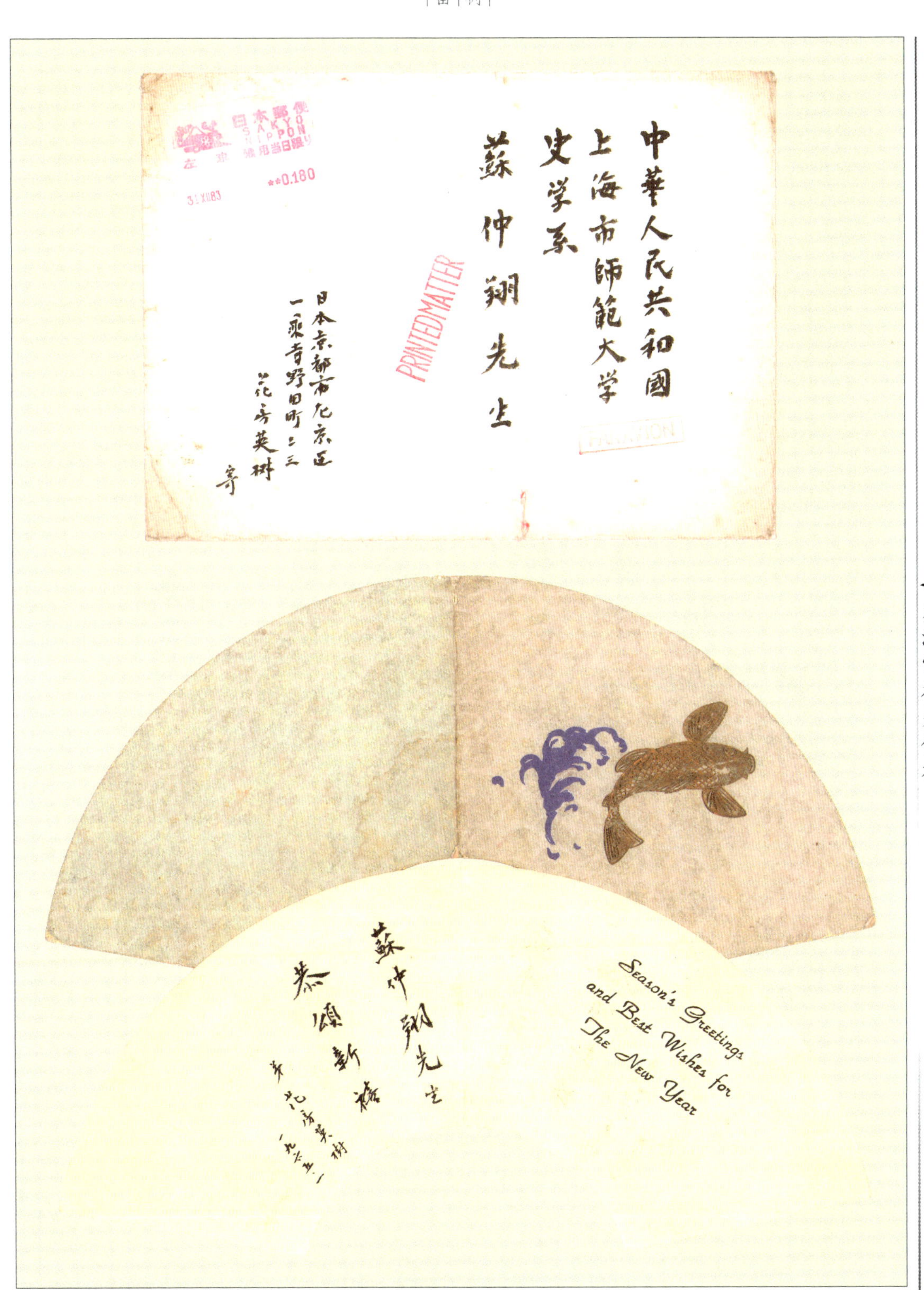

中華人民共和國
上海市師範大学
史学系
蘇仲翔先生

日本京都市左京区
一乘寺野田町二三
花房英树 寄

日本郵便
SAKYO
NIPPON
左京
後納当日限り
31.XII.83
¥0.180
PRINTEDMATTER

蘇仲翔先生
恭頌新禧
弟 花房英树
一九八四.一

Season's Greetings
and Best Wishes for
The New Year

仲文道鉴：两奉
手示并
尊著篇目，读悉一是。以外出界鲁
段携复虞罪慕之
德音。
文论著岳麓书社已同意出版，惟
其数篇目尚未完定，发要手迹等。
闽南岳诗社为出一诗选，每年出者
内分专家诗词一册，仲出省出版社印

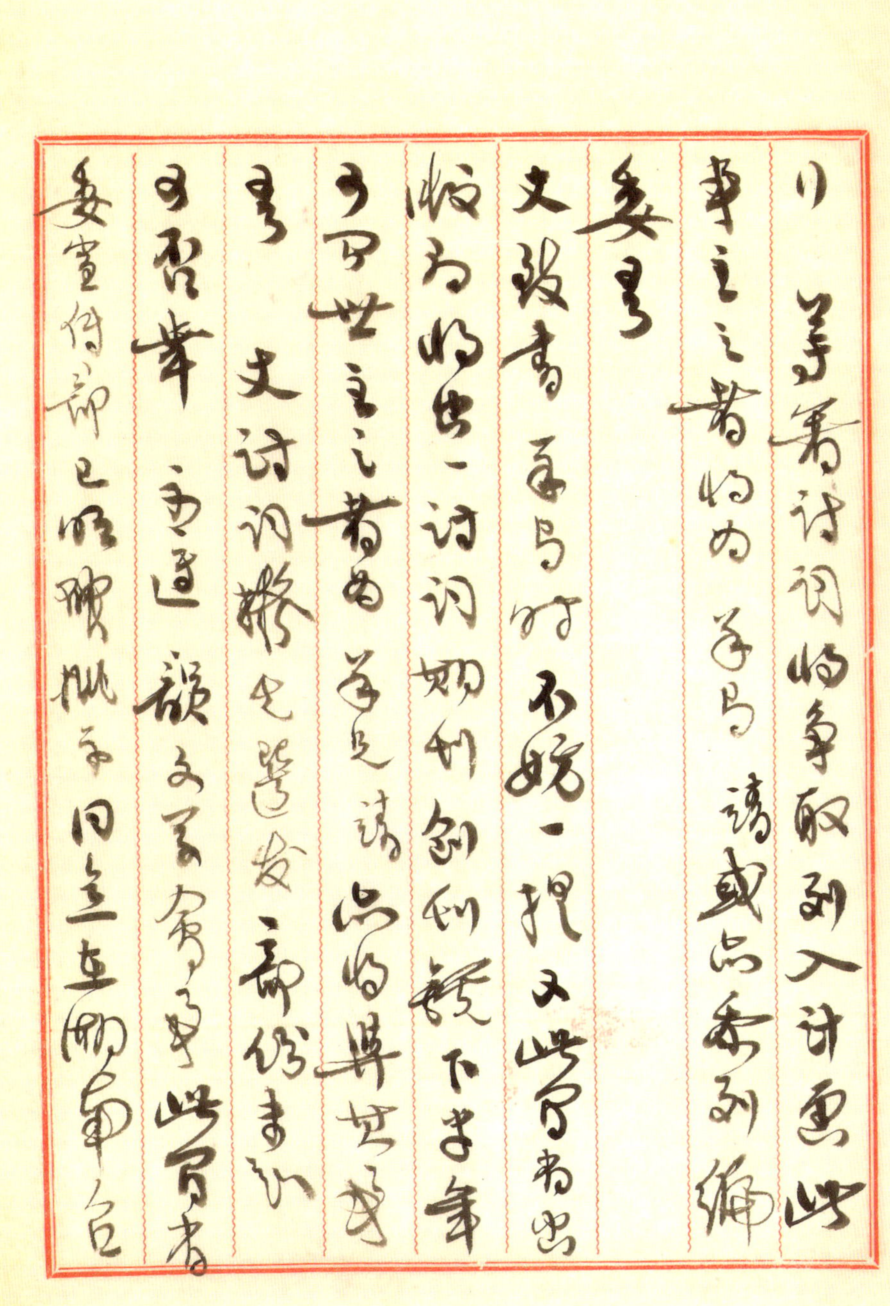

尊函並序付下文件發下 請即此上從
前有尊示收悉以前稿在本月下旬知
照設以寄 告春寒料峭諸祈
珍攝不盡縷縷 專頌康樂新快
道安 後學 蕃嚴不謹上 一九八四年 四月七日
仰如俯度

叢文詞集書後 尊囑
與許逸垣撰跋文并求 命為
尊著許處均不敢辭惟恐不能實擬乏
文字該於第一本寫如 又康

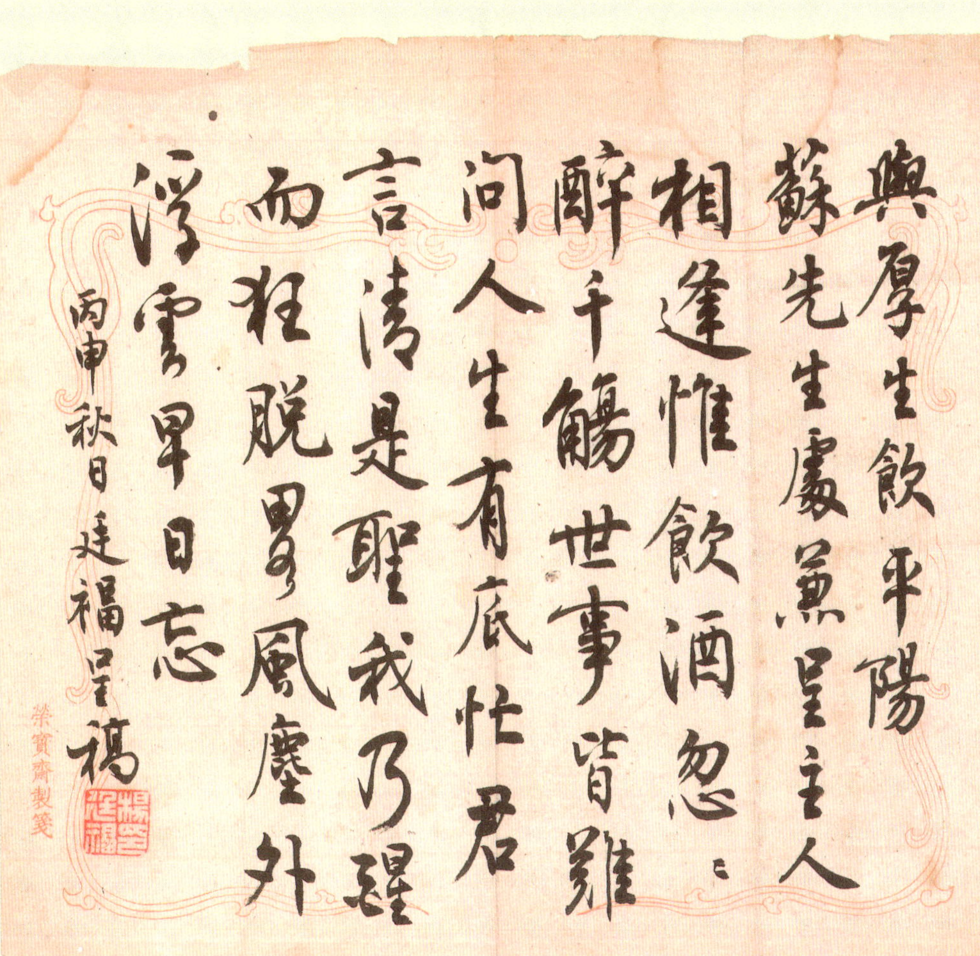

與厚生飲平陽
蘇先生處兼呈主人
相逢惟飲酒忽忽
醉千觴世事皆難
問人生有底忙君
言清是聖我乃瞿
而狂脫略風塵外
浮雲早日忘
丙申秋日廷福呈稿

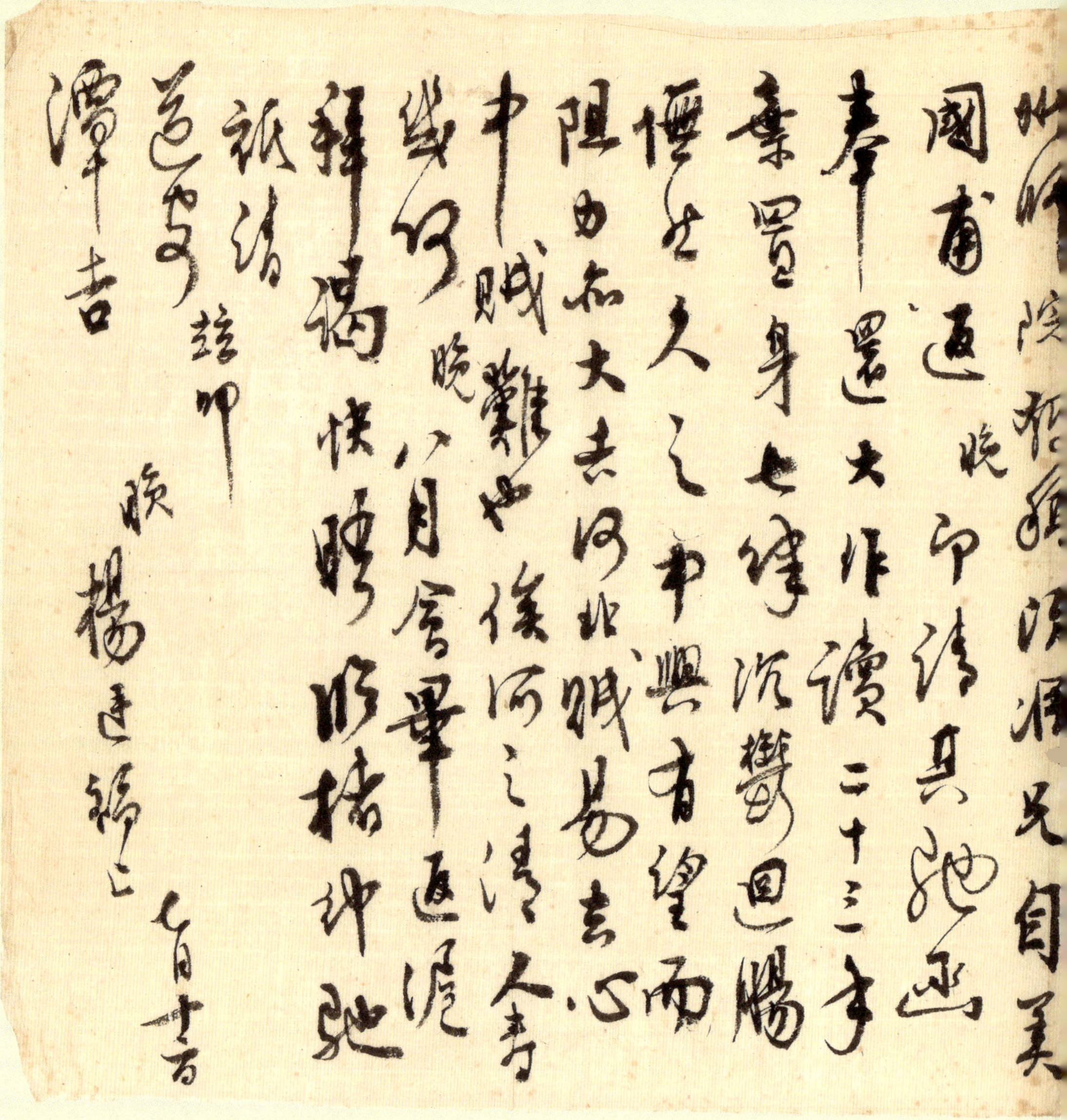

錞水先生有道　春節南
旋適逢
先生返里未獲暢敘寒暑
倏更每懷想
玄襟言不能喻津門聆英光
兄竊悉
先生都講師大均已答賓
若張人意欣接
手札如對面談　大作論討
詩詞前由馮其庸兄處錄

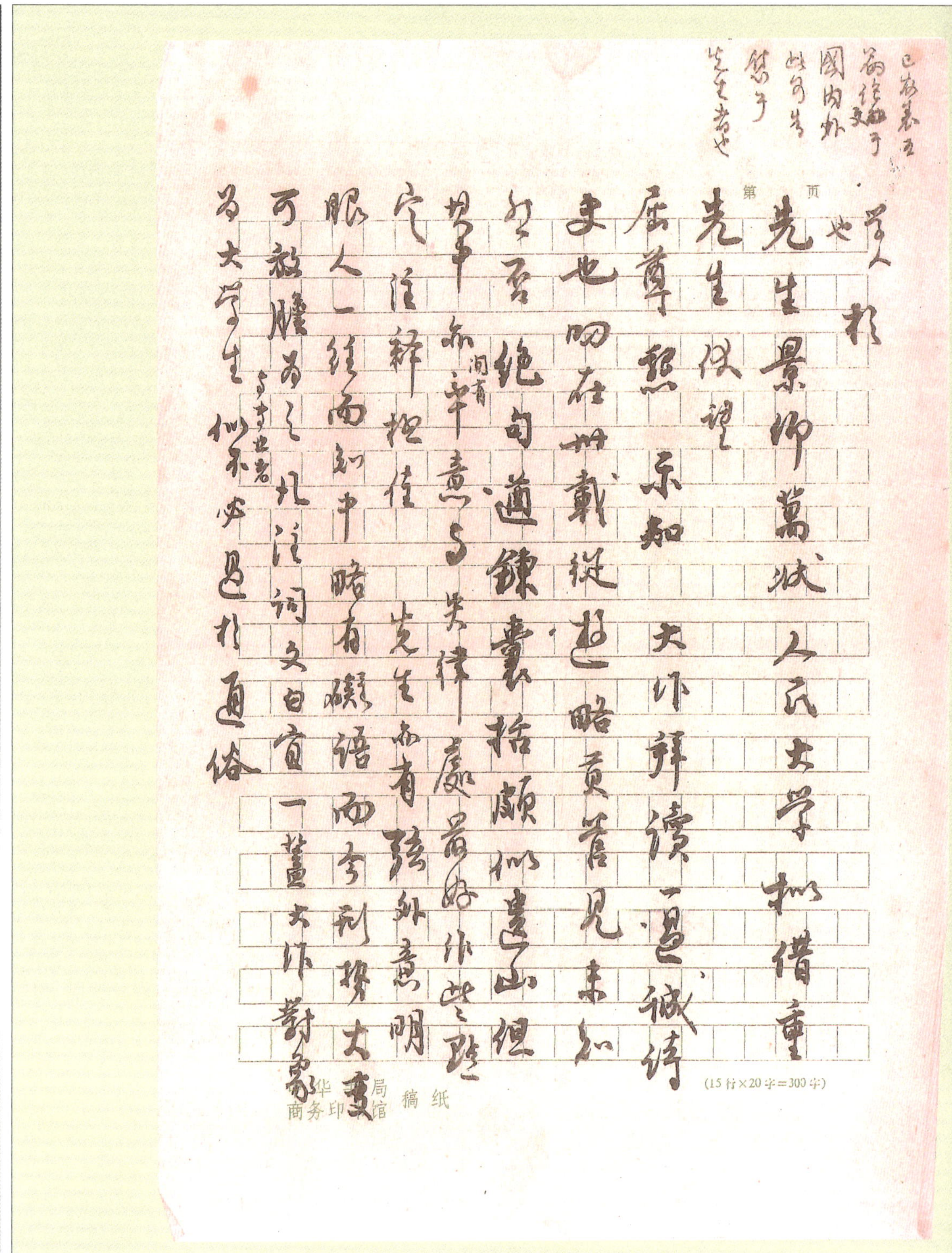

已收卷五
前作编于
國内外
此可告
慰于
先生者也

学人耶也

先生景仰萬狀。人民大學擬借重
先生，似譚
屋尊照亦知。大作拜讀一過，藏詩
史也，四在卌載，從甚略貢管見，未知
然否？絕句邇錄囊括頗似遺山，但
其中亦平（澗有）意，與失律處，尚好作些斟
定。注釋極佳，先生亦有弦外意，明
眼人一經而知。中略有錯語，而今刊樊大書
可讀體爲之（多有出者），凡注詞文白宜一，葉大作對象
爲大學生，似不必過於通俗

第　页

(15行×20字=300字)

中华书局
商务印书馆 稿纸

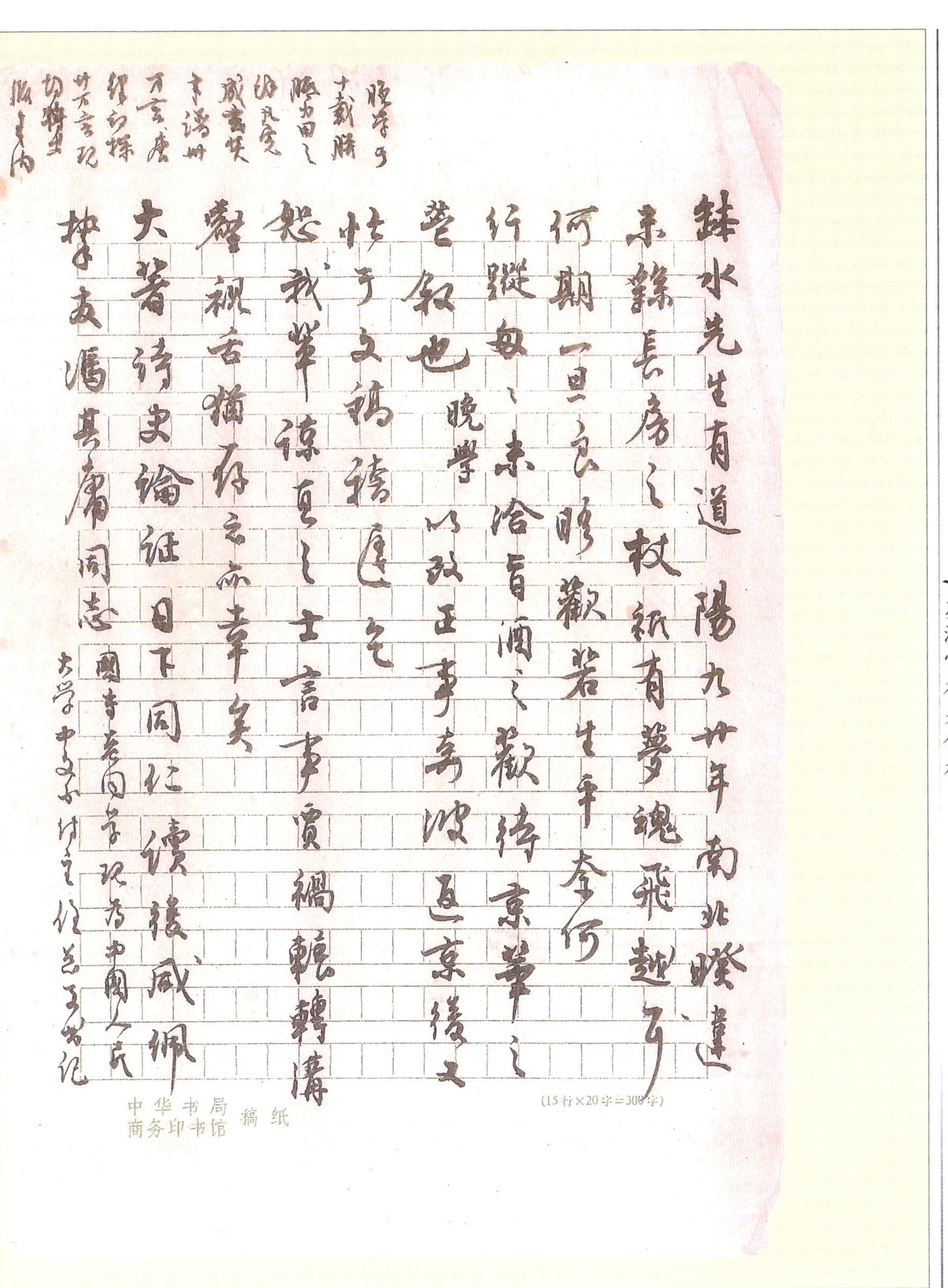

鉢水先生有道：陽九廿年，南北睽違，未緣長房之杖，紙有夢魂飛越耳。何期一旦良晤，歡若生平。今何行蹤每每，未洽旨酒之歡，待京華之登叙也。晚學以改正李嶠波及京後文忧乎文稿積屢矣。懇我輩諒之士，言事貫穡轆轉溝壑，祝吾猶存亦幸矣。大著詩史論証，日下同仁讀後咸佩。

摯友滙長庚同志

國寺老同學，現為中國人民大學中文系教授

中华书局 商务印书馆 稿纸

(15行×20字=300字)

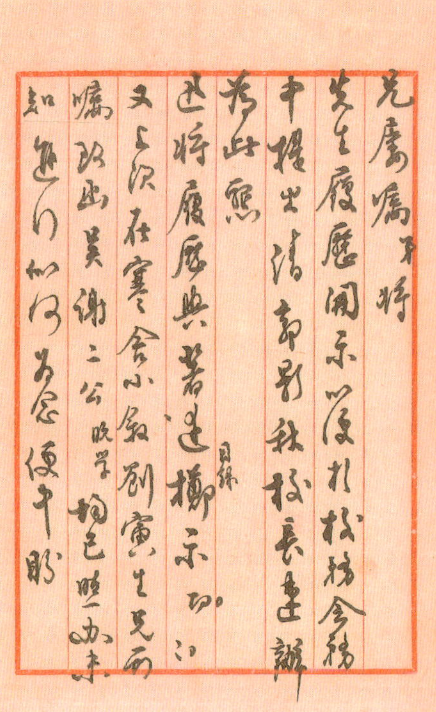

[illegible]虞[illegible]中將
先生履歷開示，以便[illegible]校[illegible]，今[illegible]
中擬出清本影[illegible]校長[illegible]謝
爲此懇
述將履歷與著述目録開示，[illegible]
又上次在寒舍小叙劉寅生兄[illegible]
[illegible]及吴、謝二公，晚學均已照此辦矣，
知并道何如何念，便中賜

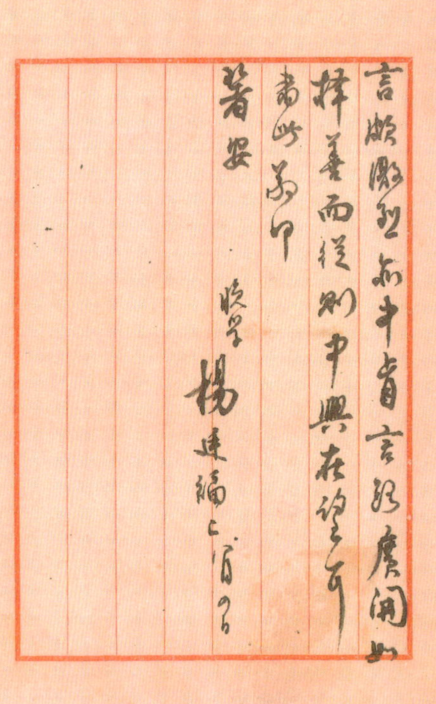

言[illegible]，[illegible]中肯，言路廣開，如
拜嘉而從，則中興在望矣。
專此奉[illegible]
著安
晚學 楊廷福 上 一月四日

平陽蘇先生 海上

良晤一暌，積愫怏然。前獲惠函之旬，依依在念。

先生出處已與人大中文系言及，至歡迎。都備諸稿，尊研究生也，閱於户口報入問題，雖自有下句好中樞有通令暫行凍結，惟仍有援與有待，當亦不在此限。時甫

示一一，此間文史為專門性學物，雜志恢復文化大革命前原狀，以考證性與實學之古典文學論述為主，凡粗述謾無根之空疏理論文章概所摒棄。

先生如有大著或故舊之論述，至為歡迎。請速寄 曉峰 可也。

順頌教祺 間報 張其 三月廿日 發

教近熄

又 招皖步北平黄君坦前輩韻

樓情林壑想當年鐵笛招來據鶴
禪不記陳事西陵和風雨清吟畫樓
吹笛桂棹蘭橈閱幾度江花開落
恰紅桑劫後水淺蓬萊難覓芳躅

重來襟懷都索念石龍化去神
仙杳邈更誰信杜牧三生只此日空
盟還指秋蘇莫問窮通且搘柱
夢游五嶽恐青藤方壺再到恐
孫後約 下留字當下恐字誤

仲翔先生鈞鑒 前信投仰光一村西樓三一六多係舊
址失誤玄補寄近詞二首請政鑒老對清詞編
纂甚密他們有意要將你的選集詞話兩本要
陸續每度守的集不可能延他們要據經訂再仰
院先后太小出寄言事者上学期以度過
一些所有你是日前高而到去仰院研究
室見女婿寧上家房子無言聊編地仿極精於
前代度平到所之前清 弟廣洋謹書
白

解連環

題九丈集松蜕倡和詞。松江石湖蕩
有元明楊維楨手植松昔年鄭遜梅
文學往瞻賞爲文紀其事年來以間
壁營建鑿池以貯糞灰灰水瀋浸松
竟枯死鄭文重訪其地拾枯枝以歸並
取其節以雕一龜形貼石窗周退密
翁而卿前輩陳九思丈命之曰松蜕退
翁爲賦此解一時詞人和者十數家九丈
乃集以爲松蜕倡和詞並刊刻之以遺
同好序文上溯昇及莊生言蛇蚹蟬
蜕並道家解脫之言變松蜕之名雅
切異不揣輒陋步其韻以題斯集並
以質正于同作諸先生

世間靈物鷩滄桑幾換兀然霜魄
誰貌取鑄鬣之而峙雲外蒼虬峰
巒猶遲徙倚梁園幾回諸酒船騷
客甚天涯蓬梗穴地燒鉛竟來人
厄　遺文似家都逸只山陽人還怕
聽鄰笛憑收拾斷綵雲枝儘雕
鏤頁珉古色愁賦江南盡萋萃

鶴渾不記陳事西陵和風雨清吟
画樓吹角桂棹蘭橈閒幾度江花
閬苑唫紅桑劫後水淺蓬萊难覓
芳踪　重來襟懷都索念石龍
化去神仙香邈更誰信杜牧三生
只此日空睏還指秋花莫問家

通且攜桂夢游五嶽恐青藤方壺
手到總拓後約

㴱海子仲翔夫子鈞鑒　欣生先生邀于廿
日下午同業叙　聆晤大惠文　知已到寒舍
之宮審與翔先生暖壽詠
尊駕之區迫羽而闋附和請　先生白雪
之後　祈
大雅之正

侍誨
吴廣洋　廿九日

解連環

題九丈松蛻侶和詞。松江石湖蕩有元時
楊維楨手植松昔年鄭逸梅丈曾往瞻
賞為文紀之年來以開闢營建鑿池以
野灰壤灰水潘浸松竟枯死鄭丈重訪其
地拾枯枝以歸並取其節雕一爵形以遺
石窗周退密翁而鄉前輩陳九思丈命
之曰松蛻退翁為賦此解一時詞家和者
十數家九丈乃集以為松蛻侶和詞以公遺
同好深不文然嘗見及莊生言蛇蚹蜩蛻蓋
道家解說之名愛松蛻之名雅故爰不揣孤
陋步其韻以題斯集並以質正于同作諸
先生

世間靈物驚滄桑幾棵九幽霜魄
誰貌取鱗鬣之雨崎雲外蒼虬峰
壺猶遲徙倚梁園歲回認酒船騷
客夢天涯逢楔宂地燒鉛竟來人
厄遺文如家都逸又山陽人遠
怕聽鄰笛憑收拾斷辭零枝儘
醉墨雕鏤自張古色愁賦江南
盡萑葦春風詞筆但蕭聊鐵
崖莫數遠媳

人
□燒步北平黃君渥前輩韻

编写教材专用稿纸

钵翁师尊：

学院二月廿五日开始新学期，昨到院，奉展手示，惊悉
老伯母竟归仙逝，我亦鲜民，而况知交瞻望
慈晖，同此哀恫。然乎处近来一切，谓之盖无一念及其善换
卑陋，日与民庸伴，中心若有所失，神为绝倒。近得见王冶
秋为山大考古系学生所作报告，一、马王堆一号墓以科技跟不
上，所得远不偿所失，所得此长沙老太太，已开始腐化。分向世界宣布，致死亡。
作十多被动三，六晚不积极创造条件，准备今秋开掘马王堆
二号墓。三、乾陵本可望发掘，郭老给兰理报告，谓今年
八十年代郭老生前所见到天，而所传兰理不同意，谓不发掘则不损失，留给后代。
四、山东临沂华县院中一汉墓已发掘完毕，蕴藏之富
全国无敌，以前一拍卖动世界，今会陷于被动也。文物方面共
最著者有孙子兵法（以与孙武子十三篇不同），又有其余战经，晏子春
秋、六韬、以画帛一先先菲之历日，全年三六〇日，二千年而今依在，所著述
自来以为伪作，推翻多种的以为伪作，得乎竟不为其搞慎矣。二适
先生已为遇多郑，旧所藏共青作手迹，大革命中均已遗失
落根。专此致唁，敬候
孝履

弟忠匡上 六月二十七日

哈尔滨师范学院（20×20=400）（ 页）

誊写教材专用稿纸

钵翁有道：奉读手书，知此间数从斯文绝续，公自不能无想然。然为公计，事无有大难者。公夫人毕绝之学，非斗世之所可用，学日之师弟子之乎，有非公之所能堪，而况契年乎。忍心拂性，千里从命，自我苦吃耳。然若言公则更得承教，左右岂非幸愿。时行独止，知公自有其处之之道，惟公长寿事所爱垂教为学言，谅不我弃——中书君如何南明港五七干校，已西易宿墨，尊况已转告渠闻。公自发引年之说，谓不胜斋心同所愿。金台独未申之义，于公前实新句云：自看熟了此境，无离易造。章文臣已读一过，适要随手无注，俯仰今昔，尤可深观。而中书则谓“艺文甚体卑，俗未入流品”，因忆之八年前于行花园，先师诗书一横披，师残云：沪寓余壁，命中书代录诗谢猪记一联云：名家坚白论，能事硬黄书，谓不以能诩许之。闻集东寓，与一年定载隔，一巷可来往。候文旌直博，远行有如年者。谨颂道绥。

弟中匡手奏 七六·三·二六。

哈尔滨师范学院（20×20=400）　　（　页）

第　頁

相知二十载相契在肝肺搞去不违刚未觉
往可悔而今意气平世故或相贷羡君专
一壑归去计已遂君行我独留孤吟谁复
酬偶然发缄牍何异同晤对壮心知未老致
此仍慷慨山海隔迢递精神诚了无碍一可
急著书及此岁时迈长生欺人语进酒不
须戒

18×14=252

第　页

钵翁道鉴：手示敬悉。高叟下世，为之叹息。尔推此叟心胸磊落，绝无闻然媚世之态，其诗文书法又皆叟之独造，能入圣域，而今而后岂复能有斯人哉！不知其生前已有结集否？其子姓又何如人也？默存近有书来，以迁入国务院新宿相告，通讯处为北京三里河南沙沟六栋二门六号，地邻钓鱼台，比屋皆冠盖之伦，厕身其间，殊有适以何来、遽止于此之慨。及臣以寿公诗相寄，复书以语言之有物、章安白适，较之并世大师郭打油、赵钉铰辈已为雅音，然琢句未坚，致运气欠动宕。又东一首，全道其诗笔，及其函而曰落笔龙蛇走，是以评书语评书也，未为不可，然而章法无交代，便成凑韵矣。云子所论极是，仍恳公为豆石也。渠所寄近诗病题，即

写附公挽悉理许件，尔为录寄矣。入夏凉爽，秋光自必大好，公北行否？下期日郭无任盼切。匆布，即颂撰祺，夫人均此致候。

弟臣拜启
六月八日

18×14=252

钵翁尊右：奉展 手书 大著诗稿并诸先生和
章知 公诗力大壮 其为闲适羡慕之至
此间情状一仍故步 无可奉陈 惟阅历史余
暇盼 公来诏 曹君已有书促驾矣 然存
前有信来告其弟之丧 又谓举家感冒发
高烧近一周、渠以牵动喘疾 息息在挣扎中
云 拙作附寄 便请 斧正发还 使能出手
也 把晤匪遥 不尽即颂
俪祉 弟吴忠匡上 科学大会开幕日
中共关于职工退职子女接班新文件已到 叔援
引最接不许休致 并各有接班规定 其年令
限制在二十八岁以内 如此则 令嫒来哈了
已无大速破矣

哈尔滨师范学院中文系（20×17=340）

哈尔滨师范大学中文系

钵翁道鉴：

不相闻者久矣，伏想 瞿铄凡百圣善也。前者王文郁

述闻先生自文论培训班归，述公近况，一阅月前匡有四

川眉山全国苏轼学术研讨会之行，将为其书校

务告 公曾躬经过，并慰 驰念。匡于九月初奉李

介则先生情殷邀请，不敢或辞。出车钱五十年，此似其时

会矣。遂为其驰行，沉连先荣。访侯嘉故，花费一月

又七日。往返三万余里。中间经西安，留四日，参观古

都诸名胜、文物之盛，美哉泱泱乎，嗟嗟乎，举世无俦也。

眉山会议开，会后游乐山乌尤、大佛两寺，因登峨

眉极天下之壮观。返抵成都，犹重侯祠，访杜陵少

老游望江亭，犹遍重庆。坐江轮以至武汉，三峡之胜

一览无余。以将四十年前蓝田诗友生食武昌鱼。

乘三叉机返北京，访 然可夫妇。然可喜其来，饮馔相

款。再乘法国客白蒲菊酒一瓶相赠。坐波音机夜航

返哈。旅游之趣，冠我平生矣。然可原有赴士会议，哈

佛讲学之役，坚辞谢却，云当日本赴日东。先代表团之长由梅盦

四小论文，公认可称独出之谓，将至彼邦宣讲也。此壮想

既已为蓬莱道上人矣。在眉山将闻振甫圆端

缪之后威，钱先生将读云欢。振甫与 先师门下士一见

哈尔滨师范大学中文系

如旧识。彦威先生刻写纫斋平生所为诗词一卷，怀
念同王蒲沈尽馆敦传诗老先生写诗留题，挽及不才
为集其诗为二绝句塞命，倩黄君书写，由老纨朱山水巨笔合至
刊板影呈　一粲。　公业报所刊文字，复先睹拔儿童
画一诗，并获诵览，写意一首，笑乐常故诗，特附绝精
当是。　公精神充力，不减在龙沙时，不任羡
仰。　夫人想已莅瓯寓，今后闻已回返临
下，尤为欣贺。专此，敬承
安祺　吴忠匡上　十月二十六日
希凤弄小儿女辈同叩

百年未满先偿债，老去归田只此身。淳德张
款经庭事，更邀明月成三人。
青山有约长当户，秋水为文不受尘。闲道张
鲈脍行浸，西轩月色夜来新。

哈尔滨师范大学

钵翁尊右：

前获　贤乔梓书画日本东京展出简柬，迄未报复。顷又奉　赐书并　大著八十寿律，适日昨得默存先生一信，称及「昨得苏钵水挂号寄八十自寿之律，殊佩其诗兴不衰也」云。岁月侵寻，不谓　公言登耄耋矣。吴先巋然，邦国之瑞。此次又照临矮邦，丹华炜烨，振我以声，哀骂皇之，来還纳抚，心之浩浩，如此江水，仰之　钧照。昔人有诗云「归去来兮真富贵，美哉寿也活神仙」，直为吾　公颂祷矣。

尊律兴趣音节气韵，无首不佳，匯僅排集凡岸而已，自是横绝一世者。中书、兹鲁读之，不知将作何说也（闻兹鲁先生已就沪居，想获良晤，屡醉不一醉矣）。

匡七月有昆明之行，留十四日，其地为胜区，风物气候宜人之至（默存知之，来书揶揄曰：弟今作健，翩然一隻云间鹤，飞去飞来会议场乎也」），以视此间之冰雪弥天地者，不觉为起厌心（兹鲁先生前妙句所谓「二字冻江湄」者是也，公已远引而匡仍与为伍，岂庄生所谓「天刑之」者耶」）。明春或将应约有讲学，作西北之行，丈夫为志，老当益壮耳。

默存先生自八月间撄疾，迄今未全痊愈，谓废书不观者逾四阅月。以谓「老人大病，所谓恢复者，乃浮夸之词，如敌国之侵略，纵抗战得力，未至灭亡，而失地

7155823

哈尔滨师范大学

必难全复。至于元气耗损，更非十年生聚，不能为功。然而来日无多，安保长期乎！衰老即是一病，病可治，而老难医，病或日减，而老必日增，乘除消长，吾弟将来当能体验及此。」理修是，而气则不无衰飒矣。

本年度匡文字大忙，已见诸报刊者，计有一、《先秦学术思想的历史性总结（读司马谈《论六家要旨》）》，刊北京出版社《司马迁与史记》专辑；二、《读〈苏〉别录》，刊广东出版社《论苏轼岭南诗及其他》专辑；三、《毕生勤奋读书、著述的钱基博教授》，刊《文献》季刊五期；四、《批判继承，实事求是》（评《论语新注评述》），刊黑龙江日报十一月一日。又整理先师钱君遗著，有《何大复文学评论》，刊河南《古籍整理》第一期；《苏洵文讲录》，刊四川师大学报纪念东坡诞辰九百五十年特辑《三苏散论》。倘蒙览及，并祈是正。

又倘暇，张孟闻先生，乞告知匡近读《竺可桢日记》二巨册一过，自一九三六至四二年，四三至四九年解放，记载孟闻先生事特伙。倘编写自传或订年谱，可资取材也。又宁寓同志近状如何？其疾究系何症？尚祈赐复，盼盼切切。

久别，不胜慕念，临书不觉缕缕，不能尽也。敬颂

颐安　夫人万福。

弟吴忠匡上　八七·十二·九·

魏帝风同候

7155823

近于一小说中，见汪兆铭《海居诗句》：「新开玉镜日，后鹤尽三时」「最是江南烟雨里，小娃装彩荡春潮」。海上能见其全诗耶？又及

吴忠匡稿纸

钵翁师丈：

损惠近著，珍感珍感。耄学之勤，弥以慕仰。言念尊宿，嘆其羌疏，记道无期，根歷俱跄，检寻玄言，辄用茫然，为之愧赧耳。

冒公子竟尔谢世，为鹤唳热肠，哀怛靡已。风雅弹指，思之感喟。公与冒君，行年差合，身世共之。大著律文，缠绵悽怆，不能卒读，然而冒君可不死矣。然予无一字相闻，惟知其宿疾渐痊而已。

匡去岁七月，已奉旨休致，惟仍在为研究生授先秦两汉书，所谓了返聘者是矣。闲居无俚，只得应之。而兵衰颓，已不复能从事矣。

近辑日人诗信集一编（经怪前贤乃尔，说等其人），即将由此间有社出版，届时奉呈，伏候教误。

黑龙江古籍研究丛书　　20×14=280/560

吴忠匡稿纸　页

近又草了记钱锺书（八千字左右）一小文，记湘中往事，增其讹忏，自谓婉嫕可观览。此公初亦愠怒，责以不弹烦，多暇日，其后既不再坚持，亦遂付之广州花城出版社，谓将于七月间刊布，供随笔之第四期。倘有浏睨，供 公一笑粲也。

专想 道履，精纯驰越。此承

著馔曼福。 夫人万福。

友弟吴忠匡上 八八.五.二五

黑龙江古籍研究丛书　20×14=280/560

吴忠匡稿纸　页

钵翁尊右：

前奉　大著《印象》一书，敬布谢忱。旧所编《钵水斋诗文集》多已出版，并华中师大学报《先师百岁纪念专辑》挂号呈　政。闻公子谢世，悼家一逊，默存先生「喜闻子疾瘳，怜伤祛吾忧，天夺丧斯文，椿寿定千秋。斯人嗟委逝，昔闻子逝南州，予其别妇肆傍谊敦好述，一世郁霸才，荷全集商汇，于全中书定泼笔料铭幽」。默存则来书谓「叔子灵耗来时，兄正手术后住院，由内人函告之后，其夫人属兄为诗稿题签，病后腕弱，勉为书写，其弟请兄作序，则敬谢不敏。五十年(？)前为作序，未孚稿，渠处想亦经叔遗失。见钱仲联所序，装模作样，全不贴切。叔子三十以后所作，诗兴过于诗才，诗则摇笔即来，人则未必不拒燕晴，二老常深不与之，兄亦尝讥切，而渠不能改也」云云。谨以奉闻。敬颂道缓，即颂万福。

忠匡上　六·二一

钵翁有道硕鉴：

前承 损赠 尊集两巨册，感承莫名。以公有济济之行，遂未报谢。今想已翩然归来，于海外载得几许橄榄陆李耶，可为款款谈。

尊集中诸唱词，雄深雅健，为大集之最。于尚论诗律细，直把杜陵翻，于公两得之。惟念姜湛园有言：“吾辈名字要与今互见集中。”遍检无钱子之名，则不无阙望乎。一笑。

自港有某出版公司，将刊行中书之作品大集，语已发刊第一册矣。读匡于广州花城出版社之《读书》之两月刊八八年第四期之《记钱钟书》之一文，语欲殿其集后，已承中书同意矣。此亦马迁所谓附骥尾者矣。

更须在此间研究生授课，白学期至，迎不可回，尤有忙。

违离久，殊切驰念。敬叩

道安 夫人均安

吴忠匡上

八九、七、二五。

黑龙江古籍研究丛书　　20×14＝280/560

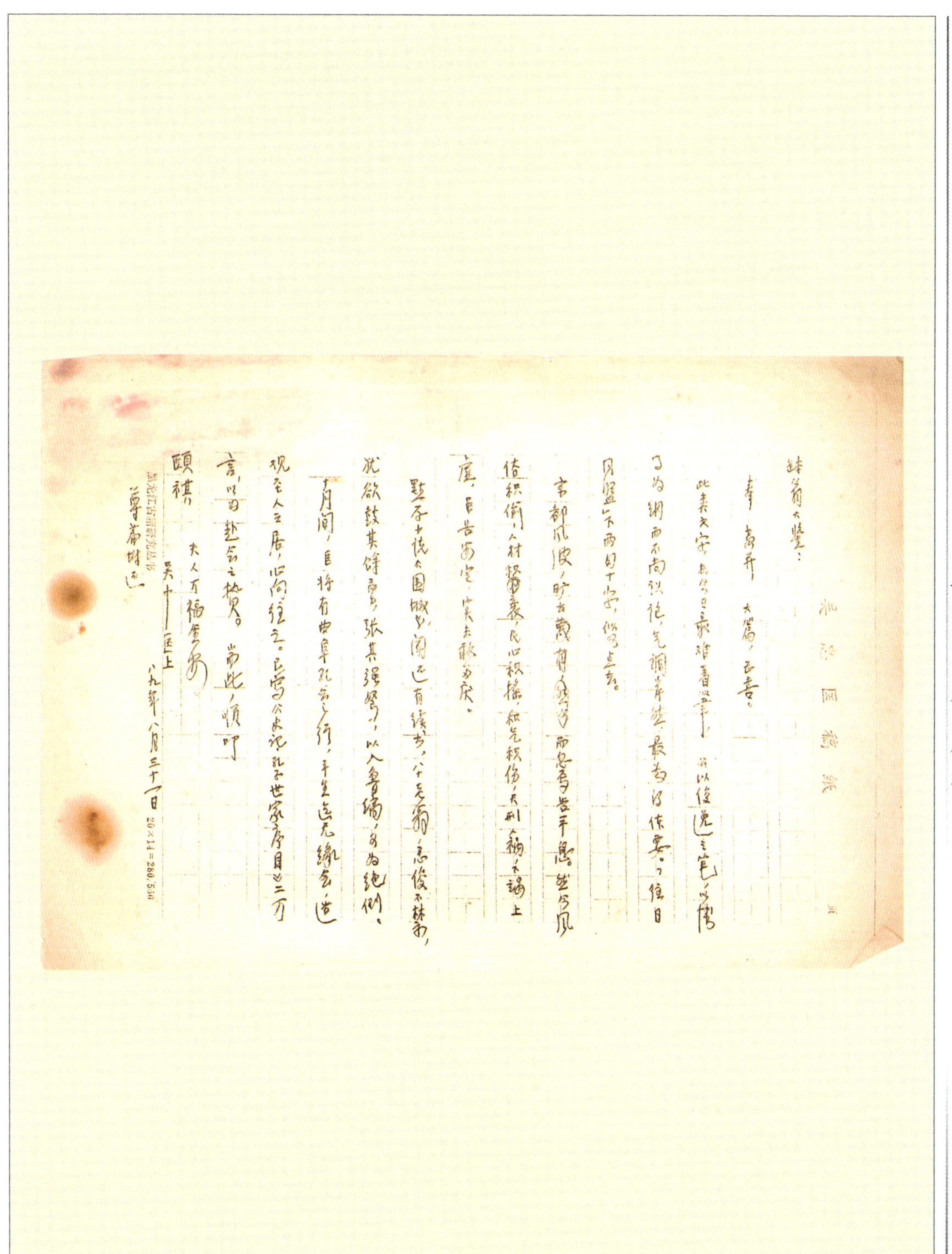

吴忠匡稿纸

钵翁大鉴：

奉手并　大篇，至喜。此类文字，在今日最难著笔，所以俊逸之笔，以博丽为纲而不尚[illegible]，气调并茂，最为得体。往日只[illegible]下两句十字，似可去去。

[illegible]都风波，时去戴有[illegible]而忽焉告平息。然今风俗积衰，人材[illegible]衰，民心积摇，和气积伤，大刑大祸，不[illegible]上底，吾若安之，实未敢为然。

鄙人十读公国城以闲适有续书，八十老翁，志倦不[illegible]，犹欲鼓其余勇，张其强弩，以入鲁编，可为绝倒。十月间，臣将有曲阜孔子之行，平生[illegible]，造观圣人之居，心向往之。[illegible]公史记孔子世家序目以二万言，以为赴会之执贽。专此，顺叩

颐祺，　大人万福金安

吴十一匡上

八九年八月三十一日

黑龙江古籍研究丛书

[illegible]

20×14=280.550

No.______

钵翁座右：

奉 公庚子书缄大什，知 公老健，慕念之至。匡去秋突患脑血栓顽症，卧医大病院五十天，濒死而幸存耳。今来已大见起色，饮食起居，渐如常矣。惟手尚不能握管，步履犹艰难耳，不知何日始能复还故我！此时所求，手眼适用，但能看书作字，即为大幸矣。

中书君昨有书来，于《研究》一刊，力阻无效，颇致不满，有愤懑焉。匡於一港刊见其近影，钱老态瘦削，不无人比黄花瘦之叹。伊谓右拇指挛痛已半载不能用毛笔作字云。

惟 公长者，以疾作左书，不倩人耳。

敬维 公无病无恼，大吉大利，是祝是祷。

夫人金安。 吴忠匡上 3月1日

哈尔滨师范大学 71220842 （20×15）=300

1990

吴忠匡稿纸　页

钵翁有道：

尊著之言奖之先已购藏一册，刘生不□又奉
赐书，弥以荣宠，不胜感荷。远承教诲，并已至
年，杖履安和，敬以为念。三数年来，匡与周
君振甫合编先师钱君遗著（振甫为先师光华时期弟
子），已成之中国文学史（自先秦至宋元部分手稿，加入商务版之今现代文学史），
一编，又现代中国文学史之又一编（此书已经整释，入其之近代史料汇
纂之续编中，即振世界书局影印本，其中误字悉未改正，当不足耳），交付山东齐鲁
书社矣。其它遗著各已陆续辑存，而点存则
谓先出文学史，其他著作以次缓为宜，以语之天
下推君夫及身出全集，并推荣伯、张生为人
编全集，陈寅恪之公柳如是别传之，若不出版，岂（伊有之托忠实弟子，以害其师之一册文字，见香港出版之寅恪集之中）
不免予为通人，岂冷哉。之云之，只得听之。近以史
近二千一百卅周年纪念写的文字数篇，倘见

黑龙江古籍研究丛书　20×14=280/560

吴忠匡稿纸　页

读报刊之一览及前集近人句成一联欲写寄左右尔推喜正足以称之也「吴光历劫孤篷秀吴雨僧答陈寅恪诗句　丈室净名金粟影沈乙厂诗句」此间无好写家奈之何哉此意

伏维 聪强不一一 夫人金安

弟吴忠匡上 六月十五日

蒋著《陈氏编年事辑》中记竹林七贤之「竹林」语取义于内典之 Vlenuvena 不知是何物事也

闻张大嫂援以疾卧院近想痊可倘顺之为臣代致意下 伊女仍在中文系并听我之史之汉之课

黑龙江古籍研究丛书　20×14＝280/560

编写教材专用稿纸

錦翁尊右：此间寒暑假不过十二三天，不久又将开学，此间亦三门，一门古典文学

两阅月来中文系出版现代汉语、文学基础知识等

各教材，助其发行。古典组又成编目《春秋至唐宋古文选》

注，两册，附为校阅。碌碌无聊，赖端节年前早经

奉读东坡与子由诗，何知远别怀抱，悉壁遣，星

老解我愁者是矣。尊诗健笔凌云，并极佳高

妙。二适先生诗暨公报章，尤感拗动人

所注诗著未寄出 西以传示，许志岳大安、徐澍、许君等

使参考禅一那意。前时有公在鞍载古子那言

谈北京苏州之讯，确否？此自是大好事，可以於校点难

老。阅居维扬陶楼好一二年来想高笑述有可

为李世用者否？叶厚师寸心廊八旬雁离证并世

作者多同此感喟也。勉子近寓北京东城区

瑞金路十六号，近见胡月十一号来书谓今集旧所

读易记、左氏史记笔英器以下二十一种书笔记为志林

而将以所写序中评旧西方典籍之作为外篇，剥子云集

老难稽普近世引杜子美语张若司马迁锦绣在阳

壁，无怨不奉诗，可哭也。行严老人下世，忧真天

不慭遗一老矣。闻钟山先生知已捐馆。请大师无

恩近将返家。均寓文史楼最高层上，以无房舍可容

哈尔滨师范学院（20×20=400）（ 页）

编写教材专用稿纸

也。孟闻佑丞游寿诗君所居亦并未能阅整志
岳刹已经以一阅。今后工作当有著落。西北几
所并非何者共一浮拔省级大学（开明改试，只以农学专修，文科改理化为）
各省批 陆此后始成几之日，自然维不到，都人应下
知。匡并及，又承红柿李家已被推为四十大代表
法国诗词（绝句）讲学举，饿缕未定，此祝
箸祺，并候 夫人福履
弟忠匡 手启
七月三十日

淮阴生平年来反为纪称淮阴地志亦不载。旧见
以人罗惇衍集文轩诗文诗钞，卷六有匡云故为
吕后所杀时年三十二。近检昭李北罗马二石文
发一帛有韩信二十七岁为大将之说，两说参差
兄而外 当有所聪记否

哈尔滨师范学院（20×20=400） （ 页）

中国人民解放军〇〇五一二部队公用笺

钵翁著席：

奉到大著论诗绝句一册，古今诗家，尽在评议之列，公真诗海疏凿手矣。意调一进，吟情如睹，快当瞻侍也。然子云云，自是悦服之言。弟自投荒宦里，音问遂稀。月初来示，称今年又衰于去岁，几九月而喘疾蠢蠢欲动，正打针预防云。吾病自是心血太高，我公宿意欲述造大成，又何自保爱，从容寿世，幸毋与多闻后生竞其走趋，劳损天君也。此间正编辑黑龙江古籍研究丛书，匡为编辑校集，序文附呈。久未肃候，专布，敬颂

道祺

夫人万福金安

弟吴忠匡上 十一月十五日

尊徒杨君现参加市电视大学师资班（该校为培育所需师资而设），匡亦往授课，得一晤谈。

黑龙江古籍研究丛书

钵翁道鉴：

十一月道出沪滨，得叩崇阶，慰其离索，良德欲和，至今感念。惜匆匆未及尽读公近作诗为怅憾耳。公阅佛海日记已读了，承示谢谢。此公甚人，终以名心之炽，知其为火坑而躐跃入之。记中悲苦之言，泪盈满纸，读之惨然。记中多及敝业师万载龙君：“下午接见诗词家龙沐勋”。因忆解放后暨予尝和其寄诗云：“知有伤心写不成，十诗凄切作秋声。晚晴依许怜幽艸，末契应难讬后生。且借馀明钜画，敢违流俗别蹊行。高歌青眼休相戏，值公鉴益意已平”。雖不甚工……

近阅香港一杂志文字，乃以长乐老称冒叔子鹤翁，诋其晚年攫文寿汪兆铭，诋其和倭，犹之诋万公也。公之和吴云云，真匪夷所思，所傲弟至非其伦。渠另有呈汪七律，起云“党童当卒姓名知”，伸弟来收叔后棋，可谓善颂善祷矣。因自好过犹记得。解放后毕就至京师观摩学，必当有诗，不知又作何语也！惜无由觅见耳。叔子近通信否？默存兄前有函诏其病衰，怅念之。匡半月前下迁此间，仍援研究生课。知关垂注，聊报行止，不尽缕缕。敬请

颐祺。

弟吴忠匡上　十二月十八日

夫人万福　魏章凤同叩

20×14=280/560

钵翁师事尊右：比年来以与同人编写论语
全书批判，迄不得暇（间亦假日亦未休息），遂疏书候
优游之余伏想
履綏亨，论语批判全书近始蒇事，本年上半
年内可望出版，计从晋唐宋明清于此经代有注
说，此余二十世纪之论语注也，数批林，此能得此，
宁不谓盛事哉
公前寄诗，年前便转去中书君，昨得其复，谓
公游了野鹤，得闲作健，诗笔如云里莹诗公
望之至，唯为跋膝奉。承寄其近所作诗数
首，乞清祝
公诗之高吟大句，真类东坡所谓字字可奏矣云
论语批判既了，下期续将为荀韩注注，史记遂
无暇以事矣。人间岂无时不有桃风，故无事不被
吹断，近计长国尤近波折，此真无可奈何之事
公於门想写著述遍，不无惆怅，中书君尝而
首相寄，讽诵之余，尤见可怜，饯犀祖迹且
喜狂吟，同健在所嗟痛饮，不如人倚有同感
即叩
道祺 祝颂 年禧
弟忠匡上 二月六日
希凤同叩
大人 金安

20×19=380

苏渊雷往来信札

寄怀中书君

吾怀中书君，垂老愈岂弟。交期四十年，白首觉易哉。我仍吴下蒙，咄咄让出东，秀秀冰雪乡，郁郁不得意，惟君相呴濡，见勖必古谊。君子贵居易，德人例无累。

忆昔湖湘游，弹指忽三纪。去时蓝田市，人比聚星里。钱夫子教诲，究终始诲生，皆惬与心契，文史多君飞逸兴。穷山猨玉趾，风雨比邻居，书帙共卧起，朝兴或同夕，夜读无抵几，鑱我珠与玑，消我俗与鄙，春秋有佳日，往往可喜或眺，林峦美，或临清以驰，觞咏记云园，联翩时戾止，钉坐无杂宾，谈艺皆名理，一时周张徐，才亦古贤比。此情毋或忘，刻骨到残齿，暴师俄宿少，故归半生死，人生良善短，世事岂足恃。太息念昔游，摧心泪如灑。

君才岂论斗，古今焉不有，文章其梦正，于理宜大受，搏肠满且溢，百一未出手，饰事千首诗，世论或挂口，岁月嗟浪掷，出去多情根，红说世态，祇余梦痕积，相见不相见，索情岂胜者，劝君久郁之，蠢汲想如戟，穷老天一方，岁月无过隙，会当叩门墙，与饮加努力

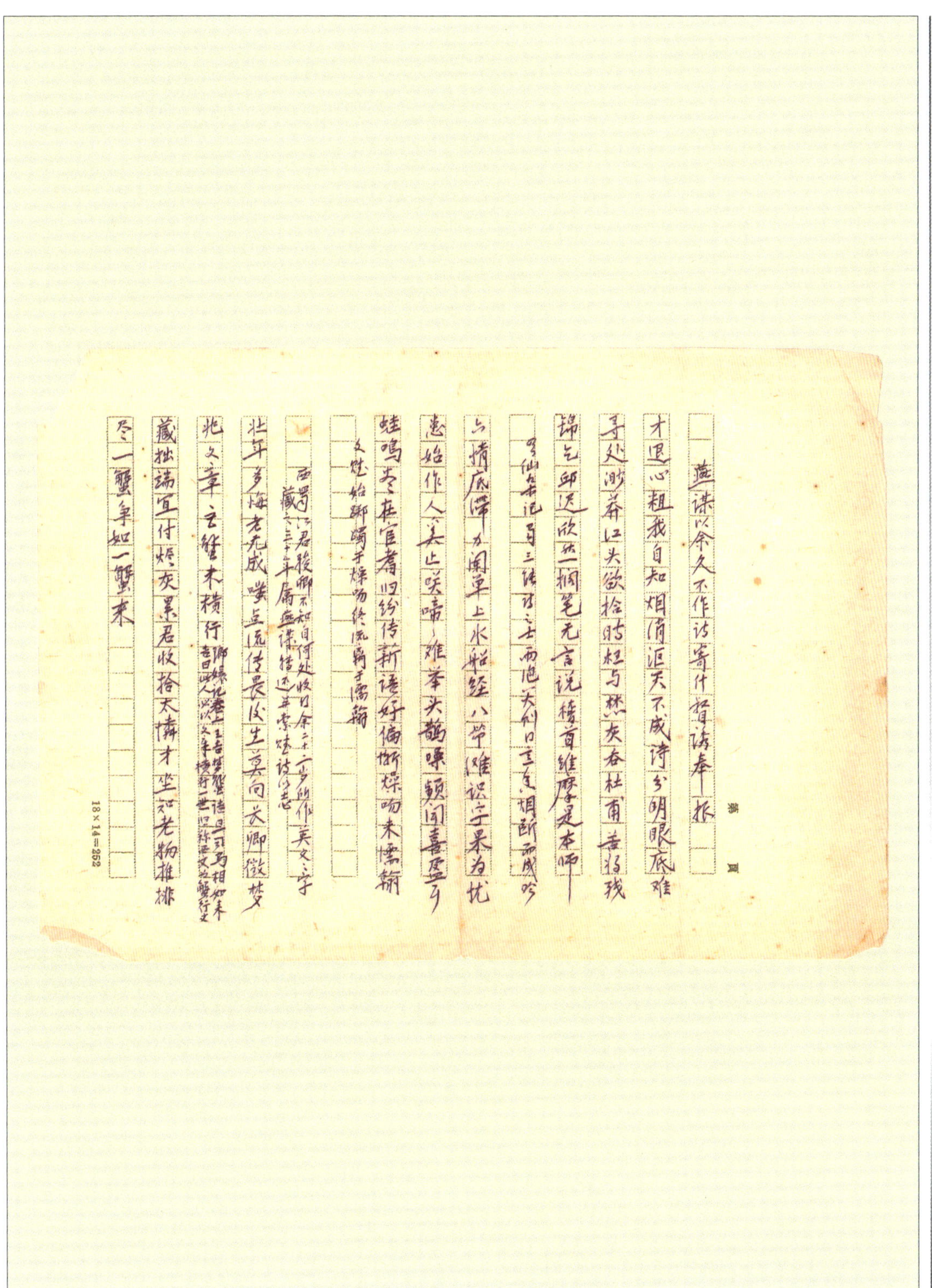

燕谋以余久不作诗，寄什督诱，奉报

才退心粗我自知，烟消泪天不成诗。分明眼底难寻处，渺莽江头欲拾时。杜与慈灰吞杜甫，无将残锦乞邱迟。欣然一搁笔无言说，稽首维摩是本师。（鸣仙乩记易三语诗之士，而他天则日主定，烟断而成吟）

六情底滞力闹单，上水船经八节难。识字果为忧患始，作人人莫止哭啼。难笔头鹊噪频闻喜，蛙鸣[illegible]在官者旧纷传新语，好偏惭燥吻未濡翰。（文人始卿独于燥吻终流于濡翰）

西蜀江君骏卿不知自何处收得余二十七岁所作英文字，藏之三十余年，属燕谋转述，并索赋诗以志

壮年多悔老无成，喋点流传畏后生。莫向长卿征梦兆，文章云蟹未横行（卿嫖记卷上：王吉梦蟹，诘旦司马相如来，吉曰此人必以文章横行一世，旧称西文为蟹行文）。藏拙端宜付炬灰，累君收拾太怜才。坐知老物推排尽，一蟹争如一蟹来。

第 页

18×14＝252

太夫子也向在六四年冬　桐丈自温赴京携懸
弧门赐揭　鸿文未逐欣羡海岛把袂爱题长律
堪笑弟子不自量力志其谫陋无状敢尔操觚以蠡
测海竟叅　师座不弃谬误见赏于牝牡骊黄
之外点石成金殊深铭感伏惟投针弧涉清泓
嵩里　师笔缘法殆属夙定在昔戊申间炼
楼居寥寂回想弱冠漫游京沪跌宕磊落时
瞬梦粱已成隔世萧骚心绪六五年在船山所寄
度刘郎已随逝水苦生半亩留恋山阳又云然怆
之情极手杜之俯仰之致况有沧桑在矣寓思后序移
自脱艸至今恰逢百度七夕有感汾阳开府银尚敢
言敬为至多　师典　长沙公颂祷万又年五福
推挽象逆希五人瑞革参造化故能衣被群生
丰沛奕叶也故呈潭暑久晴少雨热闷困疲
梅吉海公敬丈逸丈暨贤配等人履并三伏起居无恙
聊以告慰　谕示海上得晤　莲境居士实为此行
欢怀之至谅有情文并茂之佳篇志斯庆喜之
遥矣仁丈公余暇信如临桂不吝绣之教为盼
合第胜常　弟子蠡庵寄

七一、八、五　清宵灯下

鉢水师座道席：前月十七日曾復
嘉生兄昭信已存，请签为慰。昨晨奉读前月底
惠书，敬审　旅祉绥嘉，潭禧迪吉，欣怀无量。昨晚
謁　仲雷丈，示以　朵云，丈甚欣慰，并谓近因炎热
懒笔，嘱生代为遵候（前月廿一日丈曾光顾拝　尊寓十七日发函兄示为感）。前有
剑庐师诗钞誊本（画引楷书廿八字），系在六九年春节
时已托亲戚带交　陆师母收存，至现所存该本（每引廿八字），原拟随　驾来带沪，寄仰交　桐丈印引，现
按大抵形势发展而言，斯册他日由生直接寄奠
桐丈联条亦可，故目下不再有烦亚丈光墨要拜致矣。兹
附上后序稿一纸，敬恳　师何便奉呈
长沙公亮察（郑付袖文均未酌裁）。冀求题署　剑庐诗钞
签条一纸，毋任拜祷之至。（防风筱诗　公书或求别人，壹条并请由弟自择之）
憶昔侍　剑庐师，曾见谈云，畏壘在故鄉闽督学，备承
石遗老人器重，许侧门墙，遨赴吴门，辞以亲老，失
之交臂，追来谋面为憾。迨入川后深蒙
长沙公拂拭，因之后期十有馀年，师门母懈，故生
常想寺风，戴怀钦仰。今日不揣冒渎，仍尊称为

水調歌頭　答夏瞿[illegible]

君夢月如斗我夢月生芒芒窮
寒識彈指短枕傳昏黃早已
遺形委蛻剩有出神踵息龜
老合搘床並歷冰涼慣靜緣
未須忙　羨妙手擣雲錦擷天

章丑窮任爾為戲大麓出迷
方但有龍湫雁蕩頭白歸來
二老筇杖更連牆一笑問蒼
廓亭翠幾鸞凰　錄奉
瞿叟　印可　丙辰元宵節　鷺山
承寄　嘉章均已一一拜讀矣

浣溪沙 奉懷蘇淵叟

懷舊庵深好著書，冥機早與古爲徒，九淵曜曜有靈珠。坐斷江湖成酒隱，平章風月要詩癯，落花時節意何如。

鷺山錄待正　丙辰三月

十様蛮箋傳妙句，恍
疑穎出詩靈。詩鄉剩
得鐵狂夫，情君翻看
纔，笑我似騎鯨。雁
蕩平分山色好，筆仙也
賦歸歟。從今三老寫
新圖，龍湫沽白釀，夢
闊舊書魚。

臨江仙　奉酬
鉢水翁惠寄畫箋

丁巳首夏　鷺山

七日盤桓鶴侶忘手携
萬高崖吟肩高人攀登
仙醉逸頹是飛雲翦鼓
音老海棠仙　西琴流水
平生共賞但會心何恨無
弦應留取約須信前緣　謂
弦應絕去也　查玉簫頭猿嘯峰
下夢巖邊
仟年子
夢花廬贈句
肄翁詩人印希　兩正
丁巳初秋吳鷺

迦叟道兄：昨承　诗简暨纸，屡劳之后，如接
謦欬于衔杯乐圣时也，喜甚不可言。前呈玉海楼绝
句，辞意粗疏，乃荣　赐和，益滋荷幸。此诗原有五首，
以当时匆促，抹弃其一，遂遗未录一首耳。兹谨录出就
正，未知能为续和以成完璧否？　兄词宣沈郁，犹有风
人之遗，前之惜先佩之，真佳诗也。临楮即颂
吟祺　弟鹭山上　一月廿九日

访玉海楼第五首

能延书种一[illegible]足，压垒山丛莫漫哀。衰树
当门居老矣，阅人兴废几池台。

钟翁道长如晤：前来方以台从动止为
念，顷接 赐书，藉知北上行李安稳，有朋
晤谈，慰乐殊常。弟来洛阳，忽逾两
月，深憾前日乘兴往游西安，略揽大
雁塔、华清池诸胜，昨始返洛，北京之行
拟在下月初旬，届时偕往长安，把晤都
门，先期可订。届时师院筹办，今届已少暇，
未能循访，无复古之就谈，想健翰持
风骨更屡成实，阔别多年，想[illegible]
致返书，故再存常[illegible]，本拟旅游入雁宕，
应诚嘉[illegible]，[illegible]好余年再承
示家室，把诵喜慰，但比欲前步，钞去增
翠帘，不尽，即此即行
旅祺 弟 鹭山上 五月廿六日

水调歌头 寄怀钟翁哈尔滨

华世我同调，坎壈又江湖。元龙豪气未减，
行道意何如。日月跳丸底急，缘渠连璐不
欺，垂白各长途。飞动想诗兴，墨落千
珠。 独回首，庐山路，梦花居。多少丹崖绿
水，猿鸟正相呼。犹有诗茅契，肩随
冰雪，想[illegible]安何时，东鲁
唱共归欤。

潼关道中

洛阳犹及看花时，更向西行一度关。尹
相逢应拊掌，青牛踪迹总难知。
跨阙便觉气如虹，山岳色为[illegible]。
[illegible]帝[illegible]传睡，凭风窗外倚云三峰。
[illegible]那[illegible]计昌身，慷慨从他作民[illegible]。
[illegible]仙君何处去，琅玕之迹[illegible]。

苏渊雷往来信札

钵翁吾兄：得手教如接謦欬，欣忭无已！
拙撰杜诗论丛，读后实无足观，评鄙说文亦以
缴剩存候得一吐为快而已。乃蒙奖借，殊增惭
恧。所示佳什风流人物无双谱，三复叹佩。即
送往王兄处共赏。郁见司马相如与卓文君像似
可删，以其赞语有似小说家之文，以较为慎
允。霞客称石斋字句为古今第一，恐未免阿其所
好。而须着重中之，而史得之真贵也。
（此天门是否为天门山之误）
绝句三章先见寄示。弟年前亦曾攀观，思尚留
文殊院，继光明顶，延北海，暨索玉九龙等至峰阴
年。时势变异，累游登游之踪，遥承分招，但
有怅怅。《吴晏谱》请交郁东道。匆匆
道安
弟鹭山 八月三日
苦伯李杜诗选如出版后寄

渊雷道长如晤：日惠示，知台端执手话旧，佳好，忽历惊心！徐堂兄何来突患肠道炎并前列腺炎，大小便不能自制，殊要烦。今年以来救护车赴医疗治，谨赏已来信述，君亦以穿襪不适，即攜搭车返里。病后不如意已十常八九，信如雷言。回念前时骏恒原不把臂唱酬之乐为不易得也。 大著诗选及传记已如编录一过，也佩诗论。前即挂号付邮寄还。从前题辞常引前人评论写作技巧，似未惬当，可删改。其余请见即寄左右为中，希恕读助。修装字些示一二。即颂

撰安

弟 鹭山上 九月四日

如有来信请寄虹桥埭下

遯園吾兄先生有道：去春把晤，且續[illegible]之快。别来忽復過歲，方切馳念，頃獲雲轉來 惠貺素章，[illegible]，殷至為勤，重欣感之。莊生所謂逃空虛者，聞人足音跫然而喜，非虛言也。大作詞箋並孫雅調，若數早歲之約，實契願言。今秋間至甌江小住，雖與[illegible]老同入雁宕，擬將卜居淨名谷之[illegible]峰下，明年暖當攜行李再議入山居時。吾兄如能翩然惠来，相與[illegible]于二靈，諸[illegible]兄快事矣。但從前寄[illegible]附上，[illegible]正。訪玉海揭絕句并呈博笑。專此即頌 撰安 弟[illegible] 十二月廿四

次韻奉詶 遯叟見懷

去年曾[illegible]惜過此日，[illegible][illegible][illegible]星象何復占[illegible]。鷗波猶是夢中[illegible]，向會有約[illegible]長往，阮[illegible]相[illegible]未了諦，正待明春[illegible]節後二靈同品雨前茶

钩深索隐万象罗胸开冰镜摄鸾玉
成寰鹦嘤嘤狂来声蛾眉见嫉自古
奇才常抑塞高蹇潜眸睨墨酣醒
心源流　识兰　题苏子新论
擒云握月翼骧动背摹广筵宗纯懂
纯想故无端见彀家妙用　维摩吹笳
荒江数留了残天一梦从今送黄宫
妙句待赓歌五美　贺至新　题韩水斋诗

踏莎行 梦游天台

蒼巖雲繞篁節騰犖确次都呈煙霞語青宣湧出万芙蓉石黑龍直上撥羲一聲相逢落紅仙裳玉笛吹徹遙程顧覺来情恍惟仙家攜人陪挑花雨

遊史方家正之

鷺星翁

飘零

谁恤民劳杼柚空计臣得意各各功杞枯

当翔书阶蚁物腐争禁饱食蠹陈迹

行蔚天水碧高高花初拨木棉红书

生不涉国南策即累飘零似转蓬

渊雷先生教正

慧星稿

中央銀行

敬頌
著安

弟陳閎慧再拜 十二

中央銀行

淵雷先生有道：違
教多日，曷勝馳念。
示詩深至，漸越宋骨唐面，勇猛精
進，非餘子所能望其項背，如拜服拜服方試
已約伯鷹矣。星期日中午（十二月五日）盼偕鄉陳
孫新
枉駕寒舍（表西坊三號），煮酒談詩（為樂），勿卻為幸。
大著兩本已檢出，謹當面奉也。

为冬师能否提供生平及其他著述材
料供我撰文　近年写了几首有关
先生的诗作录另纸奉请不吝指正

前次先生来沪出差时已离沪返
济失去一次亲聆教诲之机会怅然
肃此即颂
俪安
学生　陈冰原　敬上
师母均此问好
八五、二、五、

渊雷老师：久疏问候，歉甚。读最
近一期我校学报，先生也及大作，以
此先生著述之勤，一如往昔，可敬
可佩。我校校刊年来辟有东瓯诗
话一栏，举凡温籍古今诗人暨其诗作
均可论列。我已写了好几篇，逐刊出。陈仲
陶和他的创庐诗抄，参考了老师的有关
文章。今拟写一文介绍先生，未悉能否

提供一些有关资料，参考。前寄诗绝句在香
港文汇报连载后，未可曾出版。其他诗作
有未结集？我以疏于请教，不甚了了。又
浙江省文学会拟编写浙籍现代文学家

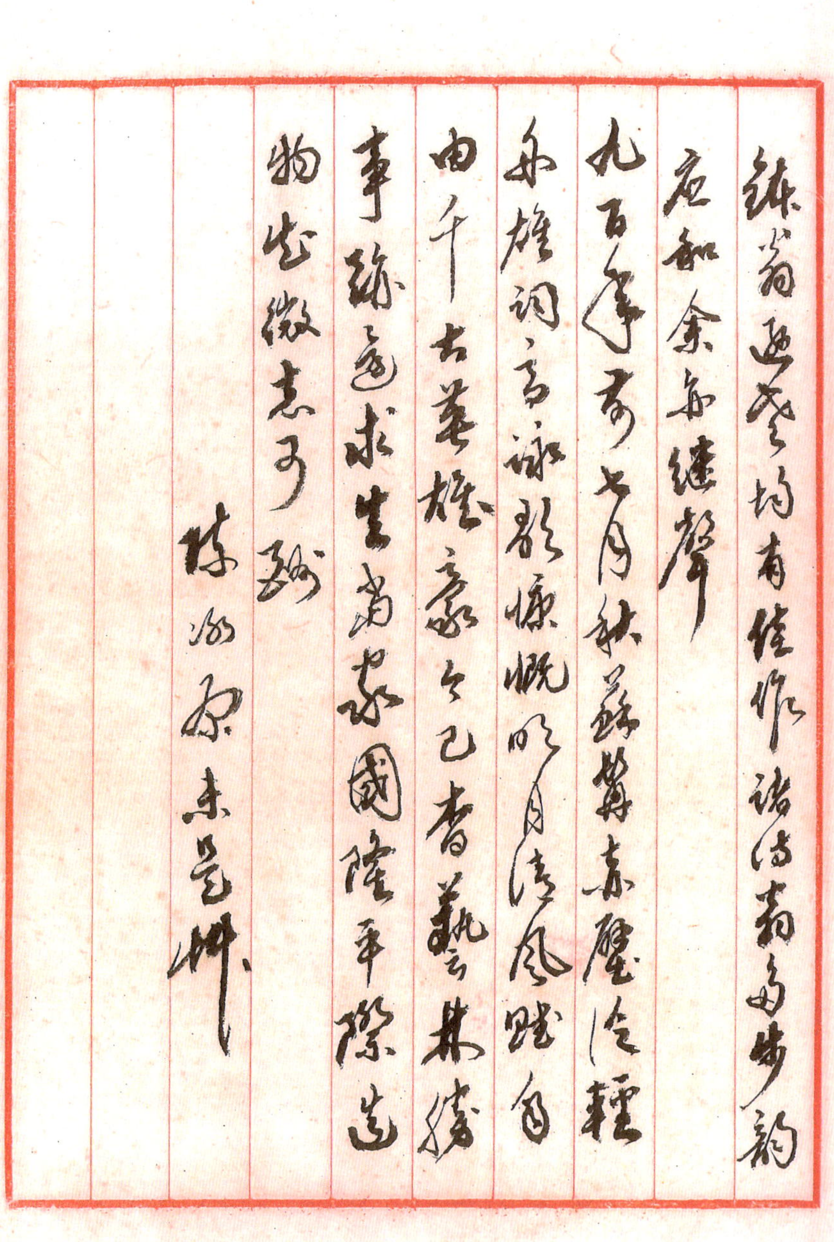

緣翁遍覽均有佳作諸詩尤為步韵
應和余亦繼聲
九百年前七月秋蘇髯赤壁泛輕
舟雄詞高詠翻慷慨明月清風踐自
由千古英雄豪氣已杳藝林猶傳
事緣遙求生尚求國隆平際遇
物也微志于斯
陳冰原未是草

呈錄冰教授

識古論今博而通，詩書史畫多能工。川經箋異代讀經千家饒古風，筆墨書龍語來公，平生重僊氣為雄豪，拔傲雪屏轉勁飄飄松旋過眼紅。

隨錄前遊仙都

飛車探旅照談笑入仙都，石臥虎碑在洞靈宗，路常雲山觀月鏡隔和識神々，姑子飛峰前立，雲屏碧凝湖。

壬戌七月值東坡遊赤壁九百周年

温州师范学院

钵翁：

得前次来函，由沪后转贵兄才出示我，未能拜睹问安，歉甚。

先生八十大寿，沪上诗坛诸宗好，分别设宴庆贺，惜无机缘，殊为怅怅。自寿述怀诗十律已拜读，适之先生和作亦已寄来。先生才气横溢，豪情满纸，至为钦敬。兹以原作头尾两首，步韵作两律，奉以表贺忱，敬乞教正。

八十风华迎岁新，重阳节后度孤辰。一吟万里驰声久，结谊千家寄意亲。钵水书斋宾鸣盛，不愁学术无传人。论诗文绝成独步，桃李芬芳处处春。 少年革命早知名，文史平生述并。腊绽红梅香抖擞，云开白

温州师范学院

鹭任纵横。苍茫壮阔雄心在，晚景清和老眼明。劝酒坡公应放饮，人生难得是豪情。

温州诗词学会成立后，晚被举为秘书长，会务虽不多，也足够应付。今春退休后已离校家居，半年多来，已写就《宋传诗论概》一本书稿，但出版未落实。此书为出版界缺漏，晚欲以填补空白，虽信其实，销售当无困难。惜无适当书局承接耳。先生讲学东瀛归来后，若能有暇过目斧正，且为作一序，则提携之恩，感激难忘也。奢望之请，还祈俯允。

专此即颂

吟祉

晚 冰[illegible] 12.12.

通讯处：浙江温州市公安路68号

东坡生日苏居仲翔招集钵水斋赋呈

韩潮苏海鲸铿声，意气纵横酒共挥。片石人间无可语，千秋去返欲安归。乌台诗案狮根直，赤壁神游脱业羁。拟觅青巾紫裘客，笙吹一曲鹤南飞。

辛丑嘉平时客松花江上

幻雲初稿

蘇淵老台鑒：

日前收到山西大學古典文學研究所牛貴琥同志轉來先生所書傅山詩梅檀岩大作墨寶，字勢感激之至。蘇老年事已高，而支持我們的工作，更是令人欽仰！拙編《五台山詩百家書法擷英》已在五月份經遼寧出版社，但先生所書尚可在五台山碑林中留芳萬古，碑林在籌備中，碑刻完成後，屆時為奉寄上拓片。先生於五台山時當有詠詩，倘能直賜刻石，更為歡迎。山西有辦之事，望見告，將盡力而為。

祝蘇老健康長壽

陳巨鎖 頓首

十月八日

中國书法家協会江苏分会

对李结于肯定，终有同感。"历下风流"一联对李易安的艺术成就高度评价，亦拟会允。联中"名垂二安"是否指她和谢安，"才参三李"是指李白、李商隐、李贺？

台示言鄙作"改撰联"有不少佳作，足为断评，仍望台下再斟定，或代为查指出，一一直指瑕疵，挪不为感。

近日学校有课，未能来东吴，下月中旬去杭讲学结束，或得暇再奉约。

此候，草草敬候

秋祺

陈大羽
九月二日

中國書法家協会江苏分会

渊老道长：

手教并李清照联句副揭，喜极。拜诵再三，台下真手钦佩无已。承决定书赠拙民……二副，因近读郭预衡（北师大）出版之古代文学探讨集，所收集评介李清照之文章，肯定她的才华，否定她的爱国……观点模糊（以前学的亦难据），其实她那首"生当作人杰，死亦为鬼雄，至今思项羽，不肯过江东"是脍炙人口的。台下书赠拙民一联，

尊著細讀一過，昨汪旭老自吳門來，須已轉致，俟起到再呈。長慶集跋亦當重寫，錄訖奉政。敬上

益水先生

弟陳運彰

十六夕

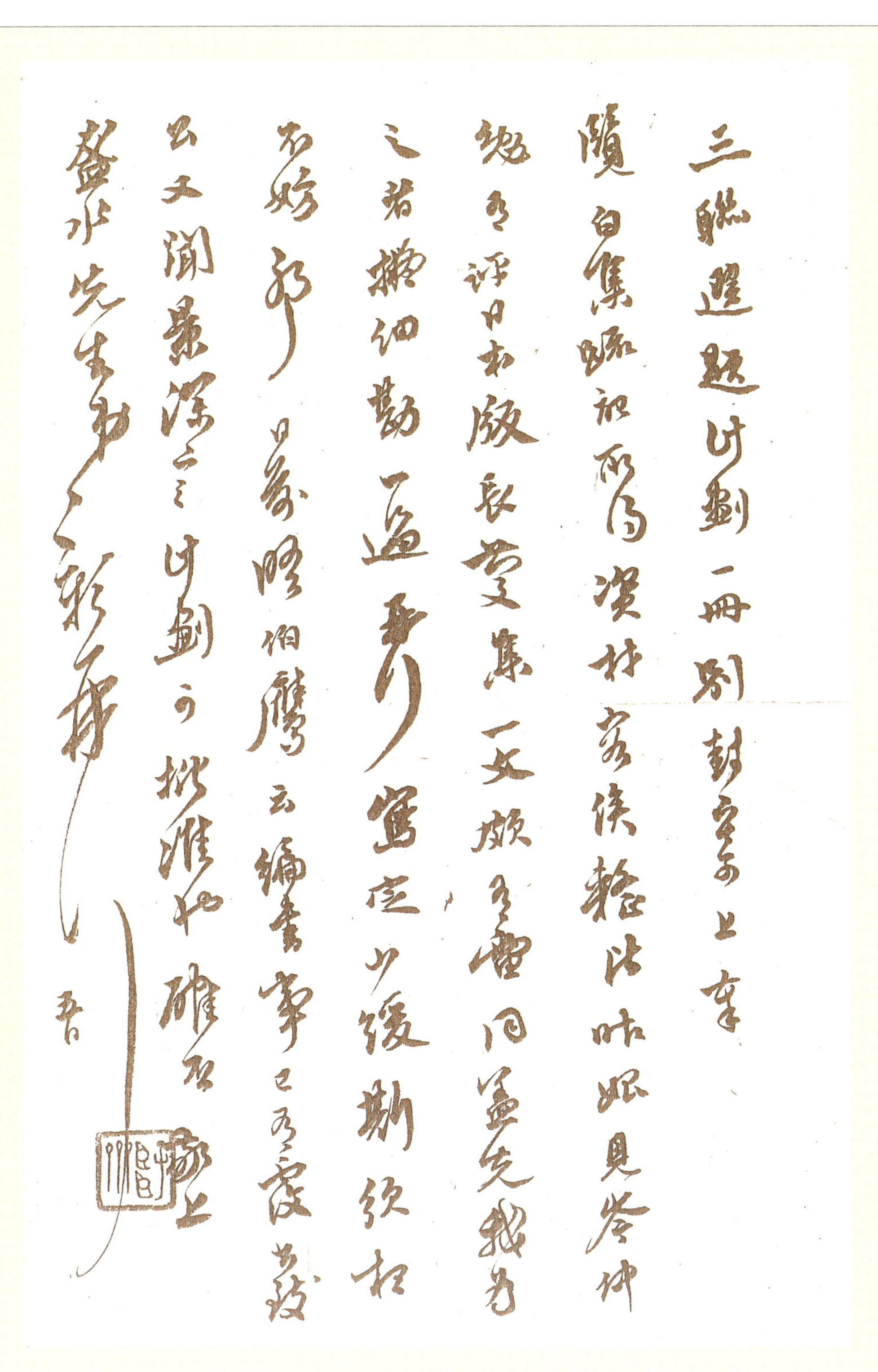

白集槧本别具一目，呈
鑒。所書見惱函皆未能角也。
尊著斷手，亟盼
賜讀。何時
公暇，擬再詣候。敬上
盋水先生
弟　　拜
廿五日

宋本白集書影送石公跋得，如需攝景當呈上。

白氏長慶集

北宋廬山鏤板本（已燬）

白氏文集七十卷年譜一卷

南宋紹興初年刻本

明正德癸酉錫山華氏蘭雪堂活字銅板本

明嘉靖壬子東吴董氏茭門别墅本（六十卷）

明嘉靖　姑蘇錢應龍刻本

明萬歷甲辰嘉定馬元調刻本

白香山詩集四十卷附録年譜二本

清康熙癸未汪氏一隅草堂刻本

香山詩鈔二十卷

清楊大鶴 楊字芝田康熙己未進士

白氏諷諫一卷 宋刊本 明刊本

武進費氏影宋刊本

又白氏長慶集 日本活字本

范仲淹

憶王孫

秋思

颼颼風冷荻花秋明月斜侵獨倚樓十二珠簾不上鈎黯凝眸一點漁燈古渡頭

漁家傲

秋思

塞下秋来風景異衡陽雁去無留意四面邊聲連角起千嶂裏長煙落日孤城閉濁酒一杯家萬里燕然未勒歸無計羌管悠悠霜滿地人不寐將軍白髮征夫淚

別銀鐙

與歐陽公席上分題

昨夜回看蜀志笑曹操孫權劉備用盡機關徒勞心力只得三分天地屈指細尋思爭如共劉伶一醉　人世都無百歲少癡騃老成尫悴只有中間些子少年忍把浮名牽繫一品與千金問白髮如何回避

王安石

清平樂

雲垂平野掩映竹籬茅舍闃寂幽居實蕭灑是處綠嬌紅冶丈夫運用堂堂且莫五角六張若有一卮芳酒逍遙自在無妨

浪淘沙令

伊呂兩衰翁歷徧窮通一為釣叟一耕傭若使當時身不遇老了英雄　湯武偶相逢風虎雲龍興王祇在笑談中直至如今千載後誰與爭功

久渊管弦弛仰唯
與房安慕近傳七種詮譯事將立
尊館以我紉芳簃
以總其事其例略為人之多殊觀昭
知梗概同日
清曉當圖親敬上
盋水先生
陳運彰拜上 廿五日

蒙盦書

仲翔大教授左右：

前人有云"[illegible]，古来才大难为用"。阁下在华东师大很早就当上教授也不容易了。其实在绘画、禅学、文史、诗词各方面几乎靡所不精。如作一篇全面性概录，即万语千言，亦难尽述。

我最近主要在搞写作。已有五家报社连载我的文章。先生前赠我一联语，书法大好！我已写了稿，拟为"名家谈艺"（也是我"谈艺"的一个栏目。）附寄复印件，请过目。此文提到的一对联在《中国书画报》刊出，文和联均被删改。这是要写的。内容略为少了些。

"三谈"，先生书好诗话，我有抄录，拟写篇介绍先生绘画风格的文章，兼及"三谈"专刊。匆匆

敬颂

健寿、健强

鸳湖祖范启

94.10.8.

欢乐如意 健康长寿

好景常在

鴛湖陳祖範用箋

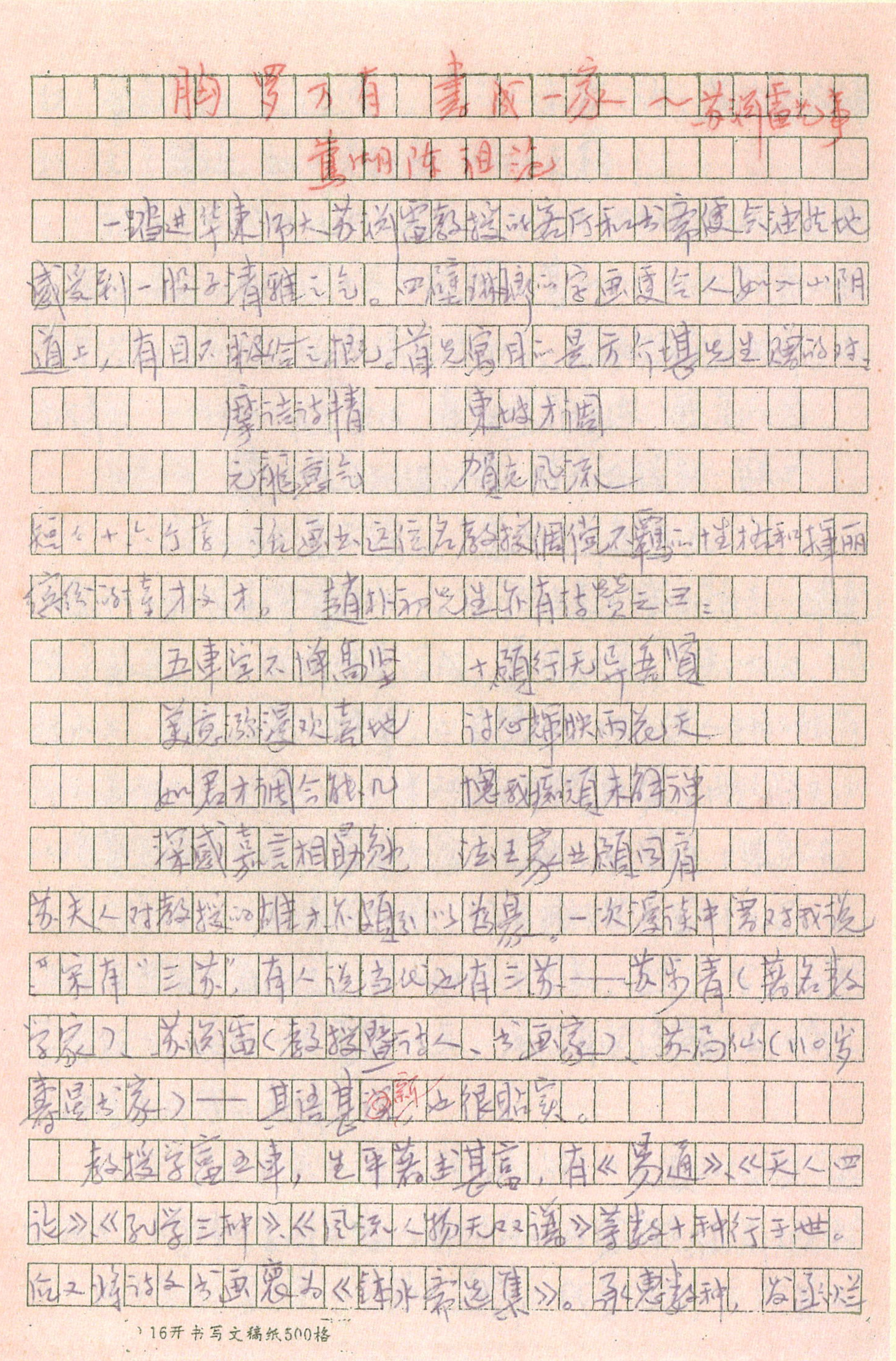

胸罗万有　书成一家——苏渊雷先生事

萬州陈祖治

一踏进华东师大苏渊雷教授的客厅和书房便会油然地感受到一股子清雅之气。四壁琳琅的字画更令人如入山阴道上，有目不暇给之慨。首先寓目的是方介堪先生篆的对：

摩诘诗情　东坡才调

元龙意气　彦先风流

短短十六个字，描画出这位名教授倜傥不羁的性格和丰丽缤纷的才艺。赵朴初先生亦有诗赞之曰：

五车学不惮高坚　十驾行无异吾贤

笔底波澜欢喜地　诗心辉映雨花天

如君才调今能几　愧我疏慵未得禅

探赜喜言相勖勉　法王家业赖同肩

苏夫人对教授的雄才不羁引以为豪。一次谈话中曾对我说“宋有‘三苏’，有人说当代也有三苏——苏步青（著名数学家）、苏渊雷（教授暨诗人、书画家）、苏局仙（110岁寿星书家）——其说甚新，也很贴实。

教授学富五车，生平著述甚富，有《易通》、《天人四论》、《孔学三种》、《风流人物无双谱》等数十种行于世。近又将诗文书画裒为《钵水斋选集》。承惠数种，容当

16开书写文稿纸500格

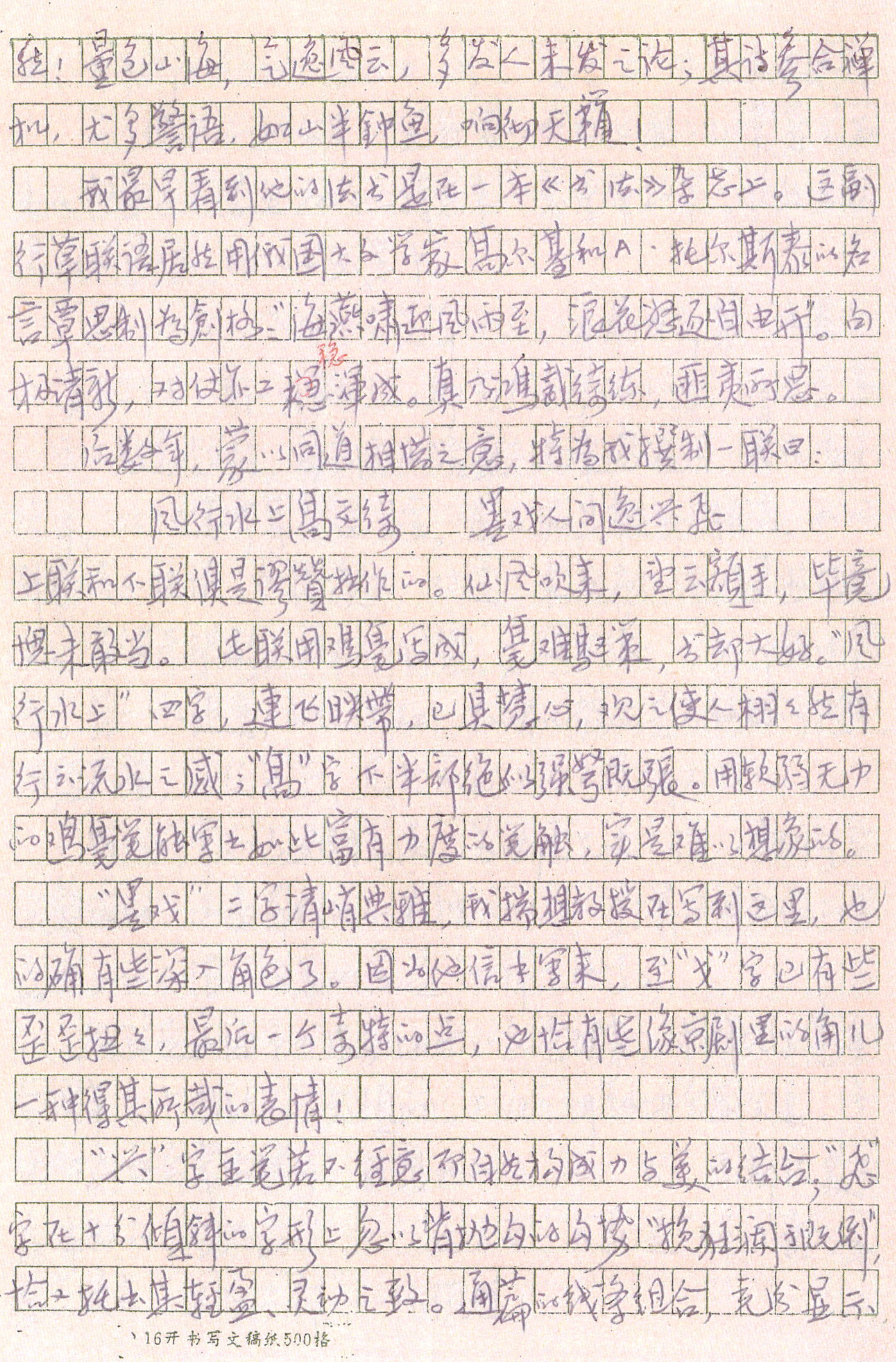

绝！量包山海，气逸烟云，多发人未发之论；其诗参合禅机，尤多警语，如山半钟鱼，响彻天籁！

我最早看到他的法书是在一本《书法》杂志上。这副行草联语是他用俄国大文学家高尔基和A·托尔斯泰的名言意思制为对句：“海燕啸迎风雨至，浪花淘返自由开”。句极清新，对仗工稳、浑成。真乃雕镂精练，匪夷所思。

后来多年，蒙以同道相惜之意，特为我撰制一联曰：

风行水上高文练　墨戏人间逸兴飞

上联和下联俱是谬赞拙作的。似风吹来，望云额手，毕竟愧未敢当。此联用鸡毫写成，毫难驾驭，书却大好。“风行水上”四字，连飞映带，已臻妙境，观之使人翩翩然有行云流水之感；“高”字下半部绝似强弩既张。用软弱无力的鸡毫竟能写出如此富有力度的笔触，实是难以想象的。

“墨戏”二字清峭典雅，我揣想教授在写到这里，也的确有些深入角色了。因为他信手写来，至“戏”字已有些歪歪扭扭，最后一个喜特的点，也恰有些像京剧里的角儿一种得其所哉的表情！

“兴”字主笔若不经意，而自然构成力与美的结合；“飞”字在十分慎重的字形上忽以潇洒的内挑“[illegible]”，恰似托出其轻盈、灵动之致。通篇的线条组合，充分显示

16开书写文稿纸500格

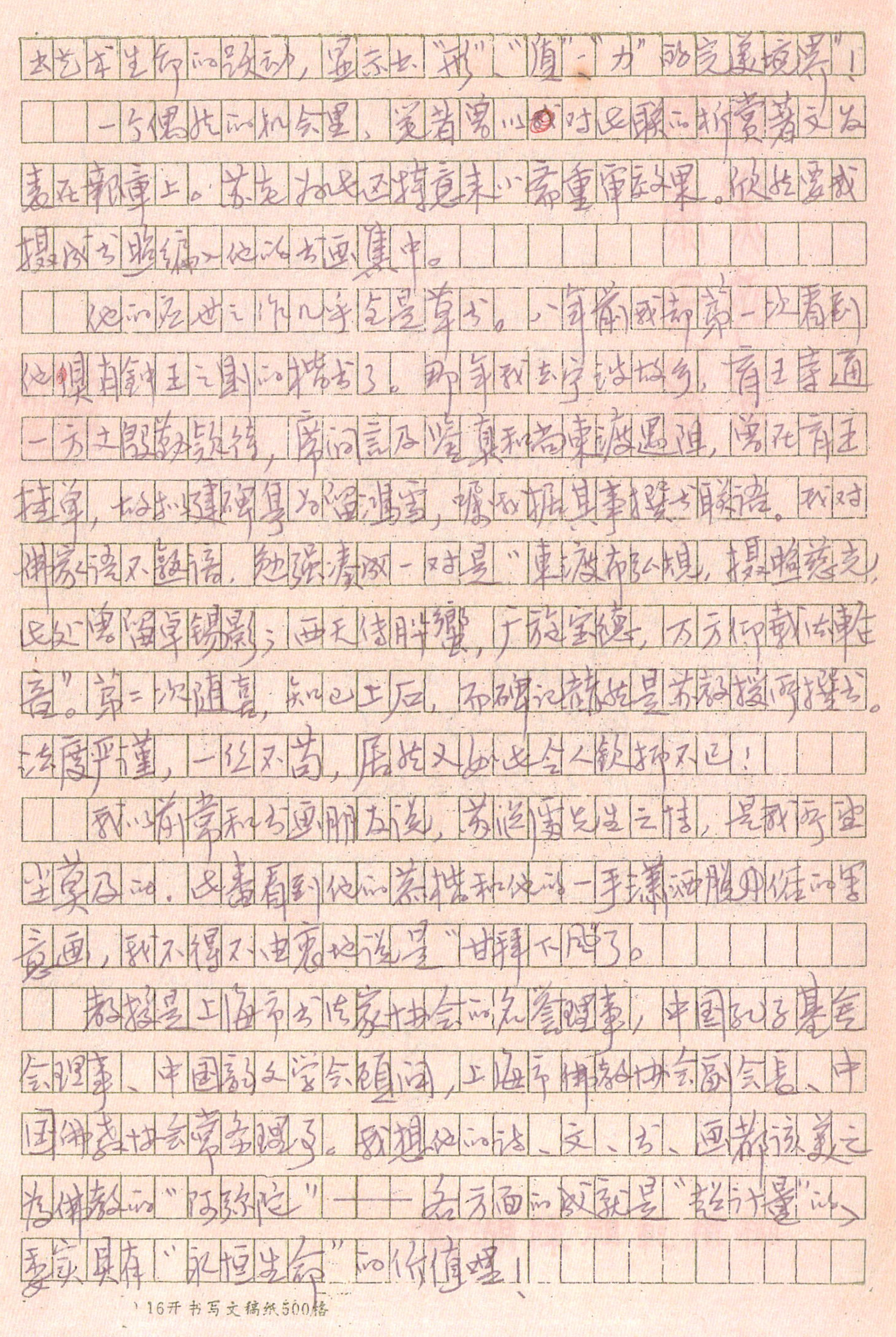

出艺术生命的跃动，显示出"形"、"质"、"力"的完美境界"！

一个偶然的机会里，见着寄给他的对比联的欣赏著文发表在報章上。苏老和我还特意来信郑重审议结果。他然要我摄成书照编入他的书画集中。

他的应世之作几乎全是草书。八年前我却第一次看到他模拟钟王之间的楷书了。那年我去宁波故乡，育王寺通一方丈殷勤款待，席间言及鉴真和尚東渡遇阻，曾在育王挂单，故我们建碑亭以留鸿雪，嘱我据其事撰书联语。我对佛家语不熟谙，勉强凑成一对是"東渡布弘规，摄照慈光，比丘曾留卓锡影；西天传胜缘，广旋宝德，万方仰戴法幢音"。第二次随喜，知已上石，而碑记就是苏教授所撰书。法度严谨，一丝不苟，居然又如此令人钦佩不已！

我以前常和书画朋友谈，苏渊雷先生之书，是我所望尘莫及的。此番看到他的篆楷和他的一手潇洒脱俗的写意画，我不得不由衷地说是"甘拜下风"了。

教授是上海市书法家协会的名誉理事，中国孔子基金会理事、中国韵文学会顾问，上海市佛教协会副会长、中国佛教协会常务理事。我想他的诗、文、书、画都该算之为佛教的"阿弥陀"——各方面的成就是"超计量"的，委实具有"永恒生命"的价值哩！

16开书写文稿纸500格

《老艺术家传真彩英集》序

正如"书圣"王羲之在他的不朽名著《兰亭集序》中所感叹于人生的"修短随化，终期于尽"。然而这位大书法家"游神萧远，灵襟豪旷"，在苍凉感慨中毕竟还寓有一种高雅的逸趣。于是"列叙时人，录其所述"，以期后之来者亦将有感于斯文。

笔者碌碌庸才，固然未敢妄与天人神采，但这难言微旨，却给予我以遐想和启示。遂会同周家有、方志麟两君合议，编辑了这本册子。

此集以海上老艺术家为征稿对象，已选辑61位，其中70～80岁的有36位，81～100岁的有25位。艺苑寿星，举世瞩目。书画征集的绝大多数是艺苑中外的名流。

组稿过程多承诸公给予嘉誉和鼓励，增添了我们编辑工作的信心。如萧若舟教授说："此集出版有文献价值。"王瑞先生说："这是千秋功业，若干年后便成珍贵的历史资料。"海粟老人也说："此事很好，功德无量，我一定支持。"富华先生热心支助了我们工作，还感叹地说："如果维舟还在，我一定推荐。"陈从周教授则提示我们："如出版顺利，希望将作者传记译成英、法、日三国文字，广为流传，使海外雅士也能看到海上寿星艺人的玉照、佳作以及大山大艺的艺术传略。"

但在我们对这些溢美之词感愧交并，我们毕竟也从中进一步领略到走向编辑的意义所在。遗憾的是，韶光不贯，无限未广，艺海险且，遗珠难免。如果此集刊行能取得理想的效果，我们一定再接再厉，扩大范围，赓编续集，以飨读者。

最后，我们衷心祝愿老艺人百岁长健，艺苑常青，泓曦含辉，芳烈如兰。使我们艺术的百花园里这一棵棵珍贵的"老来红"，越老越红越少年，为社会谋幸福，为祖国争荣光！

萱洲陈祖范谨撰于上海忘斋

一九八六年春日

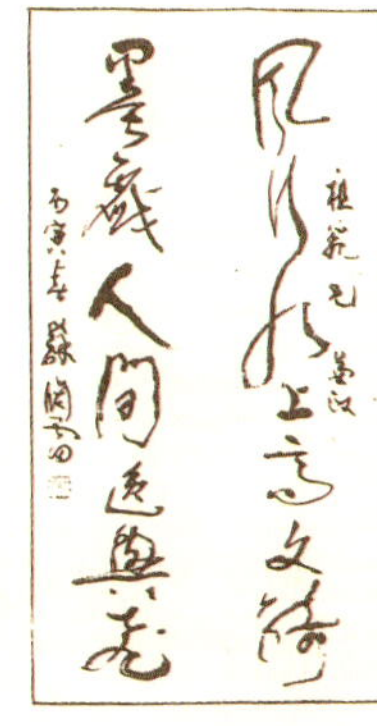

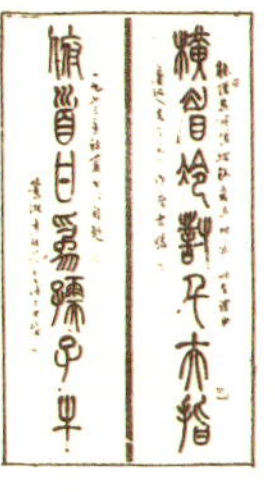

~~浙江少年儿童出版社~~
杭州武林路　电话：22931（总机）

為先生處大函之節件
海外藏壇奉為法匠
宗匠不獨如輩如濂之

~~浙江少年儿童出版社~~
杭州武林路　电话：22931（总机）

所當翻介此彼邦人士亦
藉首以望，盼之殷切，已
近日內把文當即發
出，請稍釋清懷為幸。
濂治書史，於禪宗亦頗
欲涉獵，日後尚望

~~浙江少年儿童出版社~~
杭州武林路　电话：22931（总机）

前輩多加賜教，為盼。
餘容再稟，即此
恭頌
研安
晚 陳振濂 叩上
三月二十四日

浙江少年儿童出版社
杭州武林路　电话：22931（总机）

渊雷先生大方家砚席
前次转擲先生法书及
手教均已拜悉，海何幸
屡承先生锦注也。想
先生为一代佛学之宗，为
海等之深所仰慕之学

浙江少年儿童出版社
杭州武林路　电话：22931（总机）

界泰斗。此「五灯会元」
等手定佛典，海早已购置
一部，以供朝夕揣摩也。是
益知先生之博大精深
独驰海内。
读书偶灌奇峰似不为

古人所囿，尤见出胸中
块垒不吐不快之趣概

渊雷先生老前辈方家大鉴：

顷刚自哈尔滨返杭，拜接 赐函并有缘拜睹 宏文，深所感幸。老前辈以一代学界泰斗，不耻下问，俾晚先睹教诲，此生览则汗颜已三矣。

大文格调宏远，所论极精，于史实并无相悖。拜读后深感老前辈学识精深，为吾辈所万难企及也。拙撰粗陋，不堪入目，乃承 青眼，惶愧无任。倘能得 耳提面命，是所企盼也。

在日作介绍 先生法书之事，文已写出多日，然迄今尚未有回音，深恐托附非人，致误此事。日前在此与诸友，遇《光明日报》记者，言及 先生法书精深，请该报予以推扬，得荷允诺，将介绍先生

20×15=300　　佳木斯市文学艺术界联合会

复印仲翔尉上

书法一事定下。昨日在滬作中轉，与家父谈及，由家父出文一篇，并配法书二件，在《光明日报》中国书画栏上作介绍。目下家父正在赶稿，一俟稿到，即将存晚处法书照片配合寄出，则不日即可披露矣。此乃晚之一份心愿，并聊慰在日介绍一事未能详之過，若老前輩以此稿尚有遺漏，則晚日後當再作努力。

屢承下賜法著，拜讀後深為欽仰，遙望日後能多聆教益，以開茅塞，鄙衷遙之。老前輩起居一切可好？遙望珍攝貴體。耑此恭叙

道安长寿

拜上

晚 振濂 [illegible]

謝缽翁上巳賜壹看花詞荅二絕句並示仙樵

秩讀賜壹嫁香詞一春清思隔重帷茂南居士賦
初題已是芳菲過半時 春來未去看花昨偶涉園
海棠已謝牡丹將放矣

舊遊最憶花之寺中表常懷葉則庵五十年來如
雨世憑君春夢續餘談 葉友聪表兄又號則庵為瓶花
簃主中常客三立協先生嘗以其
詩對花之寺
人咸稱妙

題丁蘧卿春雲別三疊調呈漸園翁

梅村詩體有誰能名刹芭蕉閱幾層感慨為歌
曲全集振奇絕異謎春燈千秋暖節紅樓夢
來而名家白髮朋 丁君為閩中先生少子曩
在中南大樓一見於今數去 讀玥倉
皇辭命際寒窗於雨我輕無

缽翁正之 戊午穀雨 兼與待削

仲翔词长吾右：月来聆行旌莅止，昨施蛰翁去，知已匆匆返平阳，不胜怅望。前次呈函有诗未及交卷，特补录之。又新作词一阕，均请吾正，并惠题辞以为光宠。吾钝师今年七十四寿，诸公皆有作，公亦不能无一言。附诗牍二纸，小者乃为求作轴大一方，为钝两纸，此次返北京，顺及何人当有不少佳什，能抄示快睹。令女可致政府何处大学，并念。即颂

吟安

陈兼与 顿上 十月六

锦水翁赴哈尔滨讲学道过上海寄呈

一别淞江忆七春，借杯为浣永嘉尘（与君同返温州生涯方治，与欸客使留共饮）。不知此客还南客（君执教东北十三年，退居平阳七年，中三度北游），犹是诗人兼酒人。形数语踪任感慨，久荒瘦骨越精神。相看似鹤清癯及，又作龙沙万里宾。

岁戊午 兼与呈稿

六月二日汪欣生斋中小饮天风老人有诗见及敬和一首

并呈紫宜钵水二老

麟渊姓字记难详 不是师丹老善忘 城北见时犹独美

淮南归后气逾苍 画禅一室原非病 草圣三杯许

更狂 上句属紫宜 下句属钵水 眼小桃花莫惆怅 多情自有似汪郎

钵水诗翁正之 兼与呈稿 己未夏

天风诗有虞将陈伯玉嗟作李东川语故有首二句又是日公所书皆宜兴诗欣生已拓好并装裱佳得未曾有郎日寒斋生客同观无不赞叹也 附记

钵水翁足下：匆匆一晤，未能尽意。十日（星期二）下午三时半在汪新森主办斋略备茶点（并有酒）请谈谈一叙。务请吾兄是日大作与李鲁诗林清惠临为盼。

时祺

兼与

四月廿日

鉢水先生詞長尊鑒：久未晤教，知有都门之行，弘一法师百年诞辰纪念诗承和韵，别出心裁，高人一等。晚檄至齋魯一首，特地遥寄，读佩甚。寿白凤诗气益轩举明矣。新春当有良會，余容面罄。敬颂

春禧

兼與拜启　正月初三日

正叔　寿人日之约，准当趋陪

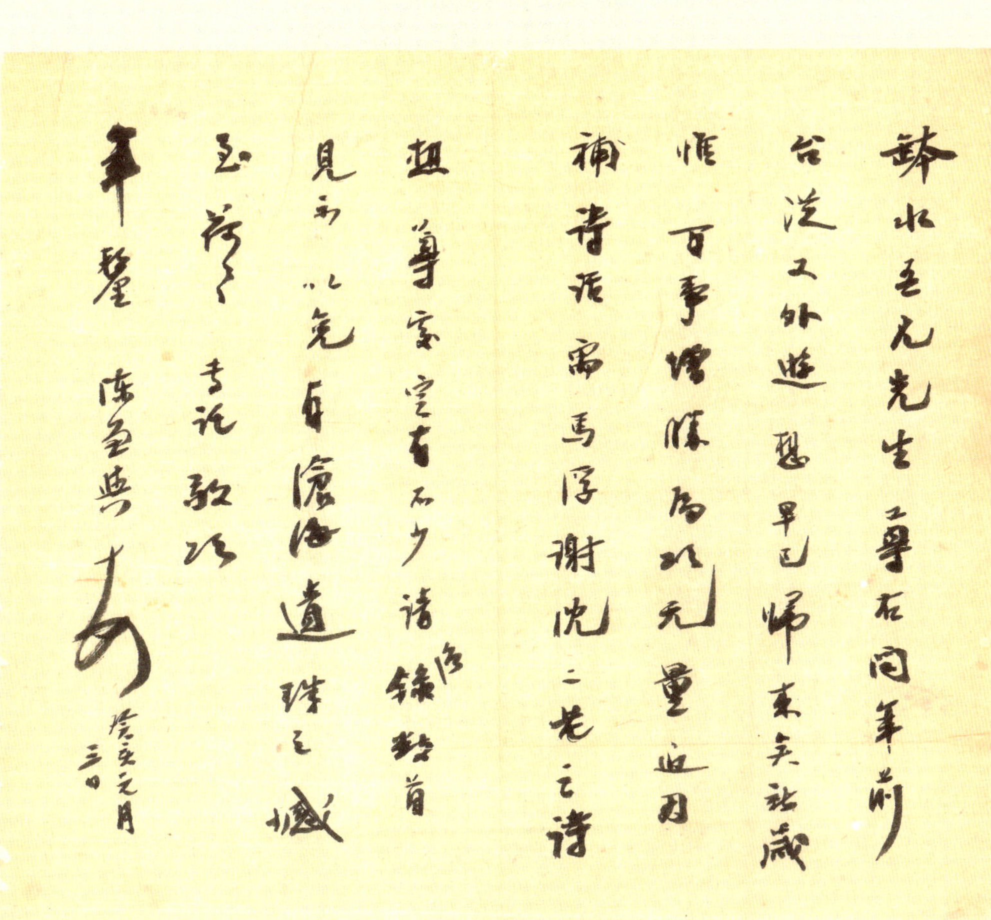

钵水吾兄先生尊右：闻年前
台从又外游，想早已归来矣。新岁
惟万事增胜为颂无量。近因
补诗话需马浮、谢沈二老之诗，
想尊处定有不少，请录数首
见示，以免有沧海遗珠之憾，
至荷至荷。专此敬颂
年釐
陈兼与上
癸亥元月三日

昨以冬暖到姑蘇，歷會重游興不孤。伴至園亭饒秀色，不煩山水擅雄圖。謫居情苦懷滄浪，樓隱詞妍念石湖。若向七清稽史迹，詩人最眾是三吳。

森嚴文網厄悚張，來許清詩遂宋唐。王顧鵑魂真泣血，錢吳銅淚更薰炙。竊曾全盛辭俱淺，後到中衰境轉昌。我是閩人非閩派，不妨冷峭味同光。

癸亥冬赴蘇州參加清詩討論會感賦二律。會上奉聆

仲翔先生高論，并蒙惠鴻著，心感，書以求正。陳祥耀

钵水翁大鉴 前句唱及乃得金陵扬州之清游不胜
羡 读诗气象苍浑直摩坡老之垒便有数字
可商 以改定寄还 附于阁后 何寄与钱藏之笺中
已遨入赣 好极 毋復印度
吟安 弟兼与 手
[illegible]题存诗第四句意见
拜芳[illegible]

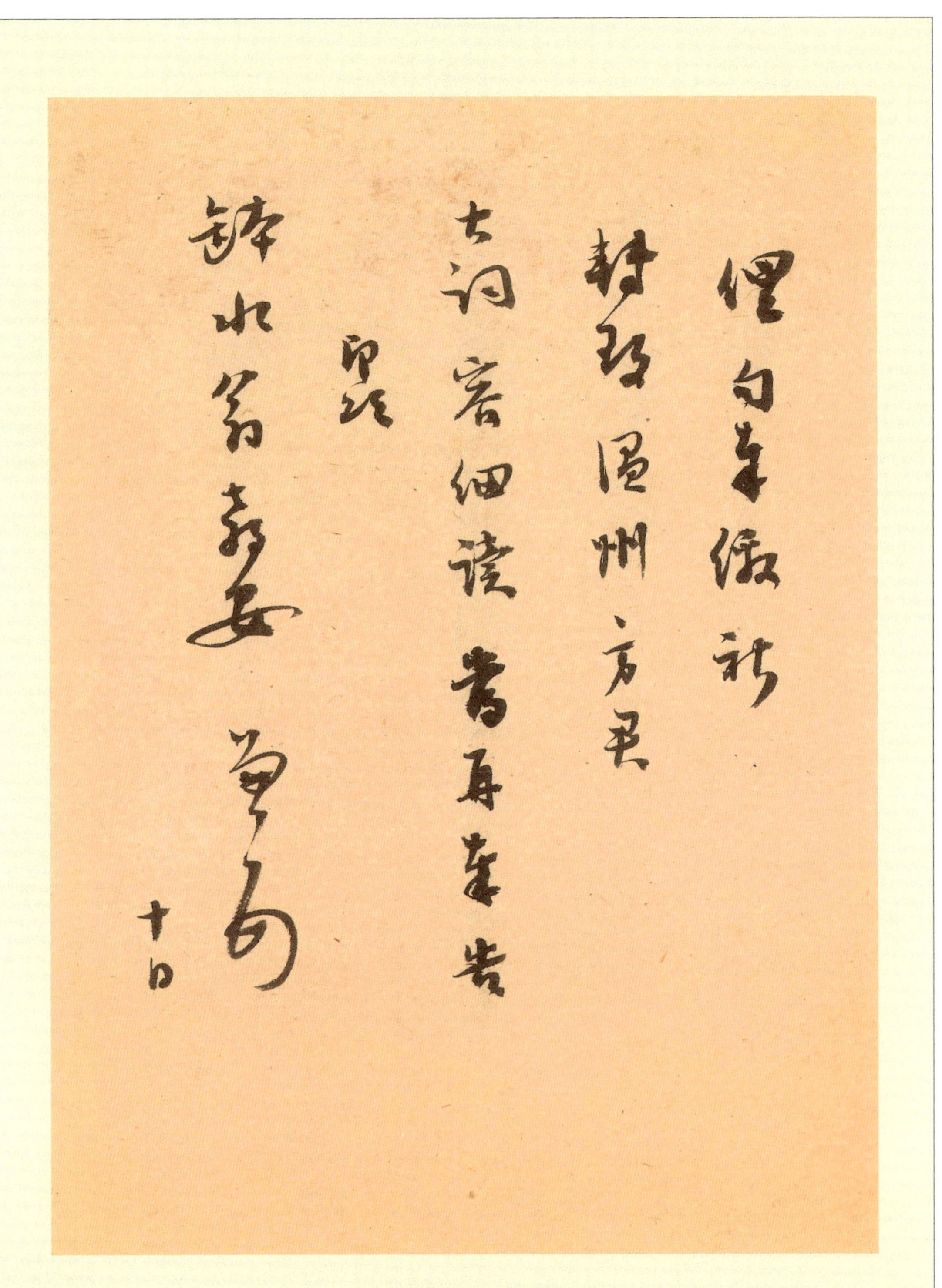
俚句奉教，祈转致温州方君。古词容细读，当再奉告。即颂
钵水翁春安
兼与
十日

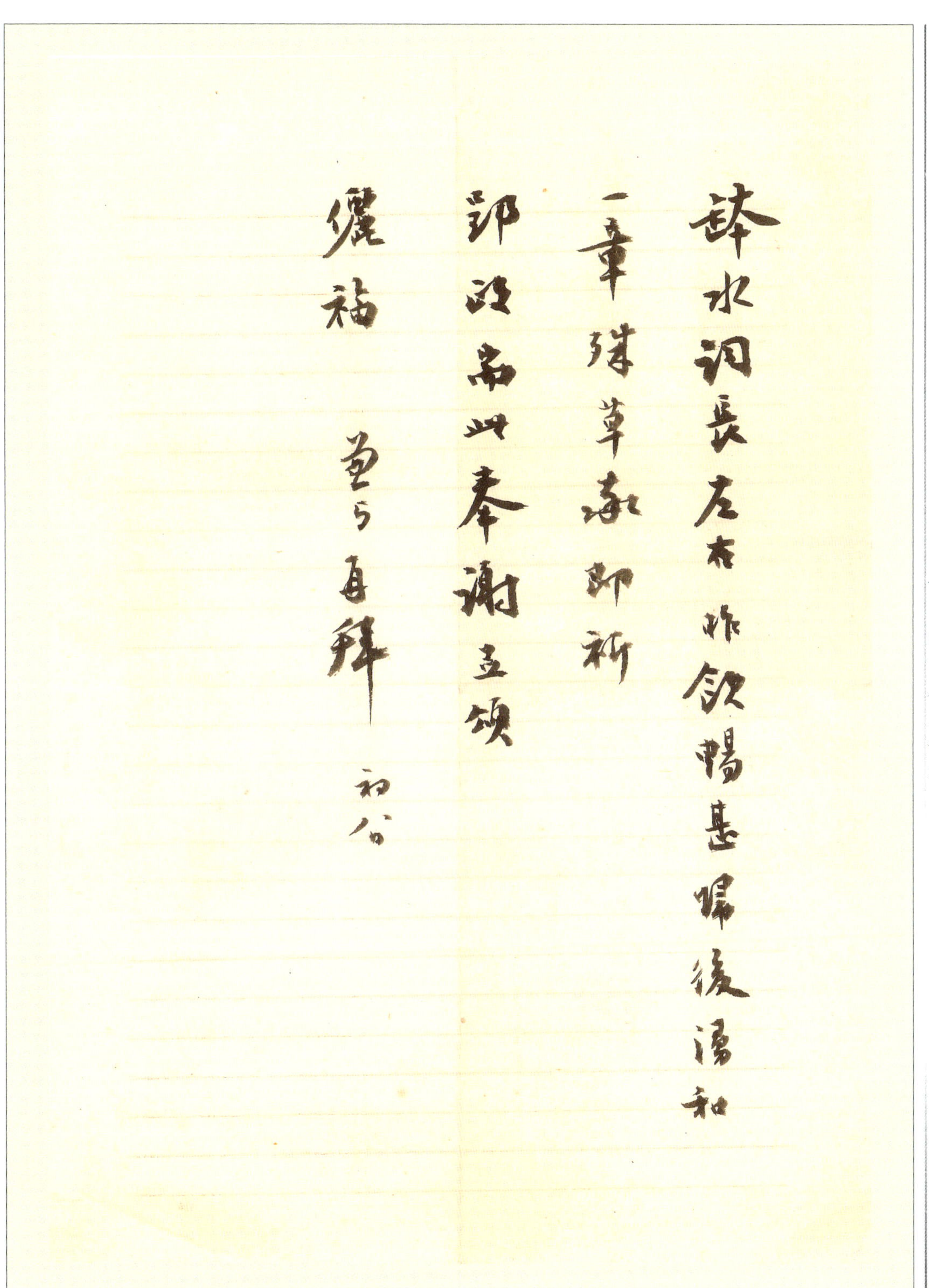

鉢水詞長左右：昨飲暢甚，歸後得和一章，殊草率，即祈郢政。肅此奉謝，並頌儷福。

兼與再拜 初八

仲翔先生：昨奉

損書，快同覿面。大詞數十首，縱橫馳

騁於東坡、青兕之間，才情不可一世。

墨梅數筆，渲染無痕，又是八大、

青藤以還之筆。佩領之餘，因成奉

懷長句二首，聊貢高明，不足云作也。另以

刷拙寄上油印詩稿一冊，到請察收見復，

並望多加評騭，至幸。即頌

年綏

兼與敬啟 元月廿日

仲翔同年前歲酬余之歸字韻見懷和荅

北征兩度又南歸，江上過鴻爪雪稀（君前作兩年兩次北游過滬，旬未少留）。入夢舊顏疑尚壯（初見君時君年纔四十許耳），轉頭影事已多非。尘無風雨難爲樂（記二十餘年前飲於某園，座有楊千里，是夕千里微被酒，君曰：此老何姪婿也），我彭龔丞二久違（君寫示施蟄存壽居七十句，劉存自丙午後亦未一面）。嚣落春游如再訪（來詩有待約春風醉一園語），飛絲老柳証成園。

寄懷蟄存先生用前韻

老似山雲久自歸，坊亭相望見猶稀。尋碑補史（君曾廣搜歷代碑志以補史佚，又之以選，今無及）於新獲，選集編詩識昨非。知人之詩解道紅蕖青鮮美，祇惹冰茶雪芽違（君曩有福州雜詩，保雪芽茶名，見園樑園閒小記）。頤閑聲叟揹清課，快意如樓不受困（閻君已退休）。

新詩收到佩誦無數，奉和一首請正。蟄存先生雖同處一地，不見面二十餘年，因讀其詩，殊念其人，愚園路住址忘其門牌，今從故紙中乞代致之，宋至。

歸水翁

兼与 頓首 一月廿日

钵翁老兄著右：久未晤教，驰念曷已。闻之调谑，可喜可贺。兹有杭州中医师，又为西泠印社社员林君乾良，春晖寸草图请求题咏，已题者有数家，载编海内以为快。大笔指名要为转求，附上来件，想亦必念其孝诚，能赐题为一乐也。不胜同感。即颂

春安

弟陈兼与顿

二月九日

鋅水仁翁道席：违教日久，新歲發春，计履祉勝常，健康愉快為頌无量。新著《易經會通》博引中西哲言，益見吾易之博大精深，誠為有益世道之書，拜讀甚佩。此復，順頌著綏。

陈兼与上

二月廿五日

渊水先生阁下：连日阅大著《讀史舉要》書，凡題例雖僅二十萬言，而史論結合，包羅萬有，為今日言愛國教育人人必讀之書，先生三長之譽當之無愧。明之王船山、近之梁任公、孟心史，其儔也。拜佩拜佩。昨拜手来書告以此著能設法寄其一本，俾共欣賞。去年惠泉在滬《新晚報》有述足下近況一篇，尚屬翔實，當已見及。即頌

撰安

陳兼与拜上　六月廿八日

鉢水詩翁尊右：許久未晤教，馳企曷已。前月携鏡塘翁画來，方在午睡，僕婦謂公將開會去，故未延接，總爲歉然。聞每日均到玉佛寺整理《五燈會元》，功德无量。四月間虞北山來電邀往寺中一飯，是日曾詢諸善士，公適未來，亦緣悭矣。近虞陽朱子鶴爲我作《荷風竹露圖》，珍求題詠張之，附拙句四首並詩箋一番，敬請亦賜一詩，不拘律，亦不必步韻，隨興爲之，拜懇拜懇。即頌

健安

陳兼與 敬上 七月十六日

鉢水先生：久違至念，來函知又有东瀛之行，老當益壯。長古一篇包括全部中日文化交流往史，未用定盦詩語作結，周匝工妥之極，到日之後大可對客揮毫。囑為點定，實覺無懈可擊，原稿封還。待回國後再謀良晤。草覆，即頌

旅安

弟 兼与　八月廿二日

另郵寄上小著《填詞要略及詞評四篇》（在讀詞枝語之中），中有提及大詞，並於收到注意及之。

惠示敬悉 題荷翁句飄逸 題蘭亭句雅重 塵世適在座同酒賞 惟結句第二句稍韻為適押韻 覺未醇 惜擬改為「日趁寒」或「雲有情」 對上句亦較整

極佳

兩宜 永州之行甚壯 近代言柳學者 章孤桐一人圖 公平日所親炙有得者也

北山自居來滬日 擬華玉佛寺 今晚行矣

即頌

鉢水先生吟祉 兼與拜上 九月卅日

渊雷先生 新著論詩绝句三本拜領謝謝 退還一本已交孔思一本待其来時面致不误 孝鲁去厦门参加屠格涅夫百年诞辰纪念會日内即可回滬 函件可寄延安中路康樂村45号 大著内容甚豐富待细讀再作評語 先復頃

好

十月廿日 兼與手上

鉢水詩翁：承示湘游諸什，清新俊逸，豪氣未除，至深佩佩。近星加坡周君穎南有信來，已將令郎春生寄潘厦門退回函附請轉潘老一閱，周潘乃至友也。手復，即頌大安。

兼

十二月廿日

本市 北四川路 北大河路11号

蘇 春生同志 转致

渊雷先生收

茂名南路167弄12号陈缄

本市 北四川路 北大河路11号

蘇 春生同志转

渊雷先生收

茂名南路陈缄

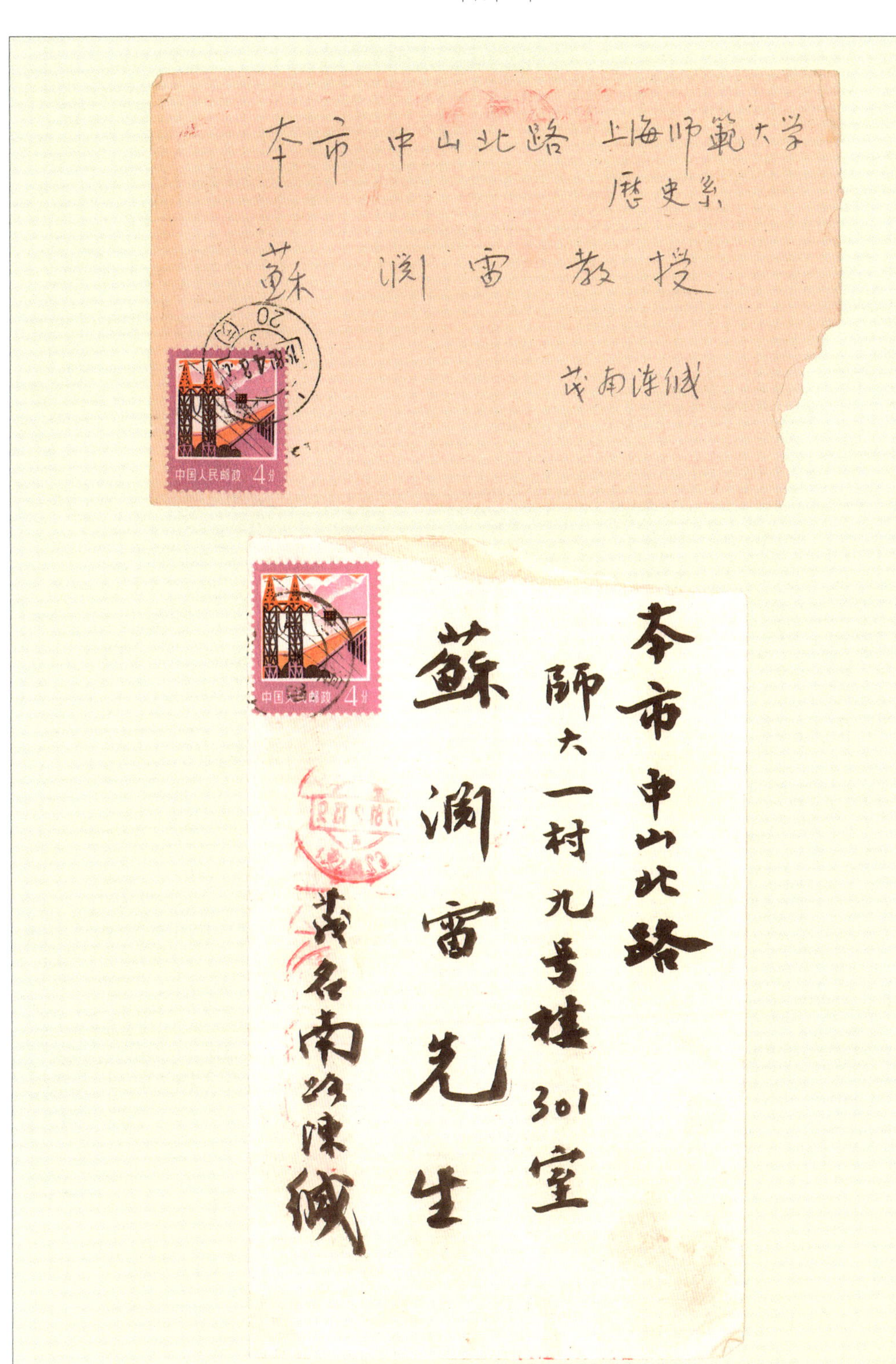
本市 中山北路 上海师範大学
歷史系
蘇渊雷教授
茂南陈缄

本市
中山北路
師大一村九号樓301室
蘇渊雷先生
茂名南路陈缄

本市中山北路
師大一村九号楼301室
蘇淵雷先生
茂南陈缄

仲翔教授：

苏州盛会，荣获晤　荆，引为愉快！

归来拜读　鸿著，出精出众，受益匪浅！

兹特录以奉览，拙书一帧，聊表寸诚，幸哂纳郢正是祷！

此颂

教祺！

晚　陈祥耀启　84.1.5

20×15＝300　　福建师范大学稿纸　第　页

1.

文献 杂志编辑部

括专著、论文的详目。注明出版（书志）年月日，出版社，……）。因为拟出版"中国当代社会科学家"一书，除传记外，都同时发表本人照片、与著作目录，否则不便发稿。

匆匆不一，顺颂

著安

晚 陈翔华

六月廿五日

地 址：北京市文津街七号北京图书馆内 电 话：66.6331—288

文献 杂志编辑部

仲翔先生：

长沙一别，久久想念。去年年底一直为瞿禅师的宋稿活动而忙碌，今年以来又杂事冗缠身，不及笺候，十分抱歉。

大著（自传）已收到。初步安排在《中国当代社会科学家传记》专书上刊载。近日将发稿，请即寄赠尊照一帧，并另附著作目录（包

地 址：北京市文津街七号北京图书馆内 电 话：66.6331—288

上海市中山北路3663号
华东师范大学历史系
苏仲翔 先生
文献 杂志编辑部
北京文津街七号北京图书馆分馆 100802

文献 杂志编辑部

仲联先生大鉴：

长沙一别，已有数年，十分想念。想近年来一切安好。

夏瞿禅师1984年庆祝会，承赐贺诗，十分感谢。但瞿师不幸于1986年辞世，去去年期在淳安千岛湖上筑墓安放骨灰，后事才料理妥当。晚先后在香港大公报与贵校《词学》第六辑撰作短文，追怀师教，不胜怆然而已。

近年来，晚辞不获命，只得勉为其难，参任《文献》季刊主编，实在汗颜无已。《文献》

地址：北京市文津街七号北京图书馆内　电　话：66.6331—288

文献 杂志编辑部

杂志作为中国国家图书馆（北京图书馆）学术刊物，以介绍我国古近代文史等方面典籍的刊藏、整理与研究为要旨，着重披露中外典藏的具有参考价值的文献及其研究成果。由于刊物性质与别的杂志不同，所以创刊以来尚获海内外学者的关注与欢迎。中国大百科全书等大型工具书已决定列入书条，外国驻华大使也来信对所发文章表示高度评价。当然，这只是一种鼓励与鞭策。其实，我们编校等方面的缺点错误，还是很多的，尚祈先生多多赐教。

今年是《文献》杂志创办十周年。为了进一步办好刊物，编委会决定开辟"《文献》杂志建刊十年感言"专栏，恳请国内外著名学者撰写数百字的短文，

地址：北京市文津街七号北京图书馆内　电　话：66.6331—288

文献　杂志编辑部

一则发表对刊物十年的看法、批评、希望与建议，以推动今后工作；二则也可以结合对近年社会上对文史学科不重视的现象，抒发己见，以期引起有关方面的瞩目，来推动文科的教学与科研工作。先生蜚声海内，曾赐鸿文大作，对刊物工作表示关切。因此，特恳请先生为"感言"专栏撰写短文，题目与内容悉自定。先生年事已高，本不当冒渎清神，但刊物同仁仰望之诚，惟祈垂察矣。倘蒙俯允，请在四月间赐下大作，谨此预致谢忱。匆匆不一，即颂

著安

晚　陈翔华谨上

1989.2.24

地址：北京市文津街七号北京图书馆内　电　话：66.6331—288

另已邮奉刊物今年第一期，请指正。又附创刊十年北京学术界座谈纪要，以供参阅。

19 年 月 日 第 页共 页

渊老：

拜读诗词后，又有一些感想。当今升平之世，虽无文字之忧，但难免如何说，空穴总有风，墨落白纸上，谨慎为是。

如"北游"（词题），怀念汪的"萧士"等，不能说诗病，亦可抽掉为安。

又题中涉及人名处，应加甄审，立足交代，先赵尊之后贵者，他日如何。当之果是今日如何。请于诗词句中筛选一下，有人看得懂，若如原则不能测其深处，以语游戏之笔了。

贞白翁选注旭老词，困难重重，因饶亦与之曾有过遇也。故编年亦有缺点，以此为人以隙也。

汪旭老遗遗之日，窃名告成问题，蒙丁翁之手札，犹忆有此路上，住入青年会，同在九层楼，皆由我签字，保证一月一付，我二人九年同桌而食者数月，当时惜之，不知其苦也。故贞白谓此时诗词，可选者无多，而汪之晚年，没有钱自印，又不知选者之甘苦，故我知选集之不易也。

另外，拙编《京剧史料丛编》中，有一种名《梨园外名录》有萧、旭初、贞白等题诗，老兄能填一阕词否？如蒙允，当寄他们原题，以供参考也。

何时希叉上 三、9

上海立信会计纸品厂出品 16开 双线报告纸（82.3-20） 30克 打字 302-45（4092）

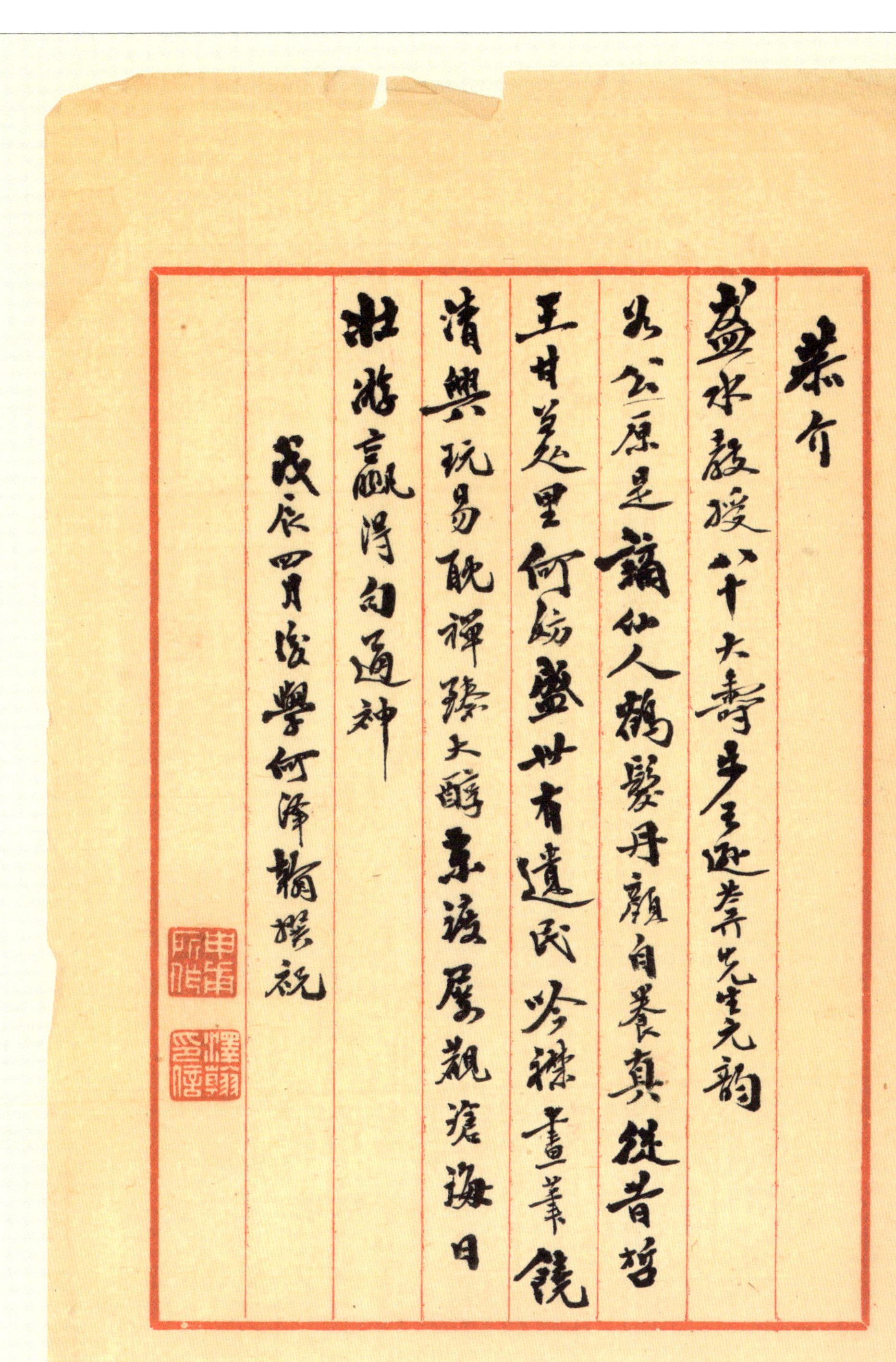

恭介
盋水教授八十大壽步王蘧常先生元韻
此公原是謫仙人，鶴髮丹顏自養真。從昔哲
王甘遯里，何妨盛世有遺民。吟襟畫筆饒
清興，玩易耽禪臻大醇。東渡屢觀滄海日，
壯游贏得句通神。
戊辰四月後學何澤翰撰祝

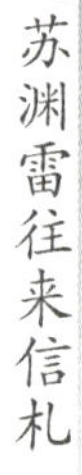

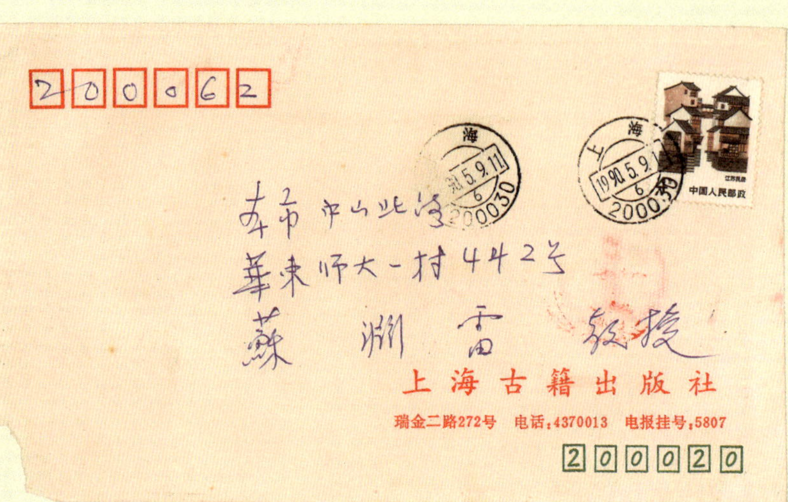

200062
本市中山北路
華東师大一村44２号
蘇渊雷教授
上海古籍出版社
瑞金二路272号 电话:4370013 电报挂号:5807
200020
中国人民邮政

老人天地 杂志

钟翁前辈：前接厦门张人希兄惠赐
尊撰近著游艺图书对谱一册，获书顺便
道及近况杖履之泰。顷张人希兄来
函，嘱代求墨宝，书画均可，大幅不敢
求，小品足矣。张兄与星岛周颖南先生
为谂交，本人亦系画家，祈不吝也。泰
左爱米，故敢恳之。作求汝书换佳酿
来领，为道士之白鹅乞王帖也，或请
贤伉俪命驾降寓，一叙尤可。专此
道安 弟何满子 拜启 八月
夫人前请叱名

上海古籍出版社

仲翔先生：顷奉宠贶宏安，且得快睹谠论，感极。兹奉上选注本编写要求及说明各一份，同此另寄拙稿万首选集上一册，祈察收指教。王渔洋选集尤盼能早日着手。俟台驾归回沪后，当再谋良晤，此布，即颂

撰安

弟何满子敬上 五月廿六日

蘇老座右：新春雅同慶一堂，未遑趨問候。擬不諳詩，但過大作必誦，句鍊味深，非祥外人所能欽佩之。友人所創劇美，其新開放新居收回，先生當候宜期光臨賜觀，與識會大增趣。佳佳、麻濟三亥三字老行陽曉一內明明，該萬家重陽九日前元新棣尚未明明一提示為祝，尚此敬請

道安

晚佘貴棣上　　日

上海市老年人体育综合服务中心赠

富阳宣纸厂制

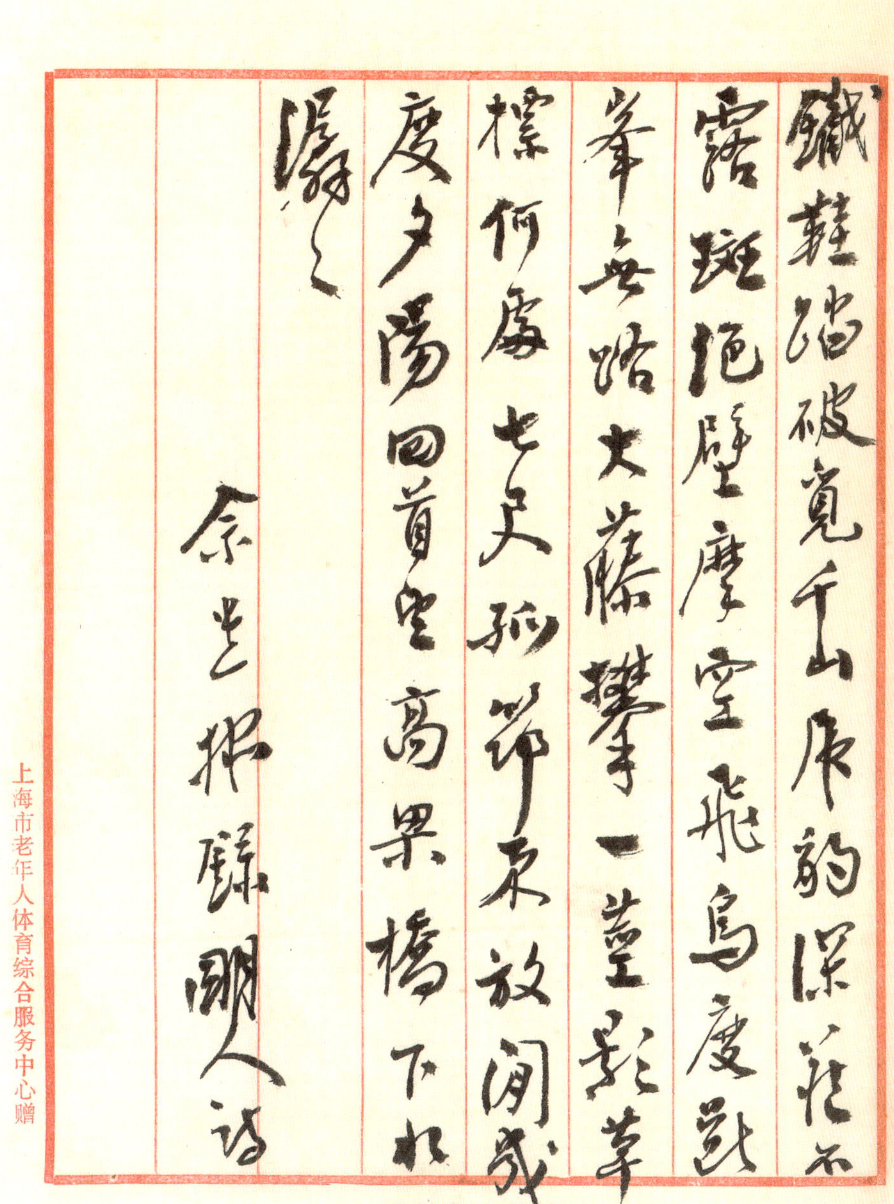

鐵鞋踏破覓千山，原韻深藏不露斑。絕壁摩空飛鳥度，斷峯無路大藤攀。一莖影草標何處，七尺孤筇來放闊，歲度夕陽回首望，高果橋下水潺潺。

余貴棣錄湖人詩

上海市老年人体育综合服务中心赠

富阳宣纸厂制

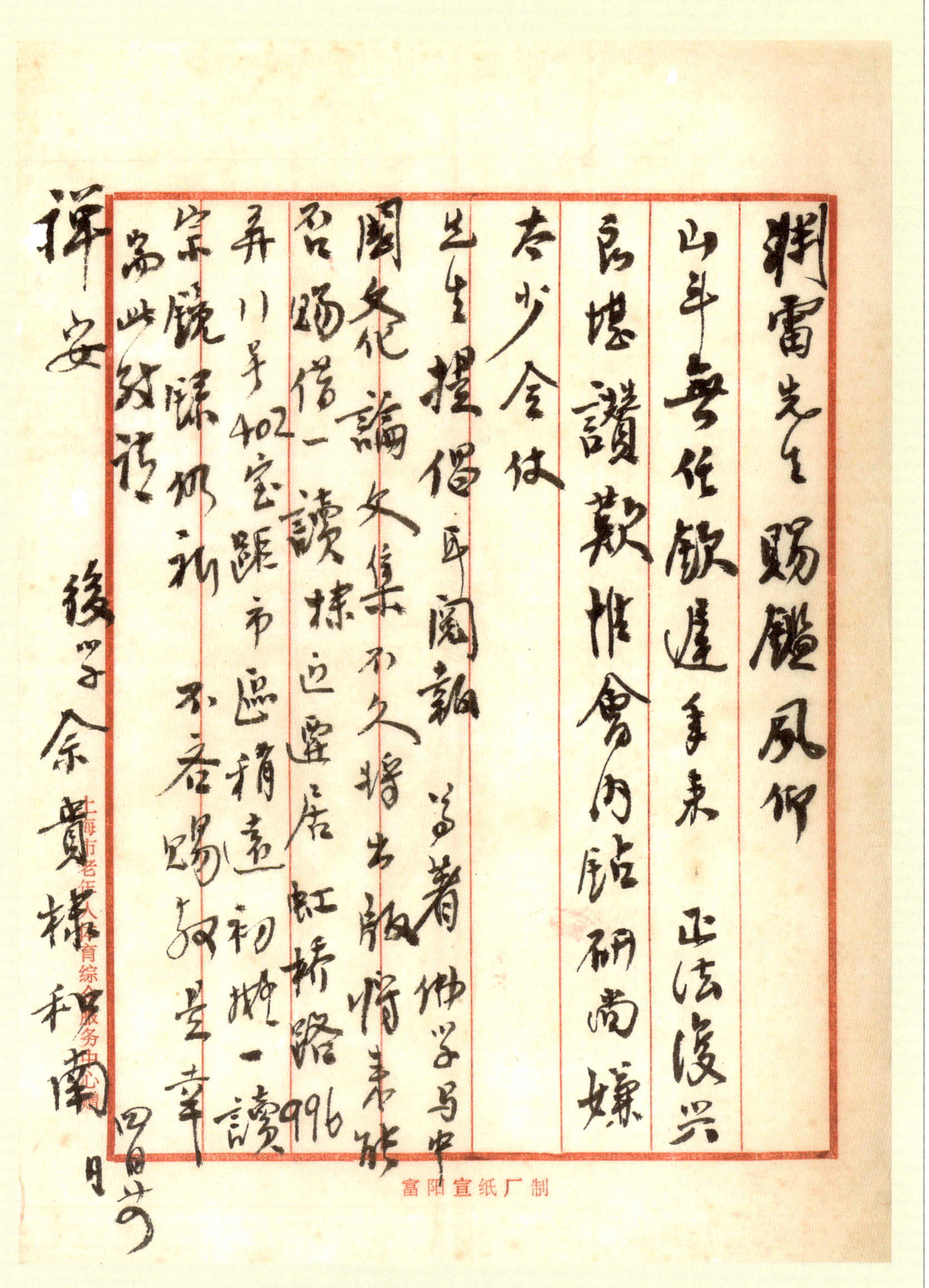

渊雷先生赐鉴：夙仰
山斗，无任钦迟。手书 正法复兴，
良堪赞叹。惟会内钻研尚嫌
太少，全仗
先生提倡。曾阅报 高著《佛学与中
国文化论文集》不久将出版，将来能
否赐借一读。棣近迁居虹桥路996
弄11号402室，距市区稍远，初拟一读
宗镜录，惟祈 不吝赐教，是幸。
专此，敬请
禅安
后学佘贵棣和南 四月廿六日

上海市老年人体育综合服务中心赠

富阳宣纸厂制

渊雷吾兄：

承约本月十七日至府小叙，亦得欣晤，奈吾适逢是日会间另有约会，无法脱身，殊为遗憾。兹逢静芳女弟来舍之便，特嘱其转告。还望见谅。隔日有暇，当造府奉候。肃此函复，即颂

冬安

弟应野平 1981.1.14.

秋日過公園

輕陰斜日入微涼淡〻風光意興
長便欲歸懷尋水石不因覓句過
林塘携回白酒閒中飲析得秋花分
外香剩有餘情窺遠景滿街暮色
鬱蒼〻

近作錄呈

渊雷道兄詩家 正

寄

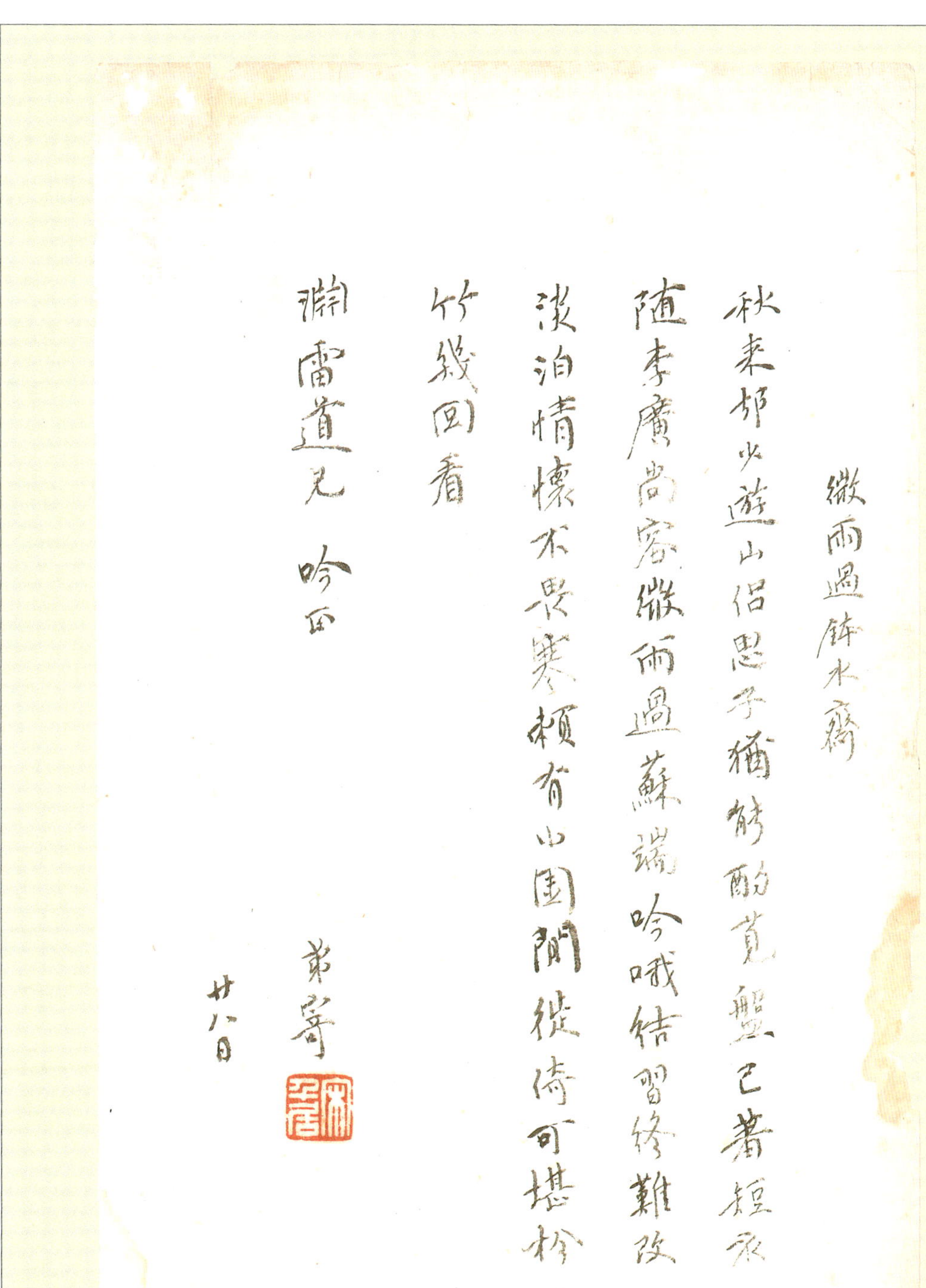

微雨過鉢水齋

秋來却少遊山侶思子猶能酌莧盤已著短衣隨李廣尚容微雨過蘇端吟哦結習終難改淡泊情懷不畏寒頗有小園閒徙倚可堪松竹幾回看

淵雷道兄 吟正

弟寄

廿八日

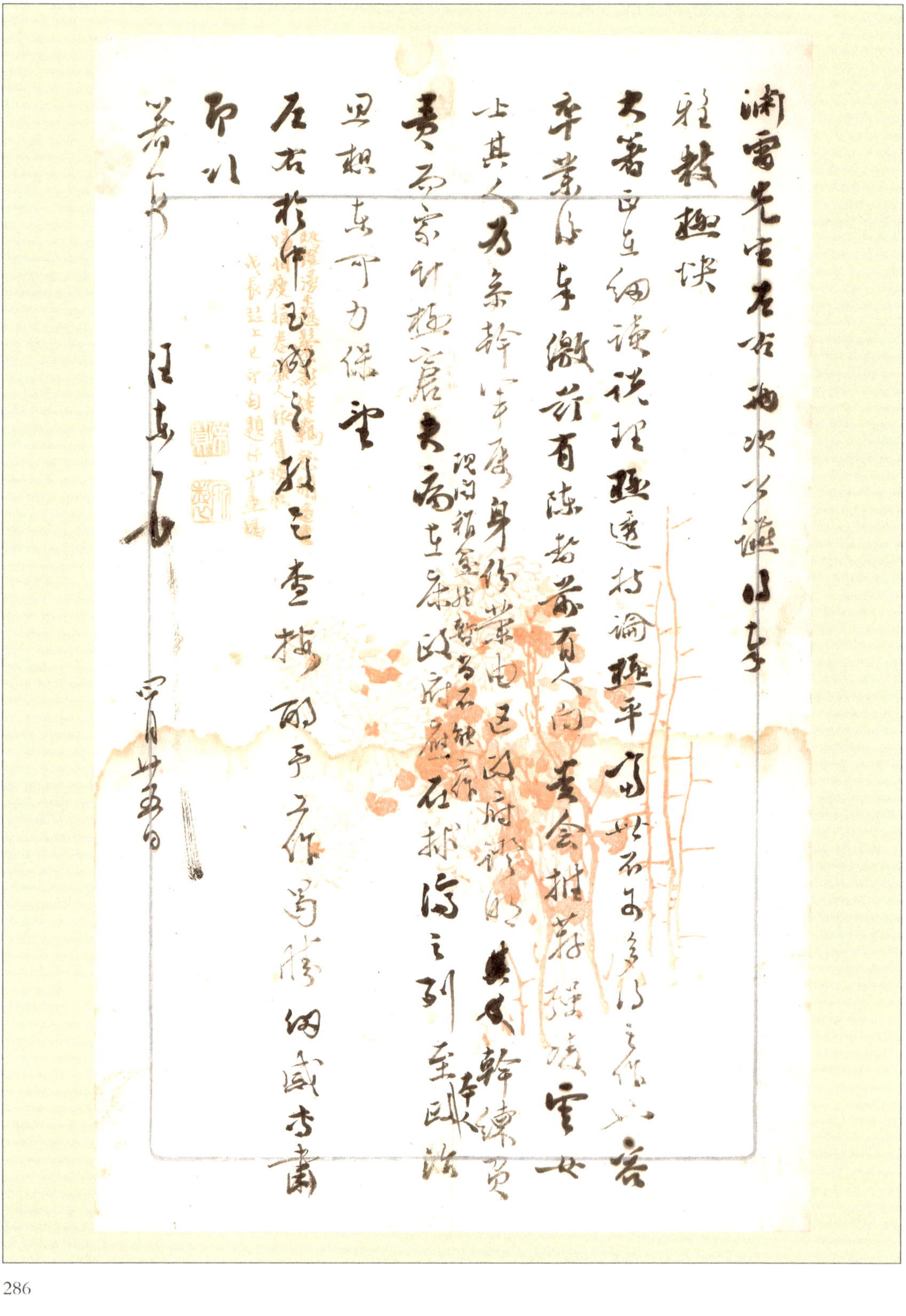

渊雷先生：久不晤
教，极念。尊恙想甚难出院，恐尚难用功。日记业抄来若如
同进行，请本星期日（廿一）上午十时前
临舍一谈，如无暇亦可。示期由东趋访，此及原日记
兼本携到，别有负荐琐琐话，原件均在东家，可否稟
其款，东已代付，候见简称
特奉上书目，如同时不及核阅
著安

汪东上
八月十九日

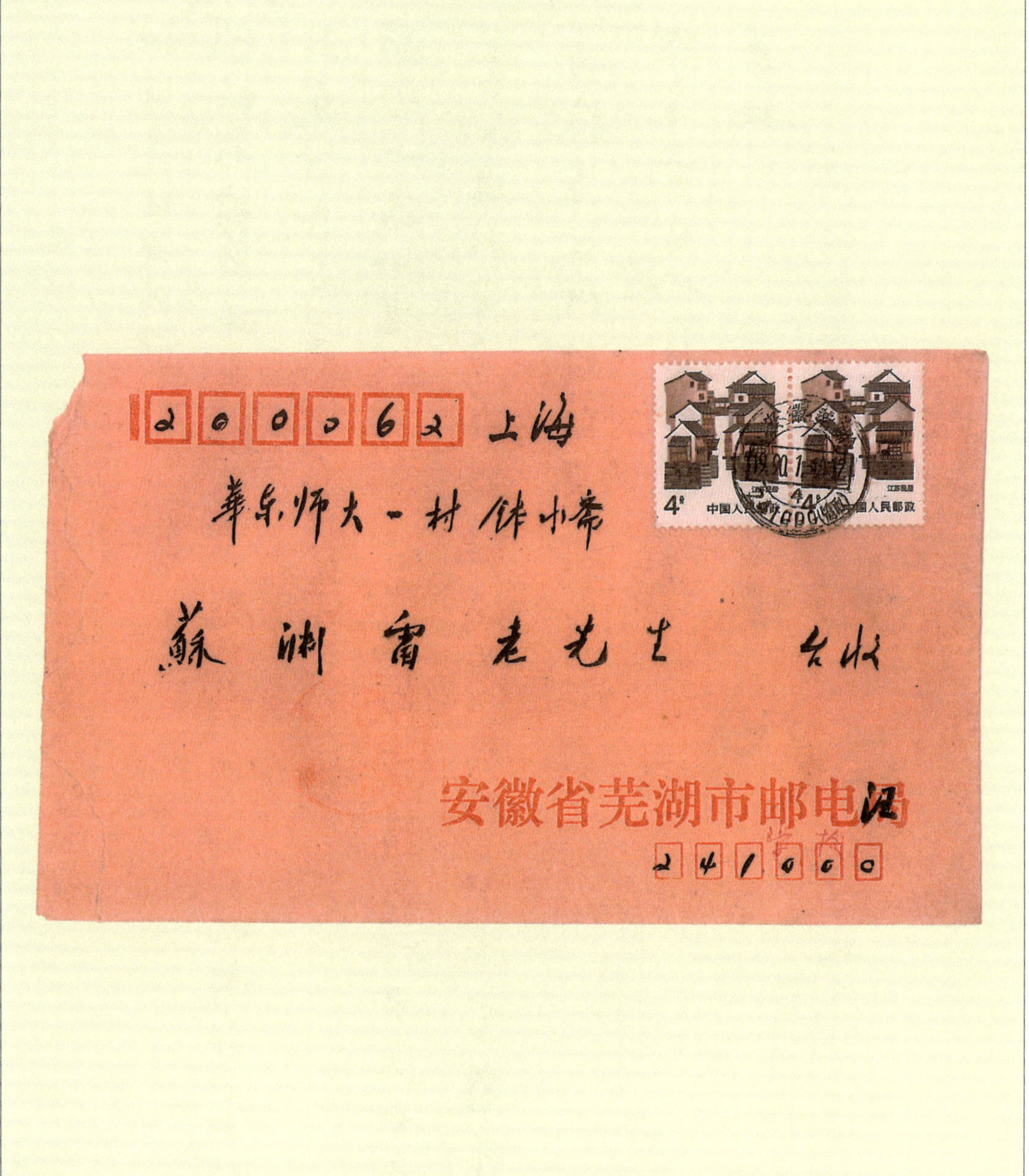
200062 上海
華东师大一村钵水斋
蘇渊雷老先生 台收
安徽省芜湖市邮电局
241000

编辑同志：您好！

一个偶然的机会，我瞥见一张8.30.《文汇报》，突然，报上射出一道灿烂金光，触我眉睫，霎眼之间，犹如电闪。定睛一看，在报上一个不显著的角落里——华东师范大学学报（哲学社会科学版）1983年第四期目录第六行作者位置上，赫然印着光华夺目三个大字：**苏渊雷**！使我大惊！狂喜！——四十年前，读其书想见其人而不可得，藏之渴伏，亦或者随忘川之水而倏然逝，且疑此著名学者或亦如其老祖端明学士之早游道山了。现在始知觉，此老名士犹游戏人间，昊天慭遗，斯文未丧，能不狂然惊，喜而狂呼！

远在四十多年以前，抗日烽火初燃，我尚犹未及冠，读中学时，获读苏公所编《小品妙选》（《冰雪文粹》）及其序言，满纸芬芳，如挹芝兰。此后，又读到苏公大作《钵水斋文约》（此书似系胜利后出版，纸质极次），妙思精论，拥吝灵犀。此二书我曾视若师友，珍之惜之。不幸于丙午浩劫之初，与[illegible]，致使珠还无望，痛若裂肝！

今天，竟然于无意中从学报目录中睹此金光闪烁之名，真有如见三代以上人物而兴“无怀氏之民欤，葛天氏之民欤”之感叹！其文既揭于学报，其作者必然是贵校之名教授之將。計其年即係本學期頭，亦未如"瞻彼淇澳，菉竹猗猗，有斐君子"之衛武公者；徐吾哲人未萎，健筆尤存，亟思欽誦其文，以慰渴仰向慕之殷。李敵地之僻處江干，我又荒疏寡學，貴校學報從未拜讀。此地新華書店及郵電向皆從未出售過；又不知 貴校地址何處，不克逕函求代訂。計惟直接函詢 左右，附寄郵票代資0.96元，有勞代購學報（四期）一冊惠寄。餘款無須退回。此蘇公大作僅刊上篇，其下篇必刊于五期，出版后仍寄一冊可也——如其上中下三篇分刊三期，則我他日可補匯款購第六期也。

蘇公既為 貴校名教授，撰述必富，請您能否簡要一筆略，告訴我關于他的行年著作，有哪些已出版的學術專著，及其發行？特別是——《小品精選》、《歸小文鈔》兩書，能否求以補購之渠道，則不啻那即饜足。企首蹕送，並祈早賜予見覆為盼！

瑣屑凌瀆，不勝惶悚之至。

順致

敬禮！

吳稚青 敬上 九月八日

賜答處——蕪湖市人民路郵電學校

蘇子今之奇羅物蓋羅志狀貌何溫恂中聲
淩雲氣豹彼專橫綢挺身獨羈罣達年
鳳在笯屏迹書成捍一朝辭倒懸遂踐新
民義之固重工農不廢文章事翹之鄧林材
爨桐世所棄知音一收蓄豈恤眾口忌識我
稠人中悅非從櫪驥招邀杯酒間賞為數子地
名理入詩篇足補人海記通達恢泯古今一笑為
支贊
淵雷先生吟正　兆奎贈言

中华书局

渊雷吾师足下：

承赐法书，若获珍宝。吾师学识渊博，功底深厚，才思敏捷，潇洒过人，蓉城追随左右，心深为折服。字如其人，展读余暇，仿佛我们在王建墓前、薛涛井畔情景，历历在目。睹物怀人，益增思念之情。日后再来沪上，自当登门拜望，敬聆教益。

石樸全之书稿，经查询哲学编辑室，云已收到，正在读中，并拟于年内发稿。知注特闻，并颂

文安

弟张先畴再拜

九月四日

北京王府井大街36号　电话55.6848　电报挂号5364

辛丑仲春 仲翔先生出示詩文稿率賦
奉贈并 吟政
少日曼才思賈傅
中年造論比君山
對牀季世更憂患
自有寸吟鐫肺肝
長夜夜隱流離遊
豪情應共語杯寬
相期老至詩懷健
春在龍江渠來間
張志岳拜草

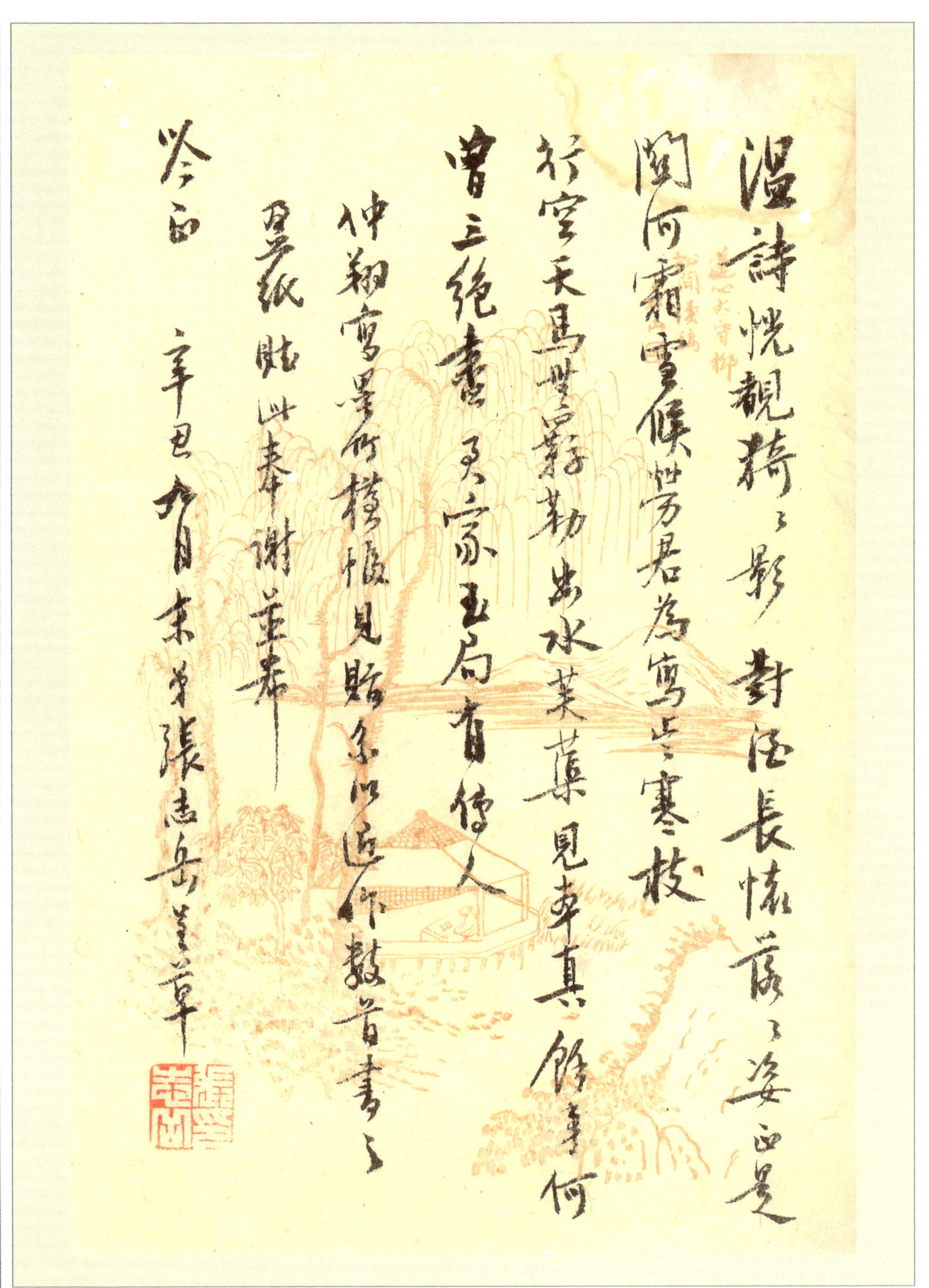

温詩恍覩猗猗影，對話長條裊裊姿。正是闌珊霜雪候，世間君為寫寒枝。行空天馬世無羇，勒出水芙蕖見本真。餘事何曾三絶書，更索玉局者傳人。

仲翔雪景何樓悵見贈，系以近作數首書之墨紙，賜此奉謝，並希

吟正。辛丑冬月末弟張志岳並草

梓水居士雪夜過訪留飲談藝踏月歸去翌晨出示新章以次原韻並希吟正　辛丑冬月伯高

雪月照歸路詩人思渺然變光生冷艷獨影盪高寒水調吟成緩荷摶意尚酣懸知敲戶急脫手得新篇

讀蘇子詩集卒題一絕以希
缽水詩人粲正　伯高

微文懷道情先覺清水穿
檐理亦齊妙悟於嶺通頓漸
幾人學海證菩提

辛丑十一月

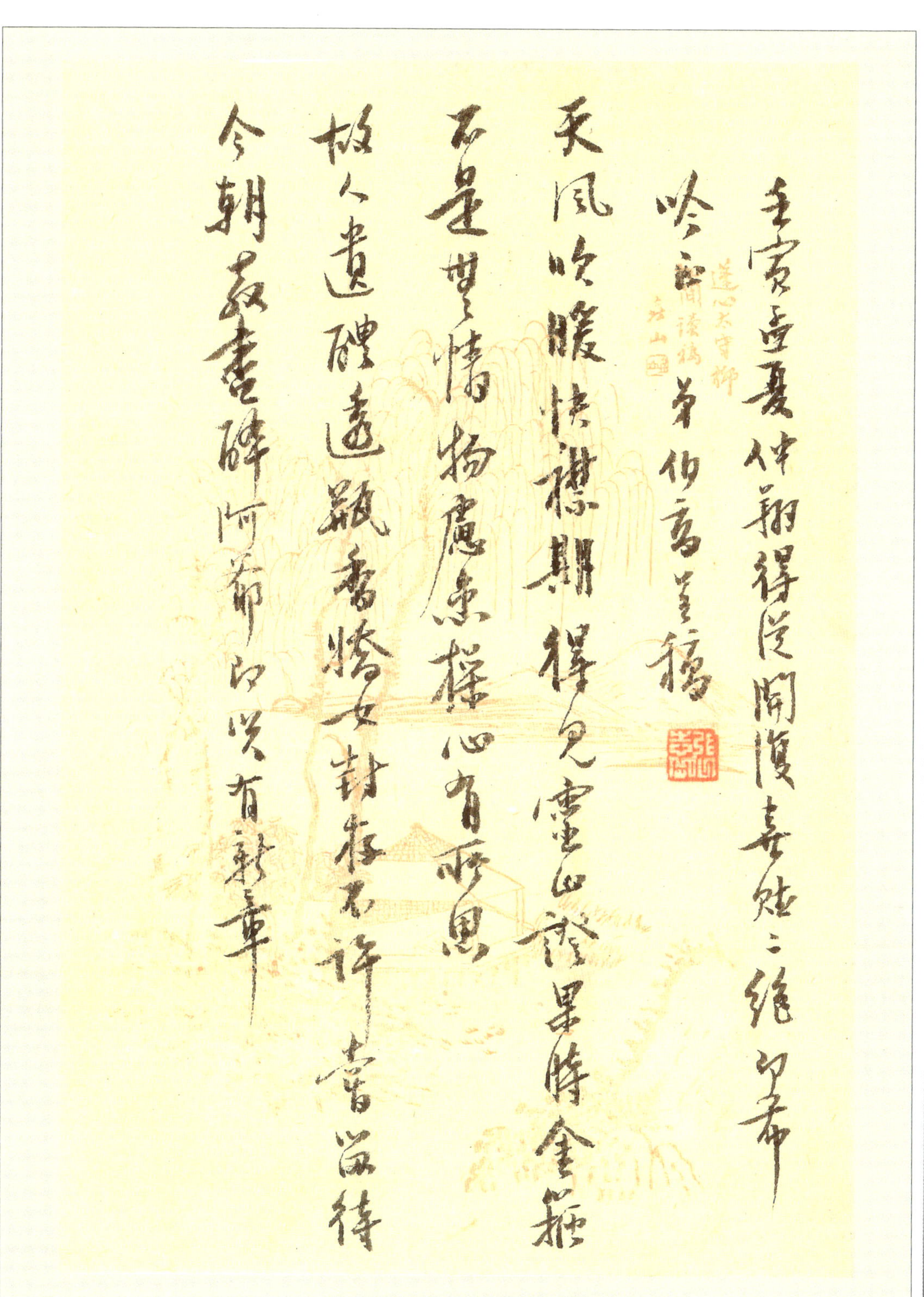

壬寅孟夏仲翔得從[illegible]閒復[illegible]然二絕句布
吟正　弟仲高呈稿
天風吹暖快襟期得見靈山證果時金[illegible]
不是無情物[illegible]象探心有所思
故人貴遠碑遠[illegible][illegible][illegible]女封存不許[illegible][illegible]待
今朝[illegible][illegible]碑[illegible][illegible][illegible][illegible]有新章

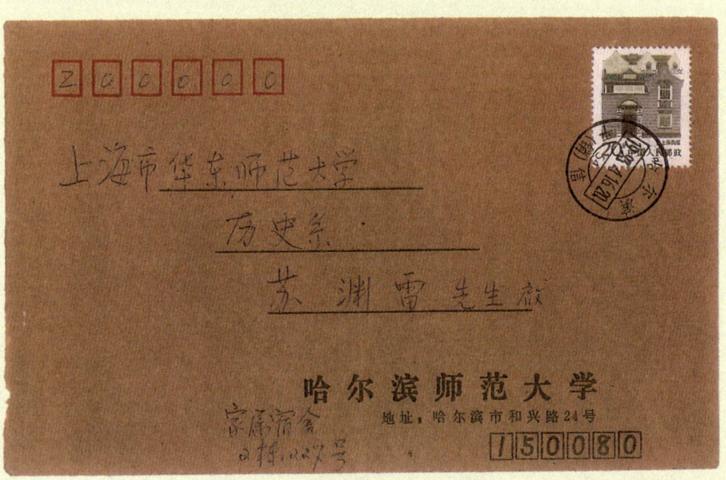

200000

上海市华东师范大学

历史系

苏渊雷先生启

哈尔滨师范大学

地址：哈尔滨市和兴路24号

150080

家属宿舍

2楼1227号

第　　页

仲翔老伯：

先君张志岳先生于两月前不幸病逝，其时曾通过师大中文系向老伯发出讣告，想已收悉。

近日侄着手整理先君所遗诗文，拟出一诗集以资纪念。惟先君诗作保存不善，尤其文革前所作多遭抄没。老伯与先君交好数十年，多有诗词往还，或手中尚存有部分先君诗作？如有，恳请老伯烦左右代为复印或抄录寄示为感。

春日气候多变，老伯高龄，望注意珍摄。思念之情，不尽一一。

顺颂

撰安

张安祖叩上

4．10

黑龙江大学教务处　　15×18＝270

中國佛學會用箋

渊雷先生慧鉴：大作佛成道日纪念讨
依韵奉酬 斛正。獨坐人生白雪参谁知
寂如法音霽山花笑雲生義性海月明照古
今離繫禪関 大作證歸真覺路士如林讀
合識廿秋 得喚醒群民佛寶擬 大著易
通讀已過半 近駕出於李子 即往請學來
弃讀書已寄來請 賜通此後為盼 即請
著祺 弟 張纯一寄
二月廿二日

會址：民族路羅漢寺內

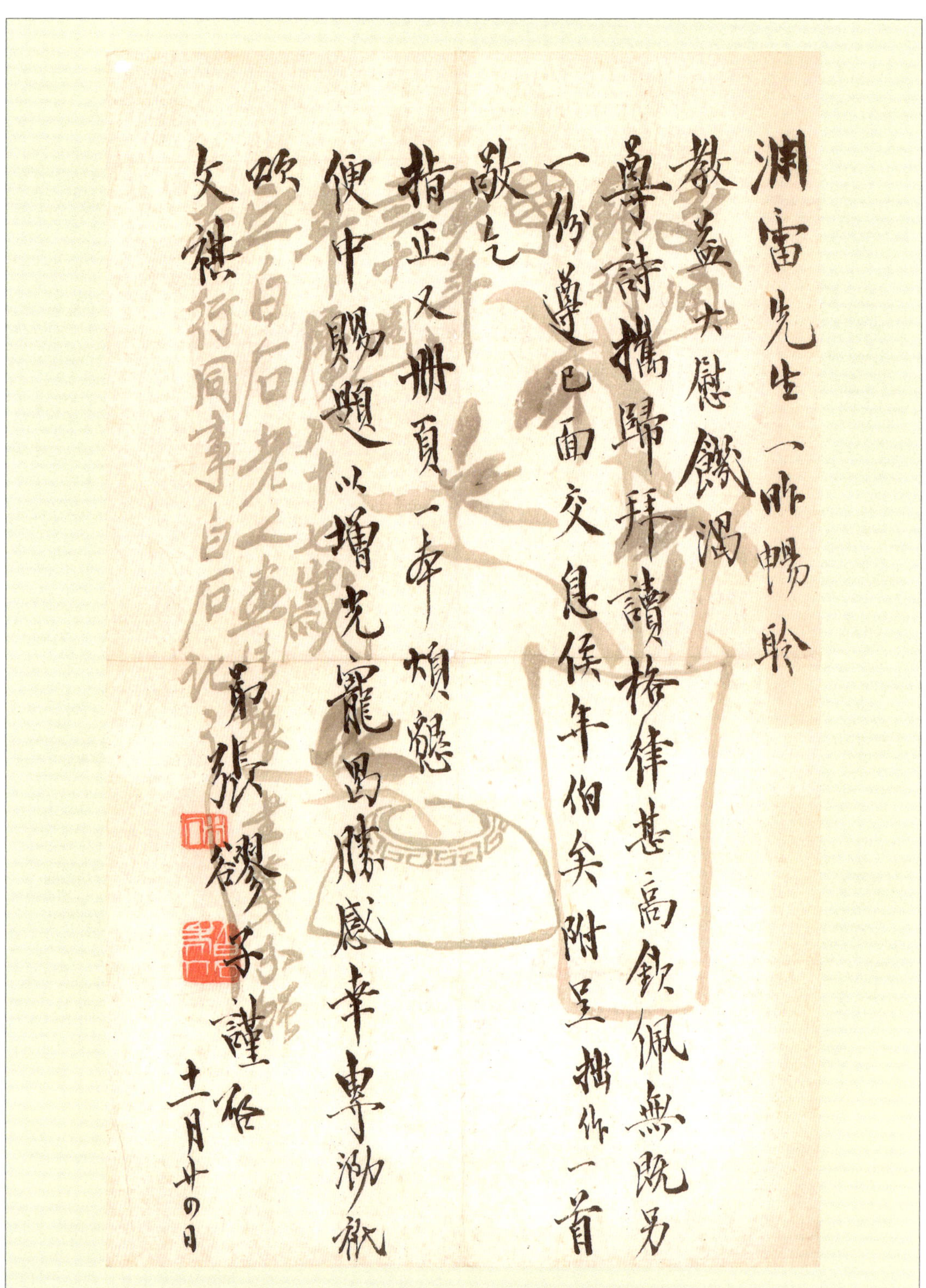
渊雷先生：一昨暢聆
教益，大慰饑渴。
尊詩攜歸拜讀，格律甚高，欽佩無既。另
一份遵已面交息侯年伯矣。附呈拙作一首，
敬乞
指正。又册頁一本，煩懇
便中賜題，以增光寵，曷勝感幸。專此祗
頌
文祺
弟張豂子謹啓
十一月廿四日

賦贈淵雷先生

余於京報初見先生復某君書倡導國学辭旨瑰偉迥異時流大為驚歎昨復於仙洲兄處獲聆謦欬快慰平生承以近作鉢水齋詩見貽珠玉燦然格調高古接其人如坐春風讀其詩如飲醇醪至其著作等身學術精湛慨然欲以振廢起衰為己任孤懷亮節尤足欽佩爰賦長句藉誌傾慕

初誦高文便已驚偶親風骨更崢嶸名山定有千秋業鉢水長流萬里情唯物唯心時自得釋經釋史意難平大同盛世終當見莫歎而今道不行

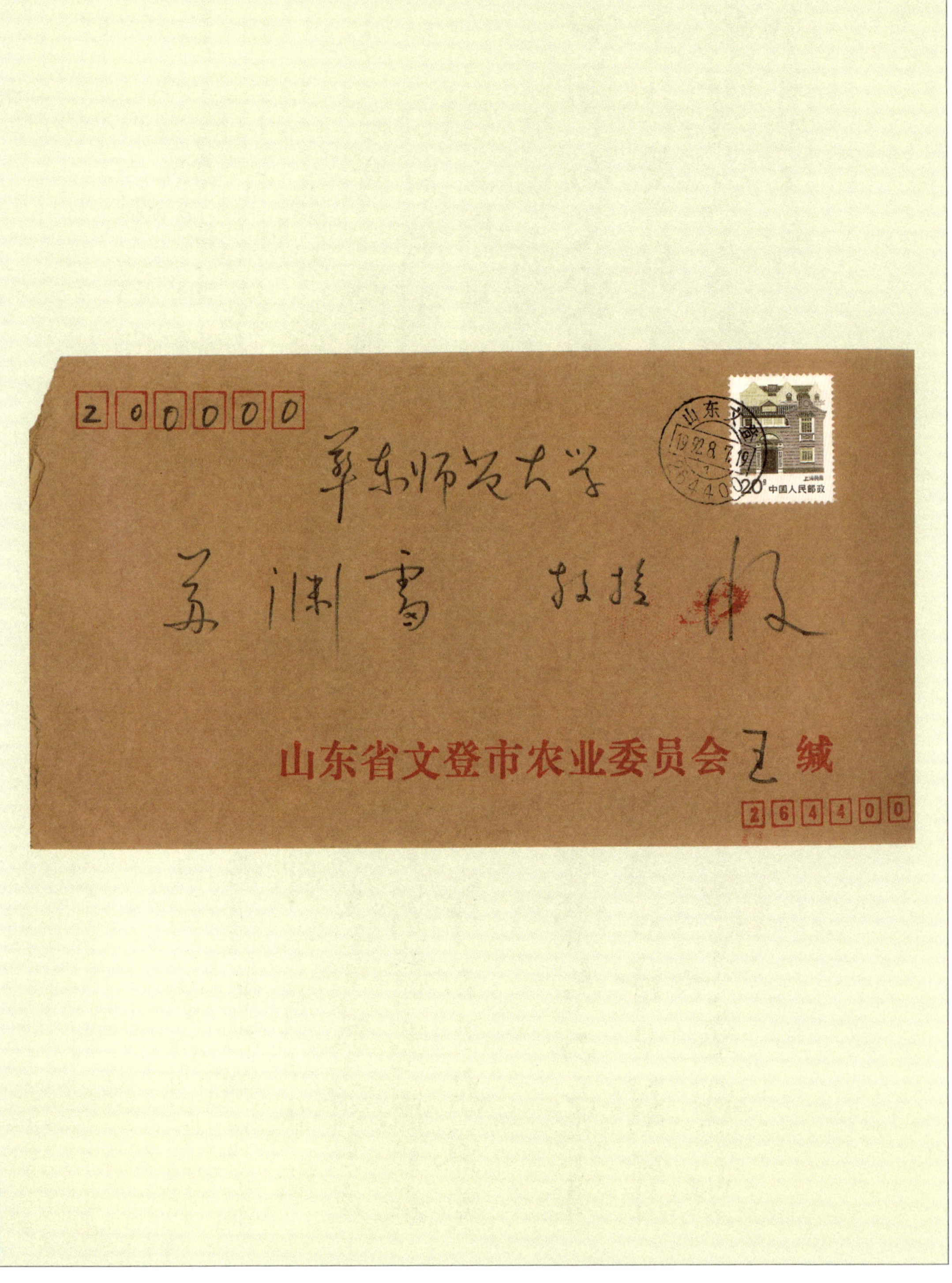
200000

華东师范大学

苏渊雷 教授 收

山东省文登市农业委员会 王 缄

264400

文登市农业委员会公用笺

苏教授：

我代表王锦诚和张振原中共中央委员、全国著名农业劳动模范张富贵同志，他喜欢您的书法艺术，叫我代笔写这封信，向您继求先生书法中作写付字!!并热烈欢迎您来威海、文登作客。

问

安！

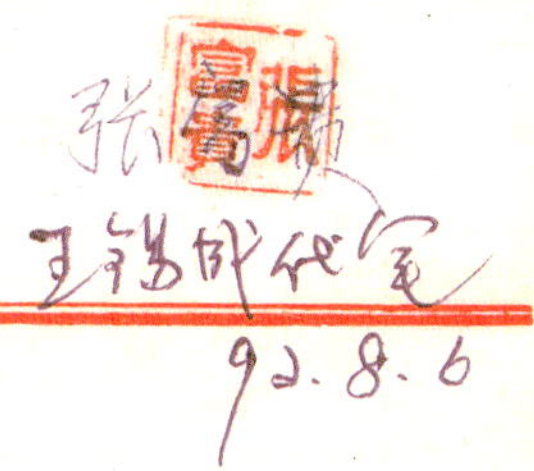

张富贵

王锦诚代笔

92.8.6

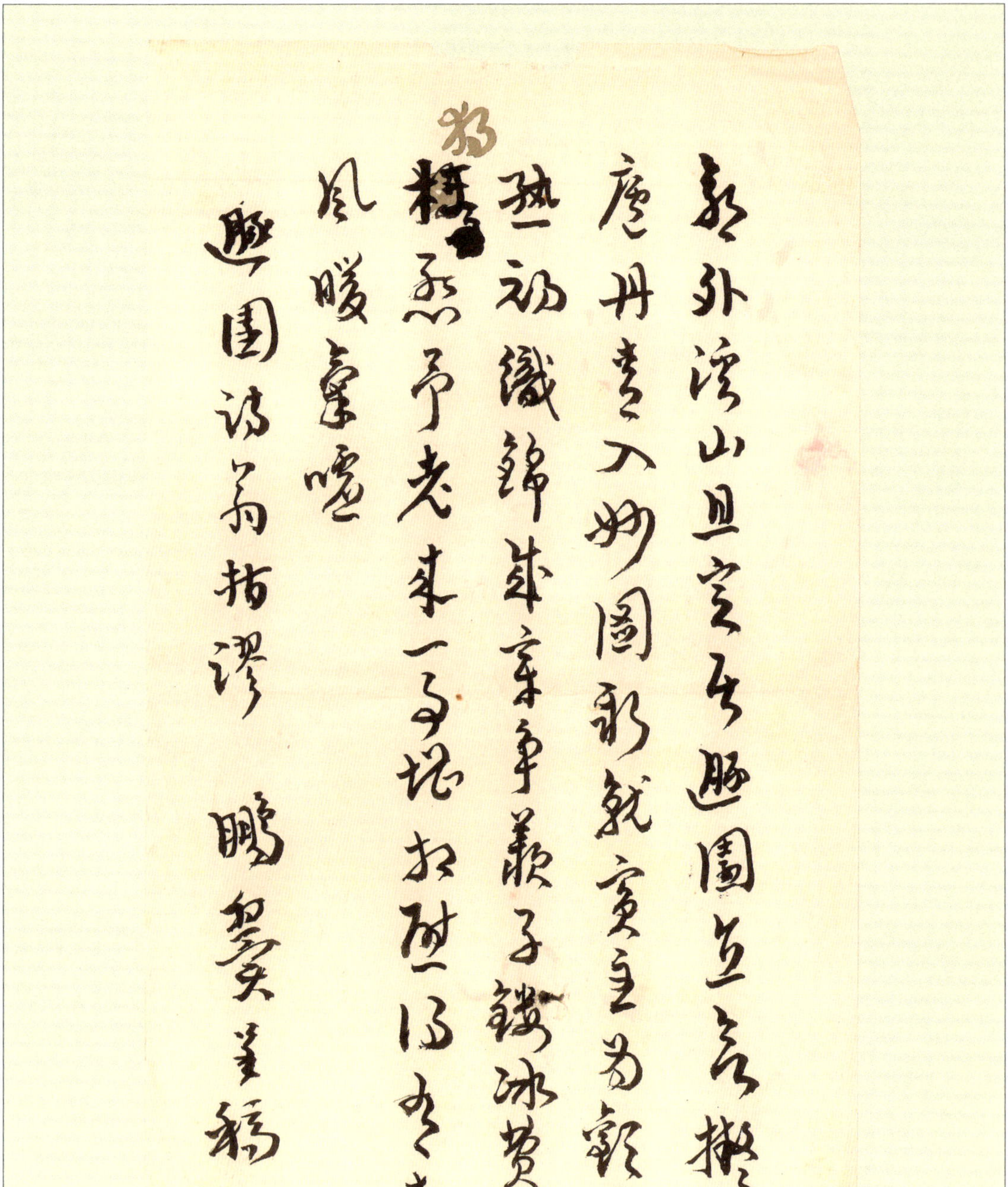

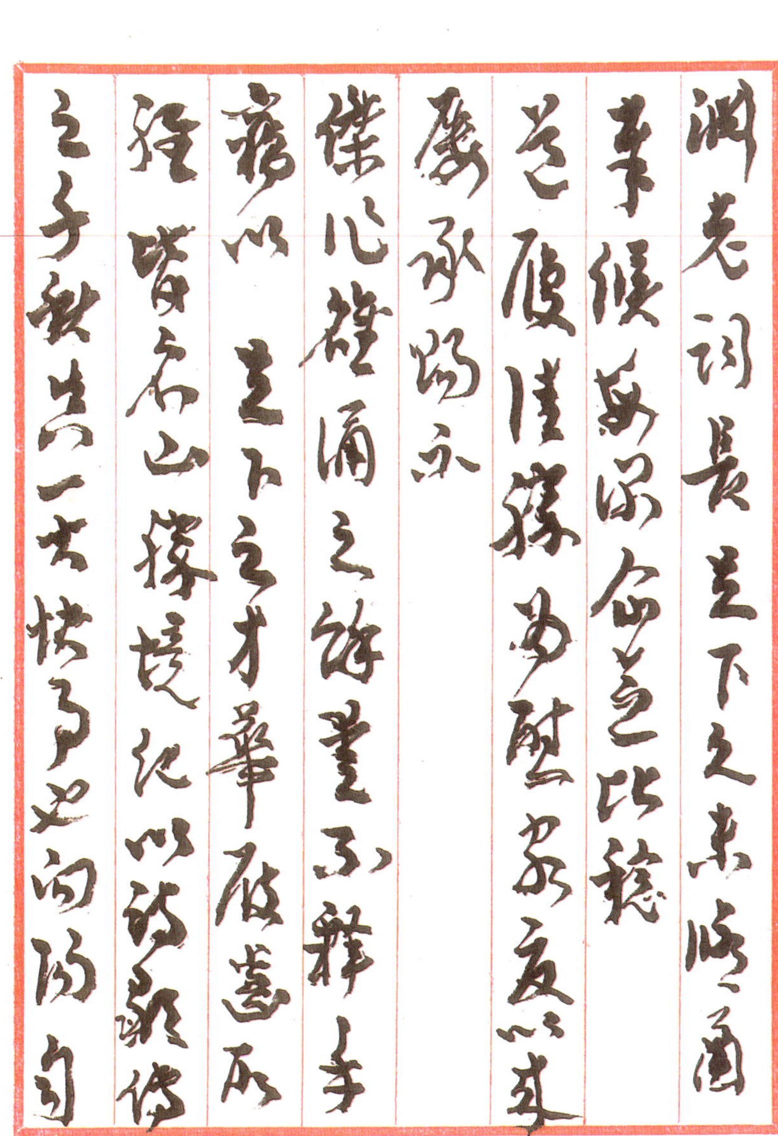

海上淹滞十馀日始归
尊札並承以惠云麓读
史举要已出版，极之
赐一册，俾得寓目，叙读游记
首。又史馆征求书画篆刻
作品，並期陈列並精印
集册，以供中外人士观摩
之用途。尊处如未接洽

征求书来自当钞请补
书足下学术海内外所
共知不但书画名家也
以尔所不作之意示云
时李庄先生政正评价
只要使足下是当书先
生之力所入来年时言
但病精力日减又为搉握

孫南洞々半山重建山僧
倦搓縱隔勉強攀躋險
既而穩殷覺未免用勞
詠之主
淵已灰心請大家向黨
宰為請圜從歡頌
撰安　弟
張鵬白再拜啟
賤內康代白
四月十八日
尊夫人問安又好

苏渊雷往来信札

渊老左右许之未修图来
催念之殊深此当
芝履维豫为颂四月曾周旋君
自海上归鹤来
大作并携石山古刹游屐何殊志之
以诗赠之子秋暮之际弟以本年
多病遵医嘱数月辍笔墨从
维读了并无花过亭集加以整
此时检书作画多为病阻复赋
就书稿二首录为稿冀览来示
录之
斧正弟为安章分武当也
敬颂
撰安　弟自怡手启
　别此时以
嫂夫人为念代弟问候
　　又及
十月廿六日

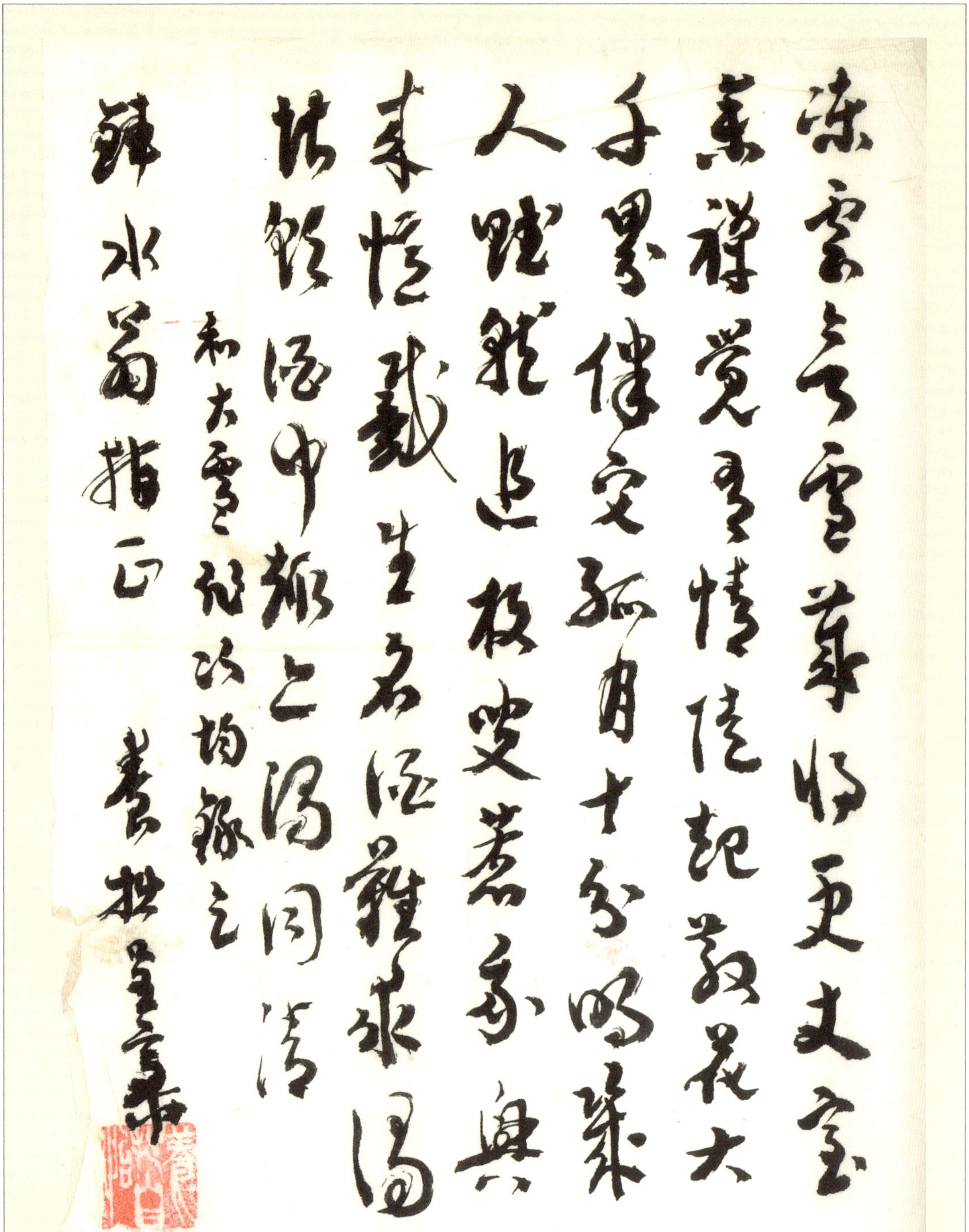

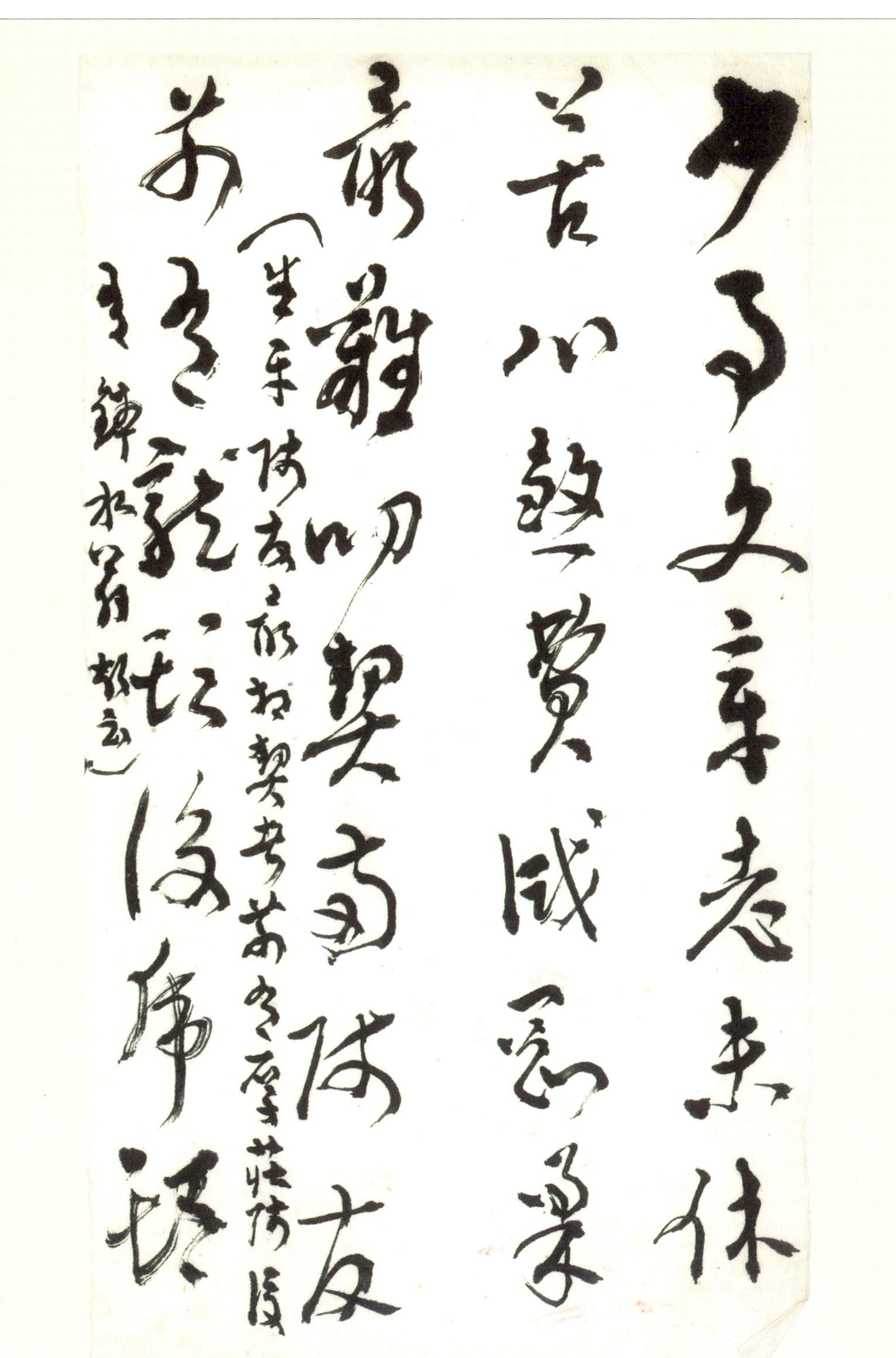

……人詩所未有
雀極妙極能成通佛理故不
能道也第二首極奇詠
真以禪理攝沖攝能從於
沖二字寫來從用意處傳
見才人豐所不能也建國卅周
年義雖似仍發二飛時筆
所能也當知所指極難貫以傳者
周年紀念之度此九字佳作
之畫示一二以慰飢渴月前
嫂夫人新痊家中仍到溫暖
殊可喜也肅此敬頌
吟安
鵬翼書謹上
十一月二十二日

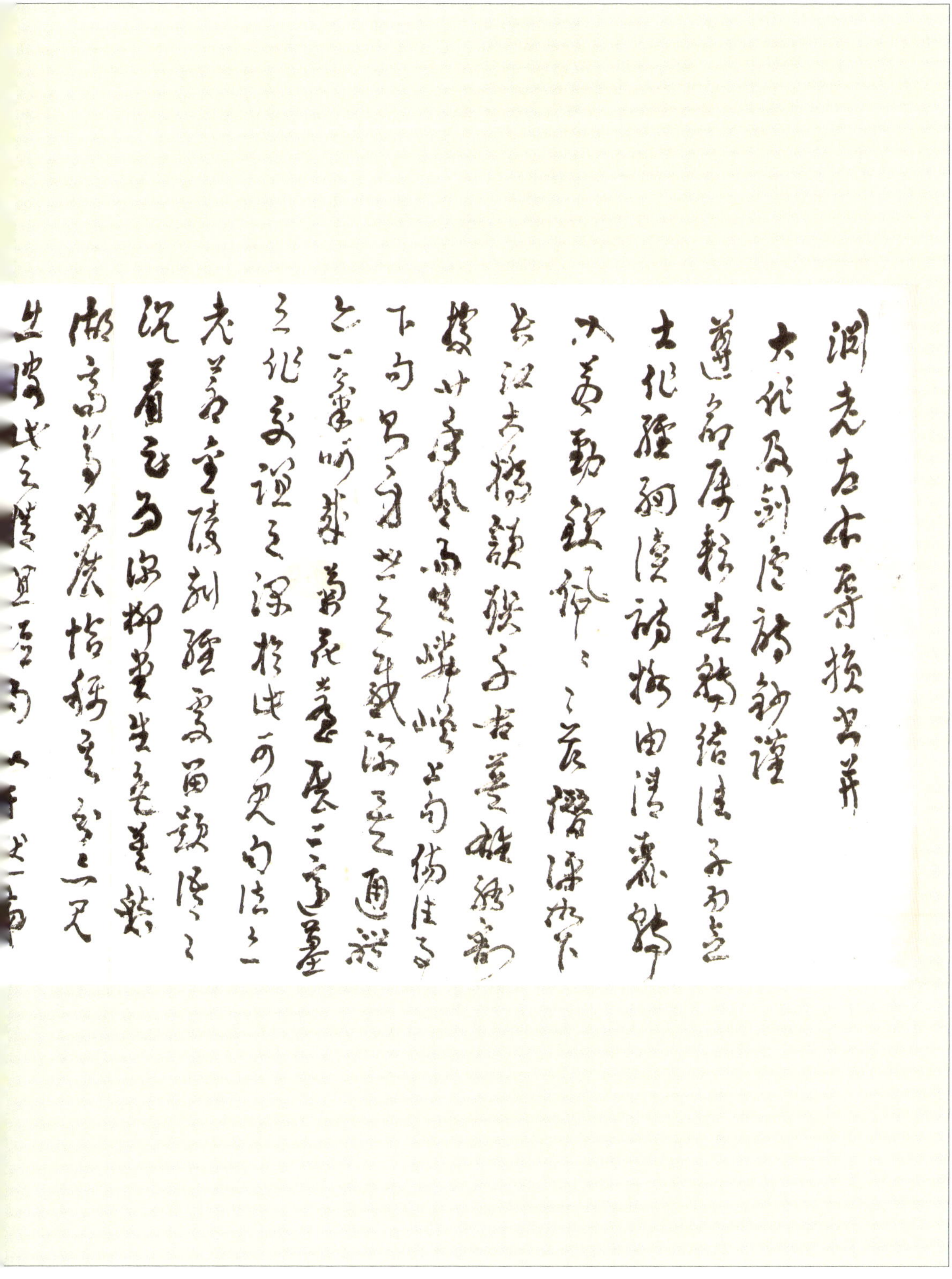

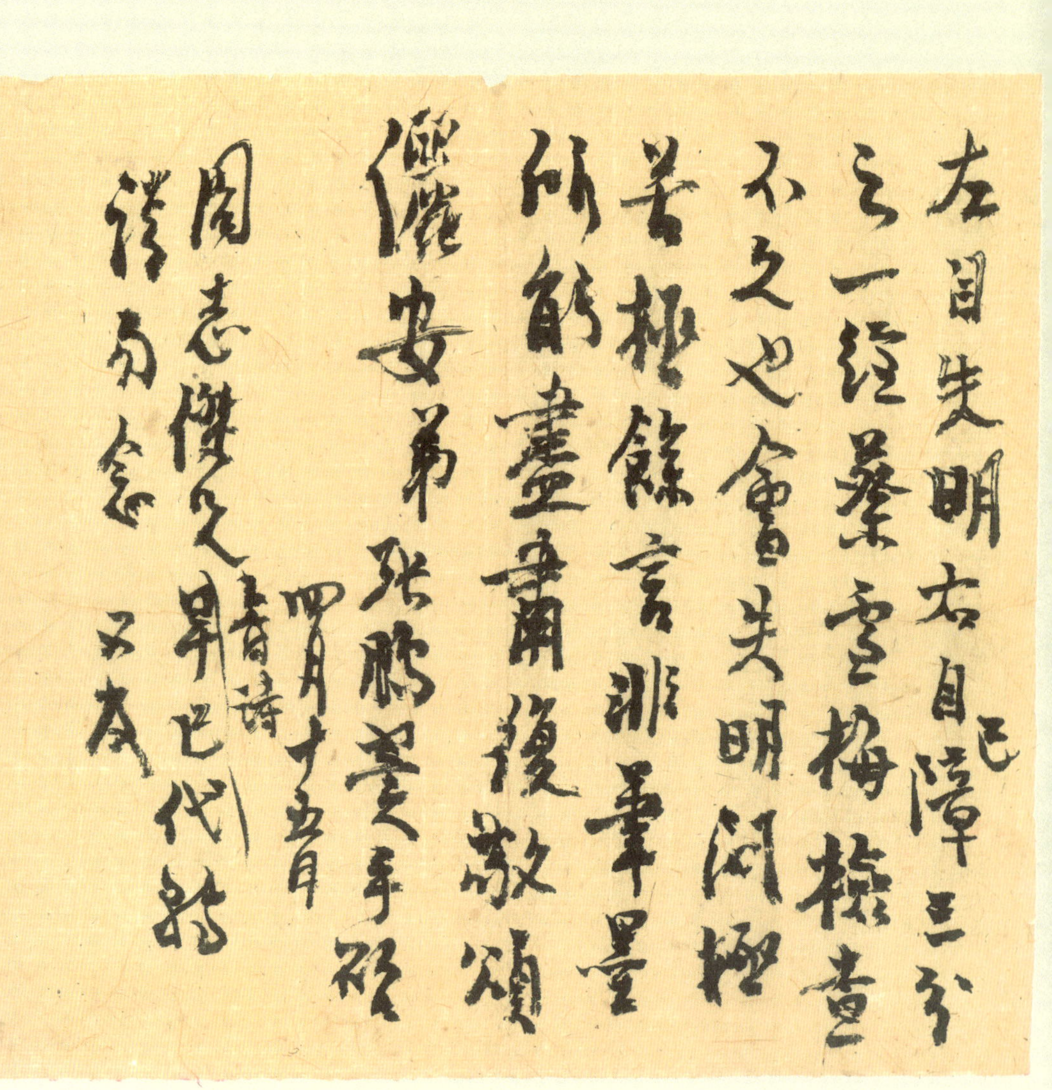

右目失明右目障已三分之一经蔡雪梅检查不久也会失明润烟兄根余言非笔墨所能尽肃复敬颂
俪安
弟张鹏翼手启
四月十五日
闻志杰久青诗早已代转
请勿念 又及

渊老钧鉴：许久未肃笺候，殊深抱歉。今春九十贱辰，承赐画琼章，情深意厚，感々谢々。比来衰妻患々病未愈，弟足々疾加重，又病眼允为翊中先生作传，不胜感激，其家属闻讯，亦甚为兴奋，并将有关资料寄来，查早已收到。兹因平阳县政协已将此文列入第六册文史资料目录，索催频急，为此函恳请于百忙中拨冗早日完成，并邮寄下。既可光我县文史资料之篇幅，亦聊一偿多年之夙愿，麻烦之处，敬请曲谅。即颂

著安！！

弟 张鹏翼 上

八八年八月廿一日

淵雷詞兄台鑒：

昆明把晤，忽易寒暑，近況如何？時在念中。

高翊中先生著述撰頗多貢獻，後人讚譽有加，晚年与弟往來甚密，結為摯友，交稱莫逆。弟久擬述其生平，使之傳於後世。何奈衰年力竭，難能把筆，早有借重吾兄大筆之意。去歲大學出版年，報面

山一路直通津。迟思词君留佳
句，简斋、梅溪的是诗哉。诚更仰乡贤
集中。
[illegible]先生[illegible]元儒史约[illegible]据石近人悼静
美雨崖接北尺峰[illegible]的楼台一眉
[illegible]遗址但觐难墓阑[illegible]榛
敬乞
[illegible]湖(?)侯擲富送正眕

重游钱塘赋此以示同游诸同志

廿时曾到此，百[illegible]再过之，刚逾七十秋。尽道是青峰[illegible]如[illegible]作

[illegible]

渊雷道兄左右，属书委画当遵东轩诗会图，容冬初成一帧，附函寄纳，乞 收为感。

霪雨连朝，气压殊低，维兴居之畅，弟亦劳劳，以候雨止，若杭地不甚大雨，然后返沪耳。

此复 即颂

撰祺

弟 俨少顿首 六月十七日

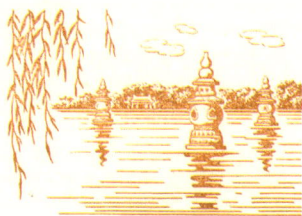

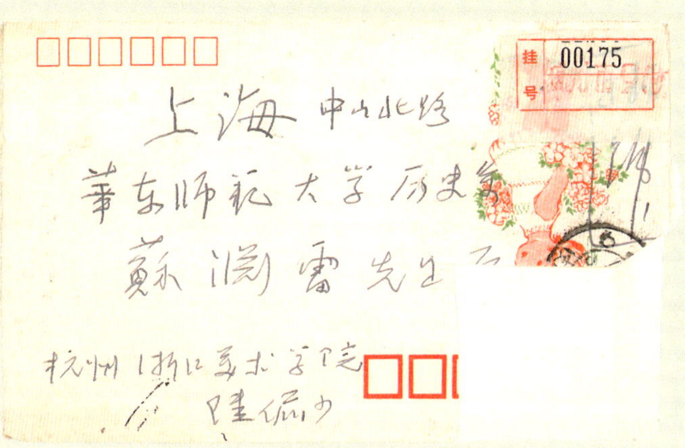

上海中山北路
华东师范大学历史系
苏渊雷先生 收

杭州浙江美术学院
陆俨少

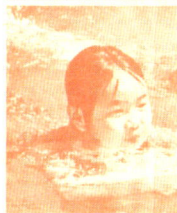

渊雷我兄左右，屡书收悉，
蒙为铸水斋设诗句勉成
附函寄奉，然不当来意，惶
愧惶愧。

收到后乞复示为盼，

此颂

秋祺

弟俨少上

九月廿六日

寰上書道詩久未裁摓叢花雪夢
中闌懷人自彫章句癖學道
真濁語寔衰寔館金霜巴子
國意迂夫征吹李陵台平生蹤
跡俱堪傲何事秋風歸
去來
仲翔先生以自書懷人詩卷見貽
感成短章奉答即請
吟壇教正
弟陸維釗拜稿

來函

多日未晤為念 惠詩泠泠絕妙

此安之生有好句和墨巢詩其韻

好對句詩到黃陳張精語尤妙

第二首實頷上句時上山韻須考

尊好次 謙精遜聽好二字讀以可改

題美樓一首實見工夫 佩佩

所改者尊兄一字便中乞精手寫

印正 著祺

呈

淵雷先生

北雲

袁至享可以清室與民國裂料國賊

者人謂桓宣武之稱王敦夏英公之美李

林甫為武德之累 第其稱許袁得毋

使後人亦不張筆皆此則是否可去請

酌之

實樂行前可記者尚多此二句太略

似不如刪去

這之來葛皆來游住玉之門

前稿讀竟至佩 另紙附上只有此

無刻 此可有餘皆甚好 北雲謹

次和鶴亭翁錦水寓海棠詩并呈
淵雷先生
不因鄭谷比馮唐却有新詩
贈海棠 杜老無海棠詩此語發於鄭谷鄭谷又有句云未如何遜無佳句若比馮唐是壯年
鶴翁今七十八歲下走亦過七十矣戲引注作壯語
勝集雜陳今昔
感世情誰辨淺深妝霞分臺嶺還
生色花滿嘉州獨爲香定惠院
東攜客處坡應世負好春陽
志鈞初稿

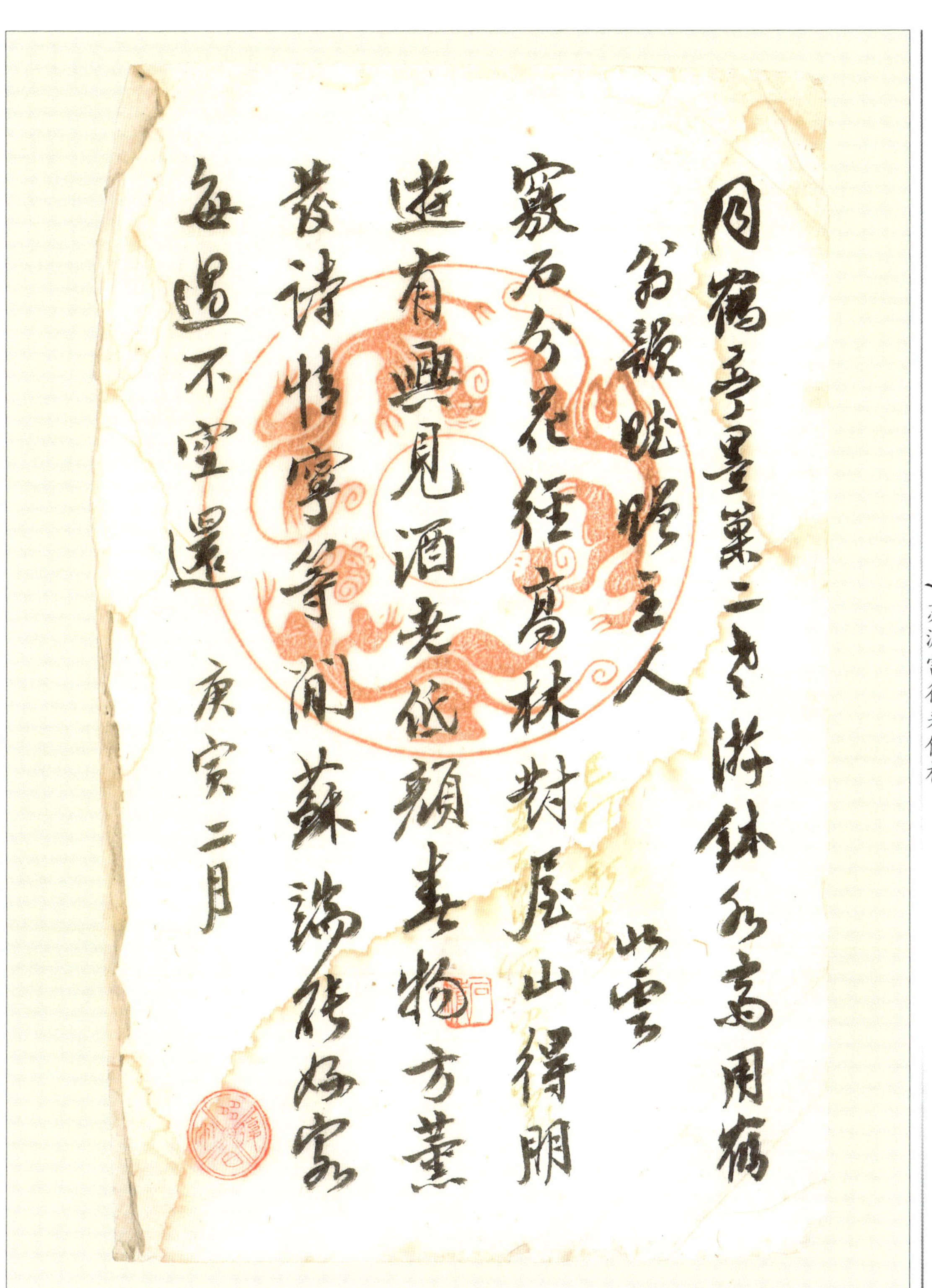

同鶴亭景巢二老游鉢水齋用鶴翁韻賦贈主人　山雲

巖石分花徑，高林對屋山。得朋遊有興，見酒老低顏。長物方兼蓄，詩情寧等閒。蘇端能好客，每過不空還。

庚寅二月

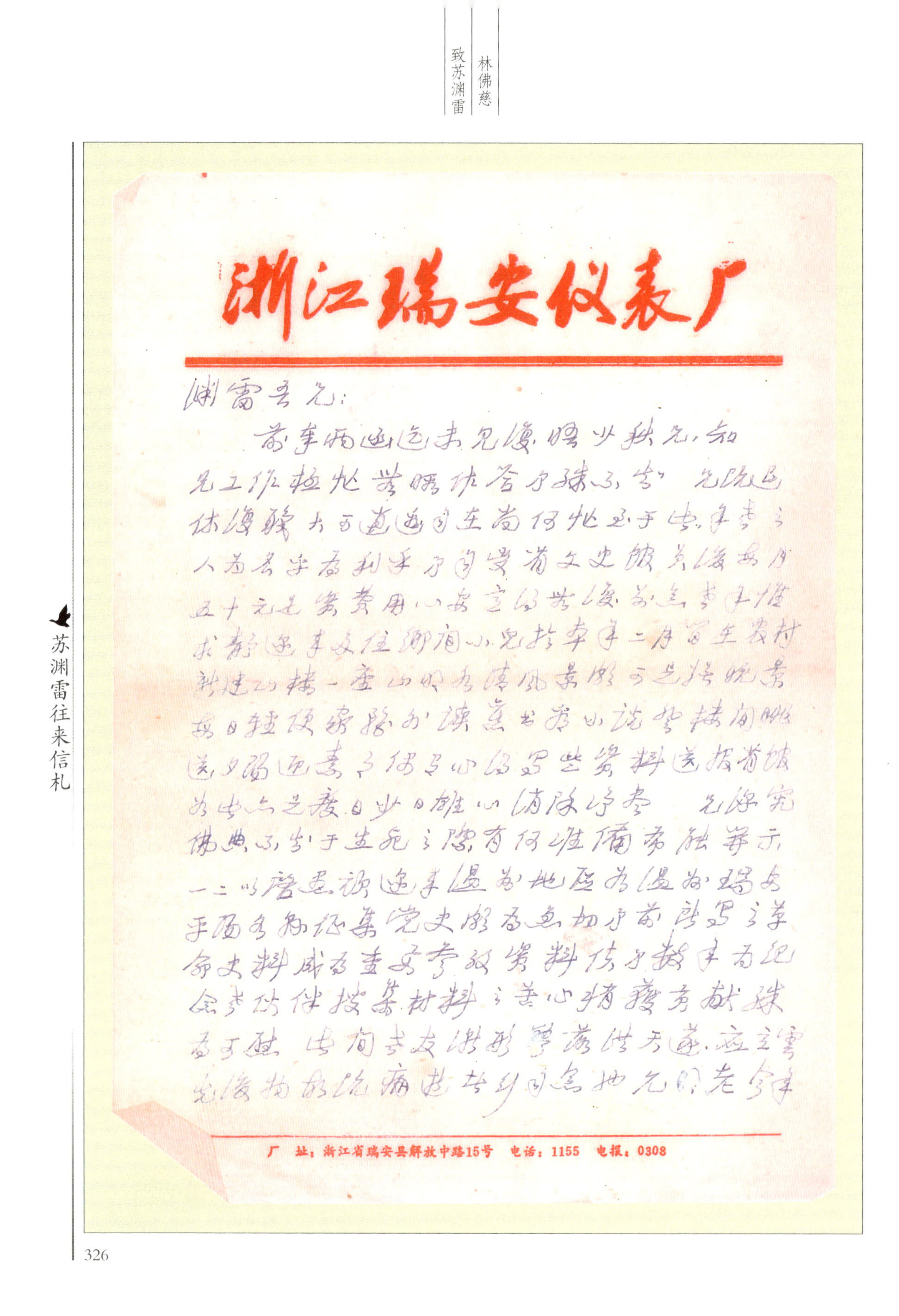

浙江瑞安仪表厂

渊雷吾兄：

[illegible]

厂　址：浙江省瑞安县解放中路15号　电话：1155　电报：0308

浙江瑞安仪表厂

八十四岁翁，一病几至不起，现虽已告痊，而不能自走路，日卧床榻，若不日前往祝贺，特告寿元代买聊斋一部，以资病中消遣。因无书，瑞安买不到，可否上海能买到否？大文学暗及，谢以兄有[illegible]嘉[illegible]，近乎有基[illegible]，为来年先去拜，以图良晤。近况如何？[illegible]利有法书[illegible]，[illegible]近况再[illegible]一张寄来[illegible]。动时梅谢，亦令人可喜。近有新作，再希寄示一二为好。

道安

嫂夫人均安

侄 林伟慈 拜

1981.12.6.

厂址：浙江省瑞安县解放中路15号　电话：1155　电报：0308

浙江瑞安仪表厂

挽洪老夫逝七十九

孙翁方庆，老来红遍合用在乐笑翁廿载
鸳[illegible]指[illegible]是一生折臂竟成空谁能百年
去勤[illegible][illegible]华明时归[illegible][illegible]思把座缘[illegible]
撇了旅人又来去也。

悼应立云

与君相[illegible][illegible]相[illegible]垂[illegible][illegible]阁[illegible][illegible]垂坎坷
生平[illegible][illegible]病[illegible]量文字[illegible]画师[illegible]吟[illegible]死
诗方[illegible][illegible]命[illegible]术[illegible]未施[illegible]以[illegible][illegible]一
[illegible][illegible]以遗稿付[illegible]谁

侠飞悼亡诗以慰之

[illegible][illegible]悼亡词更哀[illegible][illegible][illegible][illegible][illegible][illegible][illegible][illegible][illegible]
白首[illegible][illegible][illegible]一[illegible][illegible][illegible][illegible][illegible]来自古谁[illegible][illegible]
手[illegible][illegible][illegible][illegible][illegible][illegible][illegible][illegible][illegible][illegible][illegible][illegible][illegible]
有此[illegible]遗[illegible][illegible]

厂　址：浙江省瑞安县解放中路15号　电话：1155　电报：0308

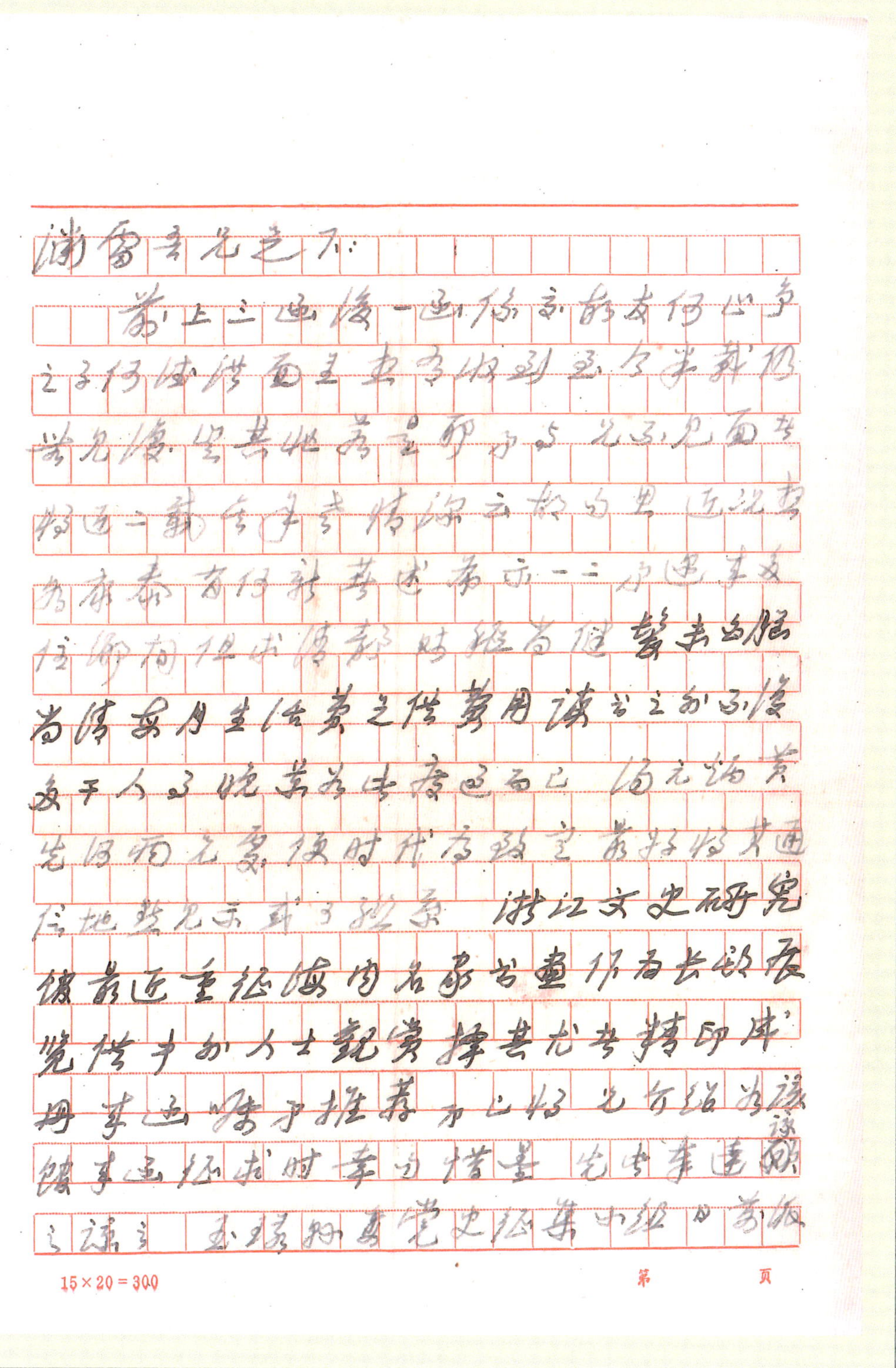

渊雷吾兄道下：

15×20=300　　第　页

3

人事部要了解金国祥生前的遗属告以初
到经过像某情况尚不了解 先就所知之综
详告知告告一二以便转告作为党史参致
据云国祥现有少数人到出来申请病退
安保自愧也该彭心周已为动并州以来难免
面有惭 今大文已实来稿要在医校住院
月才正在办理退校中 昔傍为解迟平了来
故山庄小住 去友都牧之来访山庄仔看后
告以面述都云不参详情调牧之去
也不一不一 敬颂
撰安

牧之女士均此

弟林修燕上

并文宪附笔

1982.3.28.

15×20=300　　　　第　　页

读北游篇

丁巳初秋予友蘇子遯園稀齡嬰疾再赴
北征飛新京歷榆塞閱萬里時逾兩月歸
彭南歸予慨嘆行乃用白香山東南行一百
韻釐其重複賦北遊篇一章與之韻玉益以
六韻寄懷師友並以自壽洵健筆也予歲寄
以莊懷之恐苦急援筆率讀之三復緬懷才
古哀樂系之不揣譾陋率呈和韻以遊踪
趣而言之一也寄似遯園教芸敬擎之請予
九月眾清肅宮露凝山澈懷人動遐思魂夢隨征途
故人不我棄詩札接荒陬非名利役謀道聯衆橋
飛京出閩塞萬里攬軒轅江南既歸隱風月盈長蹤
老死莫逐通指說毋須亞識究出聖人封狼不生驕
強壇振大雅詩酒休虛浩立言立坦率不作佯狂吉
願為盈時鳥向日啼鶴鳴猶存餘子在嵐來能相呼

嗟彼岐路人盼域诸郡郭際承平之肖莞薪騎虞
滄桑方正道慢然埋頭鳥獸羣終過眼豈慨德張盱
昔我与子遊年少倡宏圖江山許友学成革握膺樞
一朝鲜鈎党泳滌求胡旋乾坤为許大世地耽為奴
生死重相見踯躅杭京蘇十年遭羅網安嘆秋風鱸
張煌敷擬刍恨不獲屍吳市無为朝日赤吴楚昏晡
東陽既已失郎望收桑榆違生隐造化囊鄉同存殂
哀我遊子意返往踟蹰臣朔寧去飢飽死蓋侏儒
人生重信義何以待今儒守心若不定四體奔迷軀
书生百無用蓬矢於桑弧回首说壯遊南北也驰驱
東手困长策致窮慨陶朱猶夢為京國狗窦焉窥觑
良禽棲在木涸鱗難沾濡誤为求的理來髮吟庭趨
成仁然取義吴情子堂驅寧客知松柏瓶水供萬蒲
薰蕕不同器之味迹难何时麋大寫普天张欢躅
乾綱建火德兵子駐笙竽景風化時雨庶物咸丰腴

20×15＝300

第 2 页

鄉雲遥隔燈百族歌巴歈翻千里飲水婦孺欣康衢
出恩及草水泥淋血衛珠甘露均天降兹意言近德
功業有大小老芳出精粗色表爲兄弟誰保傾埒姝
遊者長已矣猶念黄公墟衷情差不察隱思詞咕噥
人皆笑我拙予亦惱言迂为棋讓半着竟屢爲盤輸
丹心里捧日仰天敢(參)盈盂先是平生恨一擲誰能扶
出已披肝膽壯志贈瀟廬俏乐逃冀北凡馬騎驕駒
微瑕尚不諒直理成支吾抱璞荆山下默笑亭峰孤
括囊无咎識口如瓶塗方智不易周詢门参陰符
略窺天人際消息羞屢鋪浮生出何必豔驚飯瓠
自尋泥沼中光夢到皇都尚宮了戒行頻執義難兔
畢諾廟堂上長路走嶔嶇即使捺鴉墨矩矱娥妃恭
何乃尋耕耨眺敵長嘆呼山存亦隹趣川淨瑀縈紆
四時適情性花鳥憐多腥罷之無亦托林充飢鷹雛
门庭出車馬野草長荒蕪托足冷暖異物理隨榮枯

20×15=300　第3页

登高祛愁众首搔山茱萸吉士悲节序一菊篱秋桂
云天振健翮猎雁翔衢庐影安崇写适地为菌铺
人间多甘苦尝味惟予与凤凰止荆棘大树为鹤雏
云翔东高调忧耳能鸣鸣予生秉枝直俛仰良甚尊
一下不能上哀我不生鹖狼豺害为道遭遇巧局刻
史良失吾魏吾侪诛屈之大觉祖大治执律信难移
英明应时出领命谁能拘元戎佐衮职大树深根株
率土奉臣服咸法收三台扫霾澄寰宇崔嵬与人俱
牝鸡化野雉人心大怡愉承平幸际会豨彼修渠屈
友朋遍天下岂复羡故神州逸八极水乳交融[illegible]
歧路互提挈一棒强红[illegible]同是老党籍肯自满肌肤
精诚奋团结指臂相依于豪情道为更烟魁难避逋
五湖暨四海大同为洪煌武将涛于戚诗人诵[illegible]
董狐秉直笔不害史臣诬我读苏子诗终日为醫孟
北京观盛典今昔故迹殊途云已去大业志仍难除

4

百韵与朱丈健笔遥之书中兴挚新纪豫聊陈敷
白头多犹健策杖追欢接与只书百篇相赏拙吟怀

跋滕翁论诗绝句

右予老友苏子滕园手书论诗绝句五十二首贻予
留念者其论以少陵为宗上溯魏晋下逮清季凡有
名家无不论及据云竭一日夜之心力诚成其篇精
其论渊即从十年之功得来者也自来论诗者多
论诗之词意境幽或主性灵或主神韵各执一隅自
公晚域苏子一本至允力排众议但论诗并加评
骘推其源流循其派系承先启后继往开来识之诗
论可谓之诗评可谓之诗史亦可也苏子少负大才
常以康济为己任今老矣以大学教授退休家居
吟咏自娱尝振笔直书立成长歌一百七十四句一
座为之倾倒诗文盖名于时岂其志欤而辰仲冬
同学弟瑞安林佛惠谨跋

春晖寸草卷徵启：良周晬丧父，母子相依。而二人皆犹无根之木，不知自身所出。盖母幼被鬻以婢，子则从育婴堂中抱来者。今追思亡母深恩，广徵海内贤达诗文。叩求珠玉，以光篇幅，殁存均感。　　西楼后学林乾良于西泠

春晖寸草　乾良同志投书告以生平，并示名家题咏。赵朴初先生有句云：行行皆寸草，处处见春晖。居之仁心仁术所报者宁惟其母，可以无憾矣。　　叶圣陶(85岁)

孙人凄怨，尚盼东风驾顿。香国平分操左券，闻道栖身是晚。向来寸草寒微，何图报答春晖。感其费折肱奇术，馀怀漫托豪徽。

徐行恭书于竹竹间吟榭(84岁)

斑衣舞令子，树静风不止；嗟嗟寸草心，思慕何能已。

夏承焘　(81岁)

已题者如：俞平伯、郑晓沧、梁漱溟、周谷城、施蛰存、张伯驹、陈白尘、姜亮夫、陆维钊、陈兼与、严群、王遽常、谢国桢、周采泉、张慕槎、苏步青、岳美中等250家。

装订线

浙江中医学院　　第　　页